자식들보다 발꿈치만큼 앞서가신 어머님께 삼가 바칩니다.

마음밭에서 해밀을 만나다

이제길 밈디자인 제4집

도서출판 Book Manager

말꼭지

마음밭에서 해밀을 만나다

마음밭에서 해밀을 만나니 단구丹丘가 여기로다
문전옥답이면 어떻고 묵정밭이면 어떤가
마음밭에서 해밀을 만나 싸게싸게 붚대지 않고
싸목싸목 길을 따르니 길숲이 온몸을 반긴다.

마음밭에서 해밀을 또 만나니
우울한 마음도 삽상함으로 가슴을 덮고
보이는 곳마다 풍광명미의 걸작들이 줄짓고
솜털을 풀어놓은 조각구름이 파란 하늘을 수놓고
아무리 조의조식할지라도 폼생폼사가 눈앞에 번뜩이고
매연과 연무와 황사 그리고 미세먼지까지도 몸통을 숨기고
바리바리 쌓인 건강 알갱이가 백락지장百樂之長이라 거들먹거리니
순간이 아승지겁인지 찰나가 영겁인지 시간감각마저 아슴아
슴하다.

*정수리족은 허섭스레기에 손끝이 닳고
먹구름은 선경과 드잡이하는 동안
마음밭에서 해밀을 다시 만나니
마음을 깨끗이 하고 욕심을 버리라며 윽박지른다.

막강한 권세가와 슈퍼 갑
그리고 우리 이웃까지도
마음밭에서 해밀을 만나 본 그대로
세상의 밈을 디자인 한다면
얼마나 아름답고 멋지고 살맛나는 삶터가 될까
이러한 나의 평상심을 모아
윤척없는 졸문이나마 엮어보았다
다만, 내 생각이 웅숭 깊지 못해 함부로 왜곡되거나
젬병 같은 무문곡필舞文曲筆은 아닐까 옹색하다.

* 정수리족(수그리족) : 노모포비아(스마트폰 증후근) 현상의 군상.

주제별 의미망

할아버지가/ 담배ㅅ대를 물고/ 들에 나가시니 궂은 날도/ 곱게 개이고

할아버지가/ 도롱이를 입고 들에 나가시니/ 가문 날도/ 비가 오시네.

- 향수의 시인 정지용, '할아버지

역사(현대사)는 승자의 시각으로 편집된 것에 불과하다는 사실, 또 패자에게 온전한 자리를 찾아주지 못한 역사는 반쪽짜리일 수밖에 없다는 사실을 깨달았다.

- 李泰, 체험적 수기 『남부군』

마르타가 동생에게 부엌일을 거들라고 꾸짖자, 예수는 시간을 내서 친구들과 대화하는 것도 좋은 일이라고 마르타에게 일깨워주었다.

- 제니스 맥로플린 수녀, 『바오밥나무는 내게 비우라 하네』

영혼 없는 교육의 민낯 - 87

진정한 대변혁 없이 기업적 마인드로 사학이 대학교육을 좌지우지하는 감바리들이 존재하는 한, 대한민국은 大學民國으로 더 나아가 '대학교'가 우리의 국교敎라는 국민적 의구심을 어찌 에둘러 부정할 수 있겠는가.

- 이제길, 「대학민국」

사랑이란 언어의 마술 - 109

사랑은 말이나 글로는 표현이 불가능한 불립문자, 아무리 절묘하게 표현을 해도 그것은 사랑의 원본이 아니라 사랑의 사본에 불과하다. 아인슈타인이 골 백번 다시 태어난다 해도 사랑의 공식과 정의를 만들어내지는 못할 것이다.

- 이외수, 『청춘불패』

영상미각 드로잉 - 136

사랑의 고독에 빠져 있을 때는 영화의 대사·풍경·음악…. 모든 것이 상대와의 추억으로 이어진다. 그래서 영화는 재미 이상의 의미를 갖는다.

- 메이지대 사이토 다카시 교수, 『혼자 있는 시간의 힘』

전기수 傳奇叟 – 179

책은 회초리와 매를 들지 않고 질책하거나 분노하지 않으며 옷과 돈도 필요로 하지 않는 우리의 교사다. - 영국의 더럼주교를 지낸 리처드 드 베리

버름한 창틀 – 217

상탁하부정上濁下不淨이란 말이 가리키듯 우선 지도자급에 있는 사람부터 본을 보여야 할 것이다. 돈과 권력만 있으면 그 이상 바랄 것이 없다는 그릇된 가치의식부터 바로 세워야 할 것이다.

- 윤주홍 5매 수필집, 『뻐꾸기, 신문에서 울다』

인여야 웃고 놀자 – 276

"다산은 다산이지 않느냐?" 초의의 응답이다. "앞으로 경기도 고향으로 가셔서 사시지 않고 여기 강진에서 '다 산다'는 말씀이신가라우?"

- 한승원, 장편 『다산2』

마이크 탐방 – 293

마이크 탐방문학·음악·그림·건축 등 인간의 모든 작품은 항상 자신의 자화상이다. - 영국의 소설가 새뮤얼 버틀러

새 쫓던 들녘의 메아리

사모곡思母哭

그렇게도 건강하셨기에 일구덕 삼매경에 빠져 한 평생을 살아오셨던 대찬인생 우리 어머님! 일찍이 8남매를 홀로 키우시고 늘그막까지 고추농사에 함몰되어 농약통을 메다 힘에 부쳐 뒹구는 바람에 온몸에 농약물 세례를. 곧바로 자식들에게 전화 한 통화라도 하셨더라면 응급조치로 위기는 면탈했을 텐데. 아뿔싸, 쏟아낸 농약통을 다시 채우시고 어스름한 달빛 좇아 고양이 씻기로 갈무리하니 농약이 간으로 전이, 간암의 빌미가 되었다. 천하대장군도 건강을 잃으면 졸장부가 된다고 했던가. 전북대병원에서 간 종양에 영양과 항암제를 공급하는 경동맥 화학색전술을 2~3개월에 한 번씩 무려 여덟 번을 받아야했다. 그 후 네 군데의 요양병원과 종합병원을 전전하며 5년이란 질곡의 시간을 보내다 향년 92세를 맞이했다.

그렇게도 쉽고 가까이에 있는 편안한 하늘길을 마다시고 지구상에서 가장 춥다는 베르호얀스크의 혹독한 칼바람이 불어대는 크레바스 같은 중환자실, 숨쉬기조차 힘든 영혼과 육신의 참고慘苦 속에서도 목구멍에서 가르랑거리며 호흡이 좀 거칠긴 했으나 생글거리시던 어머님의 초롱초롱한 샛별눈이 아직도 선연하다. 아픈 사람은 지푸라기라도 잡는다는데. 런던의 성 크리스토퍼 호스피스병원에 따르면, 보살핌을 올바르게 받는다면 환자 98%는 평화로운 죽음을 맞이할 수 있다고 한다. 부천성모병원 전상훈 교수도 "암은 혼자 이겨내는 것이 아니라 환자 본인의 노력은 물론, 가족의 도움이 필요하다." 했다. 그러나 새벽 6시에 연락을 받고 중환자실에 도착했을 때는 이미 화대와 풍대는 물론, 심장이 멈춘 뒤였다. 뜯적뜯적하여 생긴 왼쪽 볼의 상처가 채 아물기도 전에. 죽음이란 전생의 업보로써 어느 누구도 피할 수 없는 사업死業이라지만, 시간은 아무도 기다려주지 않는다고 했던가. 이 카르마를 어이할꼬. 효자는 아닐지라도 자식으로서 기본 도리는 다하고자 했는데 임종마저 지켜내지 못한 이 불효막급을. 그 누구도 마지막 떠나는 길의 짝이 될 수는 없다할지라도 무연고 행려자도 아닌데, 그 찰나에 손잡고 배웅하는 자식하나 없었으니 얼마나 원망이 크셨을까. 효는 인륜의 근본이요, 덕의 으뜸이라 했는데, 그저 선인선과善人善果, 악인악과惡因惡果란 자연의 순리를 좇을 수밖에. 어머님은 오로지 자식들에 예속되어 이승에서는 어둠 속을 헤맸지만 애벌레의 세상 끝이 '나비'가 되듯이 육신의 구각에서 벗어난 그 영롱한 영혼은 이제 훠어훨 훠어헐! 하지만, 집에 들어서면 거실에 모신 영정은 이 불효마저 가없는 사랑으로 내 일거수일투족을 바라기하시니 슬픔이 목울대를 질식시킨다. 명치끝의 통증이 조여온다.

부모가 자식을 사랑하는 것은 거역할 수 없는 본능이다. 아우구스티누스의 어머니 성 모니카는 서구의 맹모였다. 맹모가 아들에게 좋은 교육환경을 마련해 주기 위해 이사를 갔다면, 성 모니카는 아들의 회심을 위해 눈물로 기도했다. 우리 어머님의 자식 사랑을 위한 기도가 그랬다. 그러나 부모에게 바치는 자식의 효는 일종의 연민에 불과할 뿐이다. 연민은 가진 자가 못 가진 자에게 베푸는 너그러움이다. 자식은 부모보다 강한 존재이기 때문에 부모를 연민할 수 있다. 연민의 대상인 부모는 언제나 자식들을 위해 희생될 상수常數라면, 연민의 주체인 자식들은 변수變數가 되어 상수를 흔든다. 부모가 내 삶에 걸림돌일 때는 쉽고도 냉정하게 연민을 거둬들일 뿐만 아니라, 얀정머리 없이 목숨마저 재우친다. 그래서 긴 병에 효자 없다는 말이 나온 듯하다. 부모가 평소 건강하거나 처음 아프기 시작할 때는 어떤 자식이라도 안타까워하고 불쌍하게 여기는 연민의 마음이 돋보인다. 그러나 한두 해 부모의 병이 깊어 가다보면 연민의 정은 점점 멀어지고 귀찮음만 남게 된다. 부모는 나를 사랑해 주시다가 아프지 않고 어느 날 갑자기 세상을 떠난다면 얼마나 좋을까. 이것은 자식의 바람이면서도 부모의 절대적인 바람이기도 하다. 어떤 부모가 자식에게 신세지고 싶겠는가. 공자는 孝란 부모가 병환 중일 때 자식의 행동을 보면 효의 깊이가 나타난다고 하여 이를 '효병孝炳'이라 했다.

그러기에, 퉁소 하나 잘 분다고 음악가라 할 수 없듯이 병환 중의 어머님 앙가슴에 얼굴 한두 번 비볐다고 어찌 효를 다했다 할 것인가. 다만, 어머님을 잃은 아들의 입장에서는 유다가 예수를 팔았다할지라도 여호와 하나님의 아들이듯 이 불효식 역시, 어머님의 아들임에는 분명하니 그저 통한으로 대신할 수밖에 없지 않은가. 메리 셸리의 작품『프랑켄슈타인』에서 보이는 천재과학자 프랑켄슈타인이 다시 나타난다 해도 이미 화장해 버린 어머님의 생명은 아무리 최첨단 과학의 힘일지라도 부활은 기대할 수조차 없게 되어 버렸다.

다만, 위안의 실마리를 찾는다면 어머님의 유택인 정읍서남권 추모관 '104동 32호'는 내가 살고 있는 아파트의 104동과 같은 동이고, 32호는 나의 중학교 3학년 학번과도 같아 우연이 두 번 겹침으로써 어머님과의 인연은 필연적 행운이리라. 그리고 어머님이 태어나신 해가 1927년인데 소천하신 해는 2017년으로써 끝수 7이 같고, 8월 21일에 출생하셔 6월21일에 작고하셨으니 날짜 또한, 동일하다. 뿐만 아니라, 타계하신 후 첫 92회 어머님 생신을 맞아 형제들이 한자리에 모인 날도 공교롭게 92일 만이었으니 이는 극락왕생하셨음의 표징이 아니겠는가.

죽음이란 정답이 없기에 산 사람에게는 크나큰 고통이다. 그러기에 상례는 죽은 자를 위한 것이기보다는 산 사람을 위한 한판의 씻김굿이라고 했다. 죽음을 한자로는 死·亡·卒 등으로 표현한다. 死는 일반적인 죽음이요, 크게 서러움이 없는 노환 정도의 죽음이다. 亡은 안타까운 죽음이다. 요절하거나 비명횡사하는 죽음이다. 卒은 마침으로써 삶을 잘 보내고 끝도 아름답게 잘 마무리하여 '당하는' 죽음이 아니라 '맞이하는' 죽음이다. 어머님의 돌아가심은 견강부회나마 맨 후자 쪽이라고 믿고 싶다.

인간이라면 누구나 죽는다는 사실을 다 알 것 같지만 실은 그렇지 않다. 자기가 정말 곧 죽을 운명에 처해질 것이라고 깨닫는 사람은 정말 적다. 다른 사람은 다 죽어도 자기는 죽지 않을 것이란 막연한 미련을 보듬고 산다. 불확실한 우리네 삶에서 죽음 같이 확실한 것은 없다는 것을 공감하면서도 말이다. 생명이란 무엇이던가. 生은 얻는 것이고 命은 간다는 말이 아닌가. 生이 있으니 命도 있듯이, 때가 되어 生을 얻은 것뿐이고, 잃을 때가 되어 命으로 마치는 것이 바로 우리네 죽음이 아니던가. 그러나 8세기 티베트의 파드마삼바바가 쓴『티베트 사자의 서』에서는 생과 사가 다름이 없다는 생사일여를 강조했는데….

이 무렵 나는 충청북도 구녀산 입구의 정토마을 자재요양병원장(호스피스) 능행스님이 쓴『숨』을 손에 들었다. 죽음에 대한 봉조鳳藻 가운데 다음 문장이 인상적이었다. "지금 이 생을 살고 있는 인간은 죽음을 경험한 적이 없지만, 역설적으로 매일매일 죽음을 경험하고 있다. 그럼에도 죽음을 떠올리면 막연한 두려움을 갖는다. 그러나 그 공포심과 두려움만 제거한다면 죽음 또한 자연의 섭리라는 것을 깨닫게 될 것이다." 이에 대해 소설가 고 박완서 선생의 쾌답이다. "죽음은 아무도 모르지만 그래도 나의 어머니와 남편과 아들이 일찍 떠난 곳에 나도 간다고 생각하면 죽음이 그리 두려운 것만은 아니에요."

그렇다. 죽음을 앞당겨 두려워하기보다는 오늘을 열심히 살다보면 권사티켓으로 하나님 나라에 안착, 예수 시장님의 사랑을 흠뻑 받고 계시는 어머님과도 머잖아 다시 뵐 수 있다는 것만은 확실하지 않은가.

아버지

계몽소설의 대가 이광수의 문학에 나타난 아버지는 개화이며 신문물이며 근대화 그 자체였다. 채만식의 『탁류』에서 아버지 정 주사는 딸에게 기대어 술값이나 얻어먹는 각다귀 같은 아버지상이다. 1996년에 출간한 김정현의 장편 『아버지』는 100만 부 이상이 팔림으로써 일반인들에게까지 널리 알려진 작품이다. 아버지는 행정고시로 문화재청 사무관으로 재직하였으나 더 이상 승진의 한계와 가족과의 단절과 화해, 그리고 췌장암으로 인한 고독과 씨름하다가 아버지란 그리움을 남긴 채 안락사로 생을 마친 한 가족사의 훈훈한 이야기를 다뤘다. 김애란의 첫 소설 『달려라, 아비』는 아내의 임신 사실을 알고 집을 나간 뒤 죽을 때까지 돌아오지 않은 한심하기 짝이 없는 아비의 이야기다. 그러나 조창인의 장편 『가시고기』는 간암에 걸린 아버지가 각막을 팔아서까지 백혈병에 걸린 아들을 살리려는 몸부림이 독자의 가슴을 뭉클케 한다. 미국영화 「대부」(1972)에서 주인공 마이클 코를레오

네는 사춘기 무렵, 마피아 보스인 아버지의 실체를 알게 되면서 범죄세계를 혐오하고 아버지마저 멀리하였지만 아버지가 경쟁 조직으로부터 습격당하자 아버지를 대신하여 상대 보스를 살해하고 뉴욕암흑가를 평정한다.

이런 「대부」가 장안의 화제가 될 무렵, 작가 이문열은 대하소설 『변경』을 집필 12년 만에 탈고한다. 1959년부터 1972년까지의 시대를 배경으로 한 역사소설이요, 가족사 소설이요, 작가 이문열 자신의 성장소설(작중인물 '인철')이기도 하다. 나는 이 12권을 44일 동안 독파한 후, 이 콘텐츠를 중심으로 아버지에 대해 추심코자 하는 욕심이 일렁이었다.

이문열의 소설 『변경』에서의 아버지(이동영)는 천석꾼 집안의 외아들로 태어나 일본대학교에서 농업경제학을 전공하고 한 때는 동양척식회사 농장장을 지내기도 했다. 사회주의 운동과정에서 전 재산을 날리긴 했으나 6·25 전후엔 수원농대 학장까지도 역임했으며 9·28 수복 후에는 가족을 남겨둔 채 월북, 북쪽에서 고위층으로 지낸다는 풍문이 간헐적으로 들릴 뿐이다.

소설 속에서 아버지는 단 한 번도 등장하지 않음에도 부재된 아버지의 막강한 위력은 여지없이 발휘된다. 마치, 대프니 듀 모리에의 장편 『레베카』에서 주인공 맥심의 첫째부인 레베카가 이미 죽은 상태에서 소설이 시작되어 끝날 때까지 둘째부인의 방뿐만이 아니라 홀, 정원 곁방까지 그림자를 느끼게 하듯이… 이는 실존하지 않은 존재라 할지라도 작품 속에서 긴 이야기가 가능한 것은 우리네 전통적인 부권에의 집착과 그 상실감에서 비롯된 것이리라. 당시에는 가뜩이나 연좌제가 시퍼렇게 가족들을 조여 매고 있었으니 아버지로부터의 원죄의식은 더욱 클 수밖에… 술에 취하면 전차 안에 이승만과 조병옥, 그리고 장면에 대해 이러쿵저러쿵하던 그땐 그랬다.

큰 아들 명훈이만은 아버지에 대한 기억이 긍정적이다. 아버지는 가장 큰 깃발(인공기)을 들고 앞장서서 동네 사람들을 대회장으로 이끌었는데 동네 골목을 벗어나기도 전에 벌써 '위대한 인민군 만세'와 '남조선 해방 만세'의 선창으로 목이 쉬어 있었다. 아버지를 인민군 대장쯤으로 착각하고 있던 그 무렵의 그는 감동되지 않을 수 없었다.

그러나 막내 인철이에게 느껴지는 아버지상은 피해망상이었다. 아버지의 얼굴은 말할 것도 없고 사진조차 본 적이 없다. 그런데도 아버지는 집 안 구석구석 살아서 떠돌며 끊임없이 재난과 불행의 먹구름을 몰고 오는 두렵고 음산한 망령, 정액 몇 방울이란 의미 이상이었다. 듣기만 해도 놀라움과 두려움으로 소스라쳤던 이름의 주인. 그래서 누가 물으면 "저는 아버지가 없어요."하고 대답하곤 한다. 이처럼 아버지로부터 도움은커녕 온갖 어려움만을 당한 이 가족들에겐 농부시인 서정홍의 시, 「그런데도」가 마뜩할 것 같다.

> 아버지가 대학교수였던 영민이는/ 대학교수가 되었고요
> 아버지가 문방구를 하던 태식이는/ 초등학교 옆에서 이십년째 문방구를 해요 (중략)
> 아버지가 판·검사고 대통령이면/ 그 자식들도 판·검사가 되

고 대통령도 되잖아요
(중략) 그런데 그런데도요/ 그 주인인 백성들은 아직도/ 가난이 업인 줄 알아요(후략)

나의 종교·나의 영혼, 나의 아버지는 8남매 중 맏이인 나에게 장자 우선주의의 전통적 지극한 사랑을 나에게 듬뿍 떼어주셨다. 그럼에도 생전에 흔감欣感한 말씀 한 마디 제대로 드리지 못하고 그나마 군대생활 중에 돌아가심으로써 영영 그 불효는 씻을 길이 없다. 소설『변경』에서 큰 아들 명훈이가 느낀 아버지상과 내가 느낀 나의 아버지상은 장남으로서 이심전심 맥을 같이하고 있다. 한편, 나의 동생들은 아버지한테 통만 먹은 탓으로 소설 속 인철이가 느끼는 원죄로서의 아버지상이 남은 듯하다. 그러나 이 좋은 기회에 감정의 사치라 할지라도 나의 아버지에 대한 아슴아슴한 기억을 여기에 붙잡아본다.

보릿고개를 넘기기 위해 논에서 호락질로 써레질하던 그때 그 시절, 다행히 아버지는 자수성가로 근동에서는 '방앗간 부잣집'이란 남의 부러움 속에 얼마동안은 넉넉한 가정을 꾸리셨다. 그러나 5·16 군속들로부터 '농어촌부채탕감'이란 미명 아래, 사유재산을 마구잡이로 유린당하는 불운을 겪게 되셨다. 곳간의 전 재산 백여 석으로 초가삼간 흙담집을 헐고 그 자리에 4칸 겹집을 건축하셨으나 천수답에 연 3년의 가뭄이 계속될 줄이야. "세상에 못 볼 일은 자식 죽는 거하고 농사 타들어가는 것이다."『변경』8권에서 작중화자 '명훈'의 말인데, 당시 우리 아버지의 궁심을 적확히 꿰뚫은 것 같다.

그 후 아버지는 빼앗긴 가산 회복을 위해 그토록 절치부심하셨으나 끝내는 청년시절 춘궁기와 다시 조우하게 되셨으니 그 절통함이 암세포 되어 이순을 겨우 넘기자마자 운명하셨다. 그래도 당신이 남긴 흔적으로 8남매의 자녀들이 오늘날 이렇게라도 안정된 삶을 이어나갈 수 있으니, 우리 아버지는 내 종교요, 내 영혼이다.

"아버님, 사랑합니다. 보고 싶습니다."

소성 촌놈

1965년 '정읍향토편람'에 의하면, 당시 내 고장 전라북도 정읍군은 읍 소재지로 정읍과 신태인 뿐이었다. 신상우 당시 군수 시절의 정읍군의 총인구는 28만여 명이었다. 지금은 12만 명이 밑돈다. 정주읍의 인구가 48,212명일 때, 우리 소성면은 16,441명으로 딱 3분의 1수준이었으나 지금은 2천여 명으로 대폭 축소된 것은 비단 우리 소성뿐만 아니라 전국 농촌의 현실이다.

반달 같은 논배미에 모내기하려고 채운 물이 거울처럼 맑았던 그땐 그랬다. 정주읍 소재지 초등학교 출신들은 서울 한 복판에서 출생한 대도시인에 비유되었다면, 면단위의 경우는 무인도서 출신 정도로 낮보았다. 오말육초(50년대 후반과 60년대 초) 시대, 세계사나 지리 선생님들은 대만은커녕 이웃 일본도 여행해 보지 못한 채 세계역사와 세계지리를 가르쳤던 그땐 그랬다.

그러나 우리 집은 내가 초등학교 2학년 때부터 읍내에 집을 따로 마련, 동생들은 그곳에서 초등학교를 다녔으나 나는 집안 장남이라는 이유로 소성 고향에서 초등학교를 마쳤다. 그런데도 중학교에 입학하니 나를 '소성 촌놈'이란 놀림으로 즐거움을 만끽하던 읍 소재지 친구들의 너스레가 아직도 생생하다. 다행히 소지역적 우월의식은 오늘날의 왕따와는 거리가 먼 소년시절의 순수 무애한 수준이었음이 지금 생각하면 얼마나 낭만적인가.

그래도 빈손으로 제금 나와 자식들 기르고 가르쳤던 6070세대는 시대를 잘 만난 탓이었을까. 축복이 아닐 수 없다. 그래서 그랬을까. 이들 소성 촌놈들은 중·고등학교 동창회는 물론, 지역사회의 버팀목으로서 역할을 다하여왔던 자긍심이 넘친다. 세상은 온통 기쁨으로 빛났고 삶은 희망으로 밝았던 산업화 시절, 열심히 노력만 하면 일자리가 널브러졌던 그땐 그랬다. 오늘날에는 상상할 수조차 없겠지만 그땐 객지에서 학교 다니다가 고향집에 들리면 친척들이 서로 돌아가면서 한 끼씩 식사 대접해 주었던 별미반식의 입맛이 아직도 입가를 맴돈다. 그땐 마치 나비가 꽃을 얻고, 학이 하늘에 오른 기분이었다.

그러나 오늘날 우리 청년실업률은 9.2% 이상이다. 흙수저·헬조선·극혐사회·열정페이 등이 난무하는 신조어를 들을 때마다 우리 기성인들의 가슴에는 못이 박힌다. 혹여 이들에게 좋은 직장에 들어가기보다는 더 큰 인생의 목표가 중요하다는 공·맹의 풀솜 같은 충고는 씨잘데기 없는 감정의 사치일 뿐이다. 촌놈이나 도시 놈이나 금수저 출신이 아니고서는 이상실현을 위한 직장 구하기가 하늘의 별따기보다 어려운 현실이기 때문이다. 그러기에 새누리당 이정현 전대표가 20여 년 동안의 굴곡 끝에 헌정사상 처음으로 호남출신으로서 집권당 대표가 된 '곡성 촌놈'

의 경우는 국정농단의 비호세력으로서 국민적 지탄을 받긴 했으나 아주 이례적이다. 곡성은 나의 공직자로서 첫 부임지였기에 애정이 남다르다. 당시엔 전국에서 군소재지이면서 군청은 없고 면사무소만 있었던 전국에서 유일한 곳이었다.

금년 같이 봄에 많은 비가 내리고 여름과 가을에는 가뭄이 심하다보니 농촌에서는 벼 풍작 이외, 다른 작물은 그냥 말라비틀어질 뿐이었다. 성묫길에 고향집에 들리니 정원의 잡풀은 촉기가 떨어졌고 바탕흙은 메마름의 골이 깊었다. 그런데 전국 지자체의 청사 건물 앞마당엔 쌀값 폭락에 항의하는 농민들의 분노가 가득 쌓여갔다. 익산시 남전리에서는 수확을 앞둔 벼를 트랙터로 짓이겼다는 뉴스도 전한다. 한 농민은 밥 한 그릇 값이 자판기 커피 한 잔 값에도 미치지 못한다고 했다. 이 지경에 이른 것은 국내 쌀 소비가 급속도로 줄어든 탓도 있겠지만 자유무역협정에 따라 의무적으로 일정량의 밥쌀을 수입하는 때문이라는 말도 설득적이다.

이런 와중에 집집마다 농촌 부모님을 돕는 자식들이 한둘 붙박이 되어가고 있음을 볼 때 다행인지 아니면, 헬조선에 갇힌 젊은이들의 일자리 블랙홀 탓인지 지켜보는 마음이 착잡하다. 설상가상으로 이들은 하나같이 불혹을 넘긴 나이임에도 장가를 못가고 있다는 참독함이다. 지금의 농촌 독거노인은 할머니들이 주류를 이루고 있으나 머잖아 농촌 파수꾼은 할아버지들이 넘칠 것이란 조짐에 가슴이 그저 먹먹하다.

어느 누가 사향지회思鄕之懷를 떠나 나의 존재의미를 찾을 수 있을까. 고향과 부모를 따로 생각할 수 없듯이 고향은 곧, 나의 부모요 모태가 아닐 수 없다. 살다보니 고향과 멀리 떨어졌을 뿐이다. 때로는 살기 위해 고향을 떠나 도시 생태계에 잘 적응하여 도심의 살찐 비둘기처럼 '닭둘기'도 있고, 다랑이만을 경작했던 그때의 질곡을 잊고자 고향을 멀리하는 사람도 있을 것이다. 어떤 환경에 처했든 모든 것은 잠시일 뿐, 어찌 고향에 대한 영혼까지 떨쳐버릴 수 있겠는가.

조창인의 장편 『아내』에 나오는 지문이다. "상희는 이혼과 죽음을 앞두고 어린 시절 자랐던 친정 고향 산골짜기 '가마골'을 찾았다. 스무 가구 남짓 산비탈에 기대어 있던 마을은 고작 세 채만 남아 있었다."

오늘의 농촌상황을 적시했다. 내 고향마을도 할머님과 함께 살았던 그땐 60여 가구였으나 지금은 열여덟 가구가 채 남지 않았다. 우리 집 앞뒤의 형님네도, 옆의 작은 아버님네도, 그 옆집의 당숙모님네도, 그리고 그 뒷집도 꾀 벗은 공터요, 지진에 얻어맞은 것처럼 찌그러진 흉물이 야윈 고독을 부른다. 이럴 때면 나는 내 첫 시집 『당신의 얼굴』(2004) 속 '자화상'이란 시구를 읊조리면서 '소성 촌놈'의 튼실함을 챙겨본다.

고랑 막고 고기 잡던/ 개울 섶 고추잠자리
흘러간 이야기랑/ 지난 일 헤아리니
영 너머 산들바람/ 저녁노을 어제런가
두어라 그 향취/ 잊는다고 지워지라
먼 날에도 그 동심/ 뚜벅뚜벅 엮어질 때
혹여나 다시 보는/ 오늘의 자화상을.

44년 만의 해후

제자들의 부름을 받고 지난날을 더듬노라니
아름다운 풍광이 손에 잡힐 듯 마음이 설렌다
추억과 그리움이 쌓인 병영은 나의 제2의 고향
그곳에서 결혼도 했고 딸과 아들도 낳았기에
본향 이상의 향긋한 고향 맛이 물씬 풍긴다
삼인리 돌담 가까이에서 오랜 세월을 벗한
천연기념물 비자나무의 늠연한 자태
하멜이 머물었던 전라도와 제주도를 지키는 병영산성의 위용
토끼몰이 하던 수인산의 우뚝 솟은 기상
동료 선생님과 학생모집 한답시고
손석풍 앞세운 달밤에 고을마다 떼 몰려다니던
그때가 어제 같다.

곰곰이 생각하면 나는 학생들한테 죄를 많이 졌다
공부 잘하면 착한 녀석, 못하면 나쁜 놈이란
이분법적인 사고와 성마른 성격으로, 오늘날 같았더라면

각 시·도에 설치된 '학생인권교육센터'에 불려 다니면서
온갖 창피와 폭력교사란 핀잔을 겁나게 받았으리라
이뿐인가,
새마을 운동이 한창일 무렵 학급별 퇴비증산대회에서 1~2등하고
각종 교납금을 잘 걷는다고 교장선생님한테 칭찬받았던 일들
지금 생각하면 쥐구멍이라도 들고 싶다
배드민턴 동우의 젊은 교사에게 이 달달한 만남을 늘어놓으니
자기들 세대는 꿈도 못 꿀 일이라며 부러워한다.

혼·분식 장려한답시고 점심시간만 되면
선생님들한테 도시락을 일일이 검사받던
그때의 학생들이 아니었더라면 이 늙수레를 누가 찾는단 말인가
욕심 같아선 10년만 앞서 불러주었더라면
당시 30대 초반의 나를 기억하는 제자들에게 이 몰골은 보이지 않을 텐데
그저 민망스럽기도 하지만 엄밀히 따지면 내 잘못은 아니다
세월이 나를 우거지상으로 이렇게 만들었으니 말이다.

아들딸 구별 말고 둘만 낳아 잘 기르자던 그때
선생님들은 학생들의 가정방문을 연례행사로
학생들은 선생님 댁을 심심찮게 드나들었다
그래서 그랬을까, 캘리포니아 호텔에서의 만남을
마누라한테 호기발랄하게 자랑 했더니
나보다 학생들을 더 잘 기억해낸다
고맙고 자랑스러운 제자들이여
앞만 보고 달려왔으니 이제는 건강부자로서
내일보다는 오늘, 오늘보다는 이 시간을
이 시간보다는 지금처럼 보다 멋있게 더 쿨하게 행복하소서!

고니가 노고단에서는

푸른 물 위에 떠있는 백조의 모습은 그저 우아미의 결정체다. 오늘따라 지리산 노고단의 창공이 그랬다. 이처럼 선녀와 같은 백조가 갑자기 고니가 되어 그것도 제15호 태풍의 이름으로 우리를 위협했던 2015년 8월26일! 다행히 노고단은 매지구름은커녕, 드높고 청랑한 가을하늘의 뭉게구름이 고니의 형상으로 우리들을 감탄의 도가니로 이끌었다. 이틀 전만 해도 기상청은 제주도부터 비가 시작돼 밤에는 전라도와 경상도 내륙에 강풍이 예고되었기에 고니를 무서워할 수밖에… 용케도 일본과 북한 쪽에만 겁나게 피해를 주고 우리나라는 살짝 스쳐 날아갔기에 쾌청한 산행을 즐길 수 있었다.

지금으로부터 33년 전의 고등학교 제자 십여 명과 정읍 산외 상두 생태마을에서 첫 만남이 이루어지고 며칠이 지나지 않았는데 한 제자로부터 메시지가 날아왔다. 친구 둘과 산행키로 했는데 선생님도 동행할 수 있겠냐는 것이다. 쾌히 동참의사를 밝히고 나니 날씨가 왠지 걱정되었다. 하지만 이 날은 서늘한 가을의 전형적인 기온으로 우리들을 더욱 들뜨게 했다. 군대 다녀온 사람들은 잘 알겠지만 똑같은 훈련일지라도 일기의 영향에 따라 고된 노동이 될 수도 있고 놀이수준의 가벼운 훈련이 되기 때문에 그렇다.

그런데 호사다마라고 했던가. 아찔했던 고비를 겪고 보니 사람 목숨은 한 순간이라는 말이 실감났다. 노고단 굽이굽이 오름길에 덤프트럭은 위에서 내리쏟고 우리 일행의 승용차는 힘들게 오르는 과정에서 운전하던 제자가 한 눈 놓친 사이, 트럭과 부딪치려던 일촉즉발의 상황에서 노고단 할머니의 음덕으로 다행히 사고는 모면했지만 하마터면 큰 인명사고가 날 뻔했다. 그러고도 운전대를 잡은 제자의 너스레가 가관이다. “선생님, 저 운전 잘 하지요.”

스위스 출신 파스칼 메르시어의 『리스본행 야간열차』란 작품에서, 조용하고 정돈된 삶을 살던 라틴어 교사가 수업을 하다말고 57세의 나이에 그냥 가방조차 챙기지 않고 여행을 떠나버리는 이야기가 나를 부끄럽게 한다. 지금이라도 라틴어 교사처럼 훌쩍 긴 여행을 떠날 그릇은 되지 못할지라도 오늘과 같이 머리가 아닌 발끝 여행을 한다는 것조차 그리 쉬운 일은 아니다.

정희와 함께 청주에서 새벽부터 연주가 차를 몰고, 전주에서는 나와 정림이 합류하여 오늘이 만들어졌다. 노고단 정상의 산수화와 함께 고니구름을 맘껏 구경할 수 있도록 이 즐거운 시간을 마련한 연주, 나이 들면서 신랑과 사랑이 두터워졌다는 정읍사의 여인 같은 정림, 점심을 자기 얼굴만큼이나 예쁘게 준비해 온 정희, 그리고 나는 무임승차라기보다는 분위기를 북돋기 위해 술을 열심히 마셔주었으니 봉사정신만은 투철했다. 한편, 이들의 이름자가 재밌다. 학창시절의 이차남은 이연주로 개명하여 현대 여성미를 물씬 풍기며, 박정림과 황정희는 한 글자씩만 바꾸면 '박정희' 대통령의 이름이 조립되어 흥미를 더해준다.

덜렁대며 소녀적 학창시절을 토해내듯 발랄한 기운을 내뿜는 연주는 야생화를 스마트폰에 담는 취미가 남다르다. 나에게 메시지를 보낼 때도 아름다운 야생화는 결코 잊지 않는다. 그냥 스치기 쉬운 이름 모를 함초롬한 꽃들을 촬영하는데 그토록 즐거워하는 모습을 보노라니, 제임스 월러의 장편『메디슨 카운티 다리』에서 프란체스카와의 사랑을 나눈 사진작가 로버트 켄케이드 씨의 모습이 얼비친다.

예수는 제자들의 발을 씻겼다고 한다. 나는 그러지는 못할지라도 이들이 가정의 중추로서, 가족들의 행복 길라잡이로서, 한 여인의 일생으로서, 부디 아프지 말고 소침消沈하지 말고 오늘의 여행에서 밝게 웃던 모습을 오래오래 지켜주기를 진정으로 바라고 싶다.

소크라테스나 공자는 훌륭한 제자들을 두었기 때문에 오늘날『소크라테스의 변명』이나『논어』가 만인의 입에서 회자되고 있다. 이 글 역시, 제자들에게 널리 읽혀진다면 이 또한 기쁨이 아니겠는가. 학생은 있되 제자가 없고, 교사는 있되 스승이 없다는 기울어진 언덕배기와 같은 세상에서, 오늘의 산행은 노고단의 창공에 그려진 고니만큼이나 아름다움으로 오래도록 간직되리라.

이 어찌, 삶의 복락이 아니겠는가

우리 아파트는 혁신도시 안에 있어 주위 녹색공간이 잘 설계되어 무릉도원이 질투할 지경이다. 아마 에덴동산이 이보다 더 아름다웠을까. 아파트 주변 인공시냇물이 흐르는 언저리에는 사계절로 나눠진 나무와 꽃들이 지나가는 길손의 발걸음을 가볍게 한다. 808 세대이다 보니 크지도 작지도 않은 알맞은 공동주택으로 마침 '자치회의실'에 탁구대 두 대를 놓으니 주민들에게는 아주 멋진 탁구장이 되었다. 나 역시, 일주일에 한두 번 주민들과 탁구에 흠뻑 젖다 보면 우리 아파트의 쾌적함을 느낄 수밖에.

그런데 지난 일요일 오후, 나는 지인과 열심히 탁구로 땀비를 쏟는데 옆 탁구대에서는 초등학생들이 탁구보다는 장난치며 어찌나 떠드는지 이를 지켜보던 한 어르신이 "야, 이 녀석들아, 여기가 너희들 교실인 줄 알아, 조용히 쳐야지!"

지난날의 교실에는 선생님이 계시기에 언제나 조용했다. 그러나 요즘은 선생님이 보이지 않는다. 계시든 안 계시든 학생들이 떠드는 데는 상관없다. 선생님이 야단칠지라도 약효가 없다. 약효를 발휘시키다보면 학부모가 들이닥치기 때문이다. 지난 시절, 엉덩이와 머리는 늘 회초리에 맡겨 놓았던 그땐 그랬다. 선생님한테 얻어맞고 몸에 상처가 나더라도 부모님께는 넘어져서 다쳤다며 거짓말을 당당히 해댔다. 이실직고하면 선생님 말씀도 듣지 않은 놈이라면서 부모님은 다시 몽둥이를 찾기 때문이다.

2016년 5월15일 스승의 날은 공교롭게도 일요일이었다. 일선 교사들은 일요일이라 오히려 속 편하단다. 이 무렵 9월 실시를 앞둔 김영란법(부정청탁 및 금품 등 수수의 금지에 관한 법률)이 요란한 화제다. 3만원 넘는 식사와 5만 원 이상의 선물만 받아도 법의 제재를 받는다는 것인데, 일선교사들은 이미 학부모 상담 때 종이컵에 물 한 잔 떠놓고 얘기하는데 익숙해졌다고 한다. 그러나 일부 특수층과 갑질의 대가 국회의원은 김영란법과 거리가 먼 치외법권적 지위라니 지나가는 쥐가 듣다가도 웃을 일이다. 다음 이야기를 들어보자.

네이처리퍼블릭 정운호 대표의 로비의혹에 검사장 출신 홍만표 변호사와 부장판사 출신 최유정 변호사가 연루된 수임료가 2015년 5월을 장식하고 있다. 직전 판·검사하다 변호사로 옷을 갈아입고 변호를 맡으면 1~2백억 원이 거뜬하고 이들과 1분 통화할 때마다 법률 자문료가 1억 씩이라니 땅이 아니라 하늘이 노랗다. 전관예우의 위력이 바윗돌을 뚫는다. 최경환 전 경제부총리가 20대 총선후보들을 지원유세하면서 "난 아직도 전관예우가 있어 내 말 한 마디면 아직 안 통하는 곳이 없다." 운운하며 대구바닥을 뒤집다 그만 여소야대의 매운맛을 보아야 했던 교훈이 엇그제였는데, 루이스 캐럴의 『이상한 나라 앨리스』 속의 혼용무도한 세상이 따로 없다.

나의 지난 시절의 직장생활은 장시간 칠판에 판서하며 수업을 진행하고 수업 후에는 업무처리 등으로 어깨와 팔, 손목을 쓰다 보니 근막통 증후군이란 어깨질환이 생길 수 있었다. 그리고 주로 서서 수업하다 보면 다리가 붓고 혈관이 튀어나오는 하지정맥류의 위험도 없지 않았다. 한편, 과도한 목사용으로 성대결절로 이어질 수 있는 직업증후군의 영향으로 현직에서는 물론, 퇴직 후에라도 시달릴 수 있었다. 그런데 나는 이러한 직업증후군이 근육훈련으로 단련된 체력으로 전화위복이 되어 고희를 넘겼음에도 배드민턴과 탁구의 쾌락에서 아직도 낄낄거리고 있을 뿐만 아니라, 인터넷 노래방에서 시나브로 노래 부르는 것도 좋아하니 성대 결절은커녕 나홀로 가수생활을 하고 있다.

스승의 날이 가까워지자 1983학년도에 졸업한 칠보고등학교 제자들로부터 만나자는 연락이 왔다. 저녁 6시 반, '섬진강' 음식점이란다. 마침 그날 퇴직교장들과 점심을 마치고 모악산 도립미술관을 휭 돌아보고 맑은 공기와 함께 책과 씨름하다 여유 있게 자동차 핸들을 잡았다. 전에도 여러 번 들린 바 있던 완주·구이면 강빛 맑은 운암교에서 산외 쪽으로 조금 달리다 좌측 식당으로 진입하는 순간, '섬진강'이 아니라 '강나루'란 상호에 아뿔싸! 내 이를 어쩌나, 음식점 '나루터'를 전라북도청 부근의 '섬진강'으로 착각했으니… 착각은 자유라지만 나이탓으로 위안을 삼을 수밖에. 약속 시간 30분 늦었지만 기다려준 두 선생님(양석남, 이명규)과 청주에서 급히 달려온 제자 연주를 비롯해 남학생 송성남·이광호·김성수 등의 얼굴이 반가웠다. 저녁 성찬과 맥주집 뒷풀이와 함께 '고려 홍삼정' 선물 박스까지. 이튿날 나는 제자에게 문자를 보냈다.

"현직교사는 스승의 날을 피하고 우리는 같이 늙어가는 제자들에게서 성찬과 소중한 선물까지. 생각하면 너무 복 받은 것 같아. 고맙네, 고마워! 성남이를 비롯해 광호·성수·연주에게도 좋은 일만을" 곧바로 제자 송성남의 메시지가 울린다.

"감사드립니다. 선생님 항상 저희들이 감사하고 있답니다. 가까이에서 뵐 수 있다는 게 얼마나 큰 행복이에요. 스승과 제자 사이의 인연은 불가의 겁으로 일만 겁이 되어야만 인연을 맺을 수 있다고 합니다. 얼마나 큰 행복을 누리는지 저희가 고맙고 감사하고 행복한 거지요. 선생님 사랑합니다. 아마도 광호나 성수, 연주도 저보다 더 사랑할 것입니다. 자주 전화 드리겠습니다." 이밖에 정읍·칠보의 김천수, 광주의 김도석, 서울의 신효재, 안산의 이영환 등의 제자들이 전화와 장문의 글로 허허한 마음을 다시 채운다.

구름은 어디서나 볼 수 있지만 산 정상이나 여객기 창밖에서 만나는 구름은 장관이 아닐 수 없다. 그렇다. 우리는 언제나 사람들을 만난다. 돌이켜보면, 그 수많은 만남 속에서 우연이 인연이 되어 꼭 필요한 시간과 공간에 어느 사람을 만남으로써 내 인생에 어둠과 밝음을 결정한다. 나는 앞에서도 잠깐 언급했지만 스승 아닌 교사를 업으로 삼다가 늘그막에야 이처럼 스승과 제자와의 만남을 다시 갖게 된 것이 한두 번이 아니었다. 만날 때마다 온몸의 세포가 기쁨과 즐거움에 구속되어 행복의 오르가슴을 느끼게 되니, 이 어찌 삶의 복락이 아니겠는가.

역사의 불편한 진실

신데렐라

콩쥐가 세자비로 책정되자 그의 계모와 이복동생 팥쥐는 그녀를 죽인 후 연못에 시신을 버린다. 그리고 팥쥐가 콩쥐로 변신하여 세자와 결혼하게 된다. 그러나 콩쥐가 죽음에서 환생, 사건 전말이 밝혀지자 세자는 콩쥐와 다시 행복하게 살 수 있었다. 이 신데렐라 설화는 정직함과 진실, 그리고 권선징악적 보편성의 구동에서 비롯되었다.

조선조의 판소리계 소설 『심청전』은 죽음과 재생을 하나의 인과율로 묶어 희비가 엇갈린 새옹지마의 이야기다. 늙어서야 겨우 얻은 자식을 어루더듬어 딸임을 확인한 심봉사(沈鶴圭)는 설상가상으로 상처(곽씨부인)의 아픔까지 겪는다. 生이 死를 낳고 死가 生을 낳는다는 진리가 반복된다. 딸은 아버지의 소경을 면하기 위해 목숨을 바쳤지만, 남경의 황후가 되어 다시 만남으로써 광명을 되찾을 수 있었다. 그 힘은 바로 신데렐라가 된 딸의 깊은 효행이었다.

역시 판소리계 소설로써 전설적 서사구조를 탈피하고 국문체 소설의 백미인 『춘향전』은 소재의 현실성·배경의 향토성·표현의 사실성·성격의 창조성 등으로 근대소설의 구조를 두루 갖춘 통과제의 사랑 이야기다. 다만 심청이의 인당수 대신 춘향이는 옥중을, 심황후 대신 이도령의 아내로서 신데렐라가 된 힘은 바로 불경이부不更二夫의 정절이었다.

또 다른 신데렐라는 스무 살 어린 시골 아가씨(드니즈)가 파리의 한 백화점에 취업하면서 전개되는 이야기다. 젊은 사장(무레)은 자신의 재력과 권세 앞에서 파리의 여자들, 특히 백화점에서 일하는 아가씨들이 자기에게 기꺼이 몸을 내준다는 사실을 잘 알고 있다. 그런 그에게 아가씨에 대한 호감은 그저 하찮은 신참에 대한 동경심에서 비롯되었지만, 사장은 점차 아가씨가 발사하는 예상치 못한 매력에 이끌리게 된다. 사장은 지금까지 자신이 가진 돈과 권력이면 그 어떤 것도 얻지 못할 것이 없다고 자신만만했다. 그러나 아가씨는 결코 돈으로 살 수 없는 여자였다. 마침내 사장은 지금까지 느껴보지 못한 겸손의 감정에 빠지게 된다.

스피노자는 『에티카』에서 겸손이란, 인간이 자기의 무능과 약함을 고찰하는 데서 생기는 슬픔이라고 했다. 다시 말하여, 사장의 겸손은 돈만으로는 한 여자를 자기 뜻대로 할 수 없다는 것의 자각이기도 했다. 결국 아가씨는 사장에게 제대로 된 사랑을 가르쳤고, 사장은 진정한 사랑을 아가씨로부터 배우게 된 것이다. 가난하면서도 품위를 잃지 않은 아가씨는 온갖 역경을 이겨내고 마침내 백화점 사장과 결혼하게 된다는 신데렐라의 이야기를 소설가 에밀 졸라는 『여인들의 행복 백화점』(1883)으로 담아냈다.

이상은 아름다운 진실이 담겨진 허구에서 만나 본 신데렐라의 이야기라면, 다음은 허구 아닌 사실史實이다. 허구의 신데렐라는 성공한 이야기라면, 실존했던 인물은 인고의 세월로 아직도 얼굴을 드러내지 않은 웅숭깊은 참 신데렐라의 기록이다.

12살 때 즉위한 단종은 영월 청령포로 유배되어 교살되고, 정순황후는 노역 없는 관노가 된다. 동대문 바깥 창신동에서 염색과 동냥으로 살았다고 한다. 단종이 죽자조석으로 청령포를 향해서 곡을 하면 이웃 아녀들이 함께 곡을 했다는 동정곡同情哭이 전한다. 1698년(숙종24년) 단종은 노산군으로, 단종의 비 송씨는 정순왕후로 추복追復된다. 영혼세계에서의 정순왕후는 노산군의 신데렐라로서 동정곡을 '사랑가'로 부르며 영생을 누리리라.

한편, 조선조 마지막 황태자인 영친왕 부부를 모신 영원(英園 남양주 홍유릉 경내)이 45년 만인 2015년에 공개됐다. 영친왕과 이방자(마사코)는 정략결혼의 희생양이라는 점에서 한 많은 삶을 살았다. 그래도 두 사람은 사실혼의 생활을 했고 혼백마저도 함께 묻혔다.

이 결혼 때문에 61년간이나 독신으로 염열지옥炎熱地獄 같은 삶을 살아야 했던 여인은 영친왕의 정혼녀 민갑완(1897-1968)이다. 그녀가 10살 때인 1907년 대한제국 황실의 초간택에서 150여 명의 규수 가운데 수망(首望, 1순위)으로 뽑혔다. 동래부사 민영돈의 딸이었던 소녀는 영친왕과 생년월일까지 같았다. 간택자리에서 영친왕과 키를 재보고는 '남자가 왜 이리 작은가' 라고 투덜거리기까지 했다고 한다. 그러나 영친왕이 이토 히로부미의 손에 이끌려 일본유학을 떠나면서 혼사가 좌절된다. 대신 황실은 그녀의 집에 약혼선물로 금반지를 보낸다. 영친왕의 청혼녀가 된 그녀는 국모가 되기 위한 신부수업에 전념한다. 하지만, 갑자기 정세가 급박하게 돌아갔다.

일제가 영친왕과 일본 황족 여인과의 혼인을 추진하자, 21살의 그녀에게 기막힌 일이 벌어졌다. 궁에서 상공들이 나와 약혼반지를 강탈하다시피 회수해 간 것이다. 그녀는 충신은 불사이군不事二君이요, 열녀는 불경이부不更二夫라는 편지까지 썼으나 전달될 수 없었다. 설상가상으로 다른 가문으로 시집가지 않으면 중죄를 받겠다는 서약서까지 써야했다.

마침내 1920년 4월28일, 영친왕의 결혼식이 거행되자 그녀는 상하이로 망명하게 된다. 그렇지만 결코 원망하지 않았다. 우사 김규식 박사가 "아가씨의 원수를 갚으려면 영친왕을 죽여야 한다."고 독립운동을 권했다. 하지만 그녀는 고개를 내저었다. 누구도 원망하지 않으며 남을 해치면서까지 정혼을 되찾고 싶지 않았다. 시대의 탯줄을 잘못 잡은 그녀는 마침내 귀국했으나 기다리는 것은 가난과 병마, 그리고 잇단 사기에 휘말리다 끝내 질풍노도의 생을 마친다.

"나는 처녀다. 절대 남의 집에서 죽게 하지 마라. 옛날 선비처럼 남자 옷을 입혀 달라." 마지막까지 가문과 황실을 지키고자 했던 여인의 유언이다. 그녀의 유해는 부산 실로암공원 납골묘에 안치되어 있다. 살아생전 부부의 연도 맺지 못하고 죽어서도 육신은 따로 묻혔을지라도 정순왕후와 같이 영혼세계에서는 빼앗긴 금반지도 다시 찾아 영친왕의 신데렐라로서 영생홍복하기를 기원한다.

이 원고가 탈고될 때는 최순실 비선실세의 국정농단으로 온 국민들이 박근혜 대통령 퇴진을 외치며 촛불을 들고 들불처럼 일어나는 무렵이었다. 뉴욕타임스는 "한국인들은 대통령이 수십 년 동안 최태민 가족의 노예가 됐다는 것을 수치스러워하고 있다"면서 "블로거들이 최순실을 '순데랄라'라고 이름 붙였지만 행복한 결말로 끝날 것 같지 않다"고 했다. 이 보도를 읽고 나는 신델렐라의 반대어는 순델레라는 사실을 알게 되었다. 참으로 참혹한 느낌이다.

김금순을 아시나요

> 눈보라가 휘날리는 바람 찬 흥남부두에 목을 놓아 불러봤다. 찾아를 보았다. 금순아 어디로 가고 길을 잃고 헤매었더냐. 피눈물을 흘리면서 일사 이후 나 홀로 왔다.~

이 노래는 1.4후퇴 때 흥남부두에서 헤어진 금순에게 안부를 묻고 다시 만날 때까지 굳세게 잘 지내기를 바라는 마음을 강사랑이 작사하고 박시춘이 곡을 붙여 가수 현인이 1953년에 부른 국민가요다. 이후로 '금순'은 이산가족의 아픔을 상징하는 고유명사 아닌 보통명사화 되었다. 이 무렵 여자이름은 으레 일본식으로 '순'자를 곧잘 붙었다. 그래서 '금순'이란 이름은 우리 주위에 널브러졌다. 몇 년 전에 돌아가신 내 고향집 옆집에 먼 친척뻘 누나의 이름도 '김금순'이었다. 누나는 한마을 출신끼리 결혼하였기에 '본촌댁'이란 댁호로 불렸다. 반달 같은 논배미에 모내기 하려고 채운 물이 거울처럼 맑았던 그땐 그랬다. 남자야 결혼하든 미혼이든 출생했던 집에서 태어나고 죽는 것이 다반사지만, 여자의 경우는 출가하기 때문에 출생했던 집에서 죽기는 쉽지 않다. 그런데 누나는 생사동가生死同家했다. 다시 말해 친정부보님이 돌아가시고 동생들은 분가하여 타지에 살다보니 빈집이 되자 친정집을 사들여 그곳에서 여생을 마친 것이다.

그런데, 1934년의 김금순이란 역사적 이름을 알게 된 것은 한 친구의 도움이 있었기에 가능했다. 만 9세의 어린소녀 김금순은 빨치산부대의 사령부가 머물고 있는 유격대의 위치를 일본경찰들에게 끝내 알려주지 않아 공개 처형당했다. 이러한 항일여성 영웅을 까마득히 알지 못하고 이제껏 살아왔다는 것이 나는 참으로 부끄러웠다. 우리는 유관순과 김마리아는 익히 알지라도 만 9세의 항일여성 김금순을 아는 사람은 드물다. 아마 사상 탓이라고 하기에는 당시의 상황에서는 오직 항일만이 나라를 지키는 일이었고 더군다나 어린 나이였기에 갑론을박할 꺼리가 되지 못했다. 조정래의 대하소설 『태백산맥』에서 벌교 바닥에서는 가장 무서운 존재 우익 청년단 염상구는 빨치산 강동식의 아내 외서댁을 범함으로써 마침내는 가냘픈 여자의 몸으로 입산 빨치산 활동의 빌미를 제공했다. 그렇다고 입산 빨치산 외서댁을 사상적으로 미워할 수 없듯이 어린 소녀 김금순 역시, 결코 미워할 수 없다. 당시 중국과 일본 출판물에서는 이러한 야만적 행위에 대하여 '어린 렬녀의 략전'이라는 제목으로 김금순의 뜻 깊은 죽음을 격찬했다. 늦게라도 이 부끄러움에서 벗어날 수 있었던 계기는 서울시문화해설사로 우리 역사의 중심축을 발바닥으로 자원봉사하고 있는 초등학교 꾀복장구 친구가 유영호 작가가 쓴

『한양도성 걸어서 한바퀴』(2015)라는 책을 보내주었기 때문이다.

우리는 1968년 울진·삼척에 침투한 무장공비에게 붙잡힌 이승복 어린이가 "나는 공산당이 싫어요"라고 외치다 살해당한 사실을 기억하고 있다. 이승복 어린이의 나이는 항일투사 김금순과 같은 9세였다. 이후 이승복 어린이의 동상을 초등학교 교정에 세워 반공의식을 고취시키는데 활용되었지만 49년이 지난 오늘날은 이승복의 이름도 그 동상도 폐교 덤불숲에 묻혀 항일투사 김금순처럼 우리들의 기억 속을 떠나고 있다.

한편, 일제강점기에서 유관순만큼 유명한 항일여성운동가도 없을 것이다. 유관순의 항일운동을 폄하하고 싶지는 않지만 우리가 알고 있는 유관순은 친일파의 포장 속에서 자유롭지 못하다는 것도 유의할 필요가 있다. 당시 조선총독부의 공식집계에 따르면 1919년 3월1일부터 5월 말까지 시위과정에서 검거된 사람은 4만 6,948명이며, 사망자만 해도 7,979명이었다. 유관순은 그저 이처럼 수많은 이름 없는 영웅들 가운데 한 명에 불과했다. 그런데 갑자기 어떻게 최고의 항일영웅으로 떠오르게 된 것일까.

1945년 8월15일, 일제로부터 전혀 예상치 못한 해방이 되자 친일파들은 화급해졌다. 최창학과 이광수가 그랬듯이 친일파들의 신분세탁은 한반도 곳곳에서 벌어졌으며 이곳 이화학당 역시 예외는 아니었다. 일제 말기 혁혁한 친일행위로 이미 많은 조선사람들로부터 비난의 대상이었던 이화학당 출신 박인덕은 옥사한 유관순을 자신의 제자라며 당시 교장 신봉조에게 알림으로써 유관순을 항일영웅으로 만들기 시작했다. 실제로 박인덕이 서대

문형무소에서 유관순과 함께 복역했는지는 확인되지 않고 있으나 자신도 유관순과 함께 복역했음을 선전하는 등 유관순을 이용하여 자신의 친일행각을 세탁하고자 안달했다. 예컨대 유관순이 토막살해 당했다는 이야기 등 많은 것들이 거짓이었음이 드러났고 검거된 자 가운데 가장 긴 7년형을 선고받았다는 박인덕 말은 판결문이 발견되면서 5년형으로 거짓이 확인되었다. 이후 영친왕 결혼기념으로 다시 1년 6개월로 감형되었다. 마치 아름다움의 황금비대칭이라 일컫는 모나리자의 실체는 피렌체의 리자 게라르디니 델 조콘도 여인으로 절도범에 의해 불후의 명작이 되었던 것처럼, 친일파 박인덕의 친일세탁을 위해 유관순의 항일운동이 확대 재생산되지 않았기를 바라는 마음이 간절하다.

구스타프 플로베르는 "역사는 대양을 마시고 한 줌의 오줌을 누는 것에 불과하다."고 했다. 수면 위로 올라온 빙산은 거대한 대륙의 극히 작은 부분에 불과하다는 진실을 에둘러 표현한 말이리라. 기록된 역사는 실제 역사의 극히 일부분에 불과할 뿐이다. 그러기에 후대인들은 기록되지 않은 역사를 상상하고 찾아내야 할 책무가 있다. 이미 알려진 애국지사의 헌신이 우리의 독립을 위해 큰 버팀목이 되었지만, 김금순과 같이 이름이 널리 알려지지 않은 수많은 선열이 있었기에 오늘의 대한민국이 우뚝 세워졌지 않은가. 이 기회에 먼저 떠나신 뭇 선열을 다시 생각하면서 삼가 명복을 빈다.

한자는 우리 문자다

노예로 처음 잡혀온 쿤타킨테 이래, 6대에 걸친 모계내력을 서부 아프리카 감비아의 한 마을을 시작으로 끈질기게 추적한 알렉스 헤일리는 그 내용을 소설 『뿌리』(1976)에 담았다. 이 작품은 미국은 물론, 전 세계에서 텔레비전 미니시리즈로 방영되면서 폭풍적 인기를 모았다. 이 무렵, 우리나라에서도 내 조상의 뿌리 찾기에 관심이 많았던 것으로 기억된다. "모든 유산은 유토피아적이어야 한다. 즉 뿌리를 유지하며 더욱 더 발전시켜야 한다는 꿈과 함께 자손들에게 물려줘야 한다."는 프란치스코 교황님의 말씀이 더욱 빛난다. 나는 8남매의 장남으로 어린 시절, 할머님의 사랑도 많이 받으며 일가친족과 더불어 부잣집 아들이란 말을 들으면서 자라왔던 좋은 추억이 농익어 고향에 대한 향수가 남다르다.

그러나 길거리에서 누더기 옷에 보퉁이를 맨 사람들의 모습을 쉽게 볼 수 있었던 그땐 그랬다. 먹는 것에 껄떡일 정도로 보릿고개에 찌들었으니 어릴 적 옹두리를 되새김질하기 싫은 출향인들도 많았으리라. 김훈의 장편『공무도하公無渡河』에서 작중화자 노목희는 “지나간 시간의 더께가 불쑥 앞으로 뛰쳐나와 현재의 시간에 들어붙어버리는 당혹감이 고향이라는 어감 속에는 들어 있다.”고 술회한다. 그래서 우리는 액색한 과거를 추억하기보다는 고향에 대한 나쁜 추억을 두뇌의 해마 속까지 씻어내고자 했던가. 그래도 한 번 태어난 인생, 나를 비롯한 우리 민족의 역사적 정체성을 모르쇠로 살아갈 수는 없지 않은가.

돌이켜 보면 초등학교 시절, 각 신문에 이승만 대통령의 명함판 붙박이 사진이 나올 때마다 국부로서의 존경심은 하늘을 찌를 듯했다. 신라 화랑은 애국의 화신이요, 백제의 계백은 나약한 인물로 기억되었다. 지금 생각하면 역사의 왜곡이었다.『삼국고기』등을 편집하는 과정에서 백제와 고구려의 웅혼한 민족혼을 신라에 알랑거린 김부식의 블랙유머집『삼국사기』가 우리 역사의 전범典範이 되었음은 참으로 뇌꼴스럽지 않을 수 없다. 차라리 외화 허실한 ‘삼국사기’를 펴대지 말고 참고 사료만이라도 불태우지 않았더라면 우리 역사는 지금보다는 좀 더 바르게 엮을 수 있었을 텐데, 그 안타까움이 절절하다.『삼국사기』는 보물이요,『삼국유사』는 국보인 까닭을 알 것 같다. 최명희 대하소설『혼불 10』에서 주인공 강모는 만주 봉천에서의 생각을 다음과 같이 표현했다.

~ 중국에 와서 우리의 옛 강토를 제 발로 돌아보면, 신라가
삼국을 통일했다는 말이 얼마나 잘못된 것인지를 알 수가 있다.

우리는 저 광대한 고구려를 잃어버린 것이다. 아깝고 억울해. 아름다운 고구려! 발해는 떠내려가고 후백제는 빈곤하게 비틀어졌다.

이처럼 우리의 역사는 사대주의 사관에 입각한 사가들이 제멋대로 토막토막 내는 바람에 북방역사는 사라지고 남방역사만 남아 있다. 그러다 보니 우리 선인들이 만주대륙에서 유라시아까지 광대한 대륙을 지배해온 역사를 비현실적인 전설처럼, 떠올릴 뿐이다. 역사를 잃어버린 민족은 나라마저 잃게 된다. 우리의 뿌리는 대륙에 있고 우리의 정신에는 불멸의 대륙의 혼이 배어 있다. 나는 이 글을 쓸 무렵 공교롭게도 무너져가는 발해를 지키려고 몸부림치는 발해인의 영웅적인 투쟁정신과 대륙의 혼을 생생하게 복원시킨 이수광의 역사장편소설 『발해를 꿈꾸며』를 탐독 중에 있었다.

역사는 이중나선구조라 했던가. 현대역사는 지난날 정치꾼 이승만과 권력꾼 박정희 무리에게 내맡겨지다 보니 왜곡의 역사는 또다시 굴곡의 역사가 되어버렸다. 안타깝게도 박근혜 전 대통령은 깜깜히 편집으로 '한국사교과서 국정화'를 강행, 역사적 변곡점이 될 기회마저 스스로 포기하고자 획책했던 허섭스레기는 어쩌면 '삼국사기'와 닮은꼴 같다. 2015년 11월에 취임한 캐나다 저스틴 트뤼도 총리(44세)의 "지금은 2015년이잖아요?"라는 쾌답과는 역주행이 아닐 수 없다. 모름지기 역사란, 삶의 발자취를 '사'史자가 상징하듯 치우침이 없이 보이는 대로, 있는 그대로 중도정신으로 기록되어야함은 지극히 당연하지 않은가.

우리는 중국의 '동북공정'이란 과렴선치寡廉鮮恥 앞에서 도끼눈은커녕 망연자실만 하고 있다. 중국이 한자의 원형인 골각문자를 요하에서 발굴하고 이것이 동이족의 문자이고 보니, 그 역사적 정체성의 위기에 놀라 발해의 역사까지 끌어안으려는 무리수가 바로 동북공정이 아니던가. 6,300Km라고 발표했던 만리장성의 길이를 2만 1,196Km라고 수정 공표한 것은 중국의 침략을 막기 위해 축조한 고구려의 천리장성과 발해의 성곽까지를 모두 포함한 수치다. 참으로 어불성설이 아닐 수 없다. 만시지탄이나마 우리의 역사를 제대로 되찾고 곧추세워 미래 세대들에게만은 올곧은 우리 역사를 제대로 가르쳐야 할 책무가 있다.

이 기회에 우리 상고사를 편찬한 계연수의 『환단고기』(桓檀古記 전4권, 1911)를 잠깐 살펴보자.

우리의 첫 나라이름은 '환국'桓國이요, 이를 환인이 다스렸고 배달국의 환웅이 뒤를 이었다. 다시 '조선'(이태조의 '조선'과 구별하기 위해 후에 古朝鮮이라 함)을 여신 분이 바로 단군이시다. 일찍이 환웅께서 다스리던 배달국 환족은 대단히 광명하고 행복한 삶을 살았다. 그 변방에 두 부족이 있었으니 곧, 곰을 토템으로 받들던 웅족과 호랑이를 토템으로 삼던 호족이었다. 이들은 환족을 몹시 부러워한 나머지 환족으로 교화시켜 주기를 간절히 간청했다. 이에 환웅께서는 일정한 금기사항을 지키도록 주문하였는데 끝까지 혹독한 수행을 견뎌 낸 부족은 웅족이었다. 그 후 환웅께서는 그 웅족의 여인을 취하여 아내로 삼았던 것이다.

그럼에도 불구하고 『삼국유사』에서는 이런 역사적 사실마저 놓치고 있다. 이제까지 우리는 환웅이 곰과 흘레하여 낳은 인물이 '단군'이라는 허구가 정사正史로 와전되어 왔다. 단군 왕검을 역사적 존재라기보다는 신화적 존재로서 아니, 우상이란 놀림의 대상으로까지 비하시키고 있다. 최명희의 『혼불 9권』에서도 『삼국유사』를 인용한 내용 역시, 위와 같이 서술하고 있다. 더군다나 일부 종교인들은 교육적 표상으로 세워진 단군동상마저 파괴하고자 그 눈빛들이 붉게 이글거린다. 작가 김홍신은 『인생 사용설명서』에서 '동이사관'東夷史觀을 다음과 같이 기술하고 있다.

> 중국은 예부터 현재에 이르기까지 변치 않은 역사관이 두 가지 있다. 그것은 중국이 온 세상에서 오로지 중심이라는 '중화사상'이요, 변방족은 모두 어리석고 못났다는 '동이사관'이다. 그런데 동이족의 후예인 고구려 유민과 백제 및 신라는 힘을 합하여 당나라 군사를 저 멀리 북방의 신성(新城, 지금의 봉천)까지 쫓아내고 고구려 멸망 후 30년 만에 건국된 발해는 옛 고구려 땅을 되찾아 말갈, 흑수, 해, 습, 돌궐 지경까지 정복하여 사방 5천리(당시 당나라의 10리가 5.6km)를 통치하며 당시 최강대국 당나라와 당당하게 맞겨루었다.
>
> 이는 중국문화대학교의 권위 있는 학자들이 중국고대 사서들을 분석하여 1980년에 펴낸 『중국역사지도집』에서도 발해는 사방 5천리를 다스린 대국이었음을 명증하게 드러냈다. 발해 강역은 동쪽으로는 지금의 중국 땅인 대련에서 요하를 거슬러 올라가고 북으로는 흑룡강을 따라 러시아의 아무르 강을 지나며 남쪽으로는 평양의 대동강을 경계로 하여 동해의 끝자락까지였다. 중국의 정사인 『구당서』와 『신당서』를 비롯한 여러 사서

에 따르면, 서기 732년에 대조영의 아들 대무예는 직접 군사를 이끌고 요하를 건너 만리장성 근처인 마도산까지 쳐들어가 중국의 항복을 받아냈다. 뿐만 아니라, 수군장수 장문휴는 군사를 이끌고 등주(登州, 지금의 산둥반도 봉래)를 침공하여 지방장관 격인 자사 위준을 죽이고 산둥반도를 평정했다는 사실이 잘 기록되어 있다. 우리가 눈여겨 봐야할 점은 중국 한나라 때『史記』를 저술한 사마천에게 생식기 자르는 궁형에 처한 것은 고조선이 무수히 중화를 침공했다는 사실을 기록했기 때문이다.

위 '동이사관'에서 언급된 동이족은 바이칼 호수를 거쳐 지금의 북중국과 만주·시베리아, 그리고 한반도에 정착했고 일부는 오른쪽으로 더 내려가 아메리카 인디언이 되었다. 그러나 중국은 과거에는 자기들 게 아니고 동이족의 것이라 그토록 우겨대던 요하문명을 자기네 걸로 역사를 왜곡시켜 버렸다. 우리 동이족은 은殷나라를 산동에 세웠지만, 지금은 남의 나라가 되어 있음에도 눈 뜬 장님처럼 바라만 보고 있을 뿐이다. 게다가 한자도 동이족이 만들었지만 우리는 빌려 쓰고 있는 줄 알고 또 버리기까지 하고 있다. 우리 민족은 중국 대륙에서 점점 쫓기고 밀려나 이제는 한반도 안에 갇힌 채 둘로 쪼개지다 못해 남북이 대치, 강대국들의 틈에서 서로가 으르렁거리고 있다. 특히나, 한자(殷字)를 남의 글이라 부정하고 한글전용 운운하고 있으니 공자와 사마천이 웃을 일이다. 이들은 역사를 왜곡해 은나라의 주인을 동이족으로부터 화하족(華夏, 중국 漢族의 원류)으로 바꾸어놓았기 때문이다. 김진명의 장편『글자 전쟁』에서 다음과 같은 실화를 전한다.

베이징대 스위에 교수의 말이다. "은나라는 주나라를 비롯한 중국 대륙의 다른 나라와 달리 적석총과 석관묘를 썼다. 한반도를 비롯해 발해만 연안에서 쓰는 묘장법이다. 은나라에서 출토된 청동기와 옥기 역시 한반도와 만주 그리고 내몽골 지역에서 출토되는 유물과 똑같다. 이들은 모두 홍산紅山문화의 주인공들로, 머리가 납작하다는 신체적 공통점도 가지고 있다. 그러므로 현대 중국 고고학계의 많은 중요한 학자들이 은나라는 동북방의 동이족이 세운 나라라고 규정하는 것이다. 이 은나라는 기원전 1600년경 건국되어 기원전 1046년에 주나라 무왕에 의해 망했다. 주나라는 황하 중류에 건국된 화하인들의 나라로 동쪽으로 상당히 먼 거리를 전진해 은나라를 멸망시켰고 은나라의 주인 동이족은 대부분은 동북으로 되돌아갔다. 다시 말해 은나라는 동이족의 나라였지만 공자와 사마천이 화하족의 나라로 바꿔버린 것이다. 이들은 은나라를 한족의 나라로 기록했으나 고고학은 이 나라가 동이족의 나라임을 뚜렷이 가리키고 있다.

위 내용을 뒷받침하는 역사학자 신용하 교수의 논문 일부를 작가 이병헌은 그의 장편『90000리』에서 아래와 같이 소개했다.

중국의 학자들은 산동성 일대 '대문구문명大汶口文明'권에서 발굴된 팽이토기에 새겨진 그림을 한자의 도문圖文이라고 간주해왔다. 이 문양의 아래 부분에 있는 산을 생략한 채 '아침 단旦'이나 '하늘 호 昊', '빛날 경 炅'의 기원이라고 보는 것이다. 하지만 그것은 글자보다는 고조선의 '아사달 문양'으로 봐야 한다는 게 신용하 교수의 학설이다. 아닌게 아니라 아사달이 뜻하는 '아사'는 아침, '달'은 산이나 땅을 뜻하는 우리 고어인데, 이 그림은 놀랍게도 아사달이 뜻하는 모습과 그 형상이 일치하는 걸 알 수 있다. 한편, 대문구문명(BC 3450~BC 2450)은 홍산문명(BC

4700~BC 2900) 등과 더불어 '동이족'에 의해 세워진 대표적인 문명으로 알려져 있다.

이미 앞에서 소개한 바 있는 김진명의 장편『글자 전쟁』에서 한자는 분명 우리 동이족인 우리 글자였음을 확인하고 있다. 1960년대의 한국의 문교부장관과 중국을 대표하는 문호이자 저널리스트 임어당 선생, 그리고 작중화자 태민과 나눈 대화다.

문교부장관, "당신네 중국인들이 한자를 만들어 머리 아파 죽겠소. 왜 그렇게 복잡한 문자를 만들어 우리 한국인들까지도 한문혼용이냐, 한글전용이냐 이렇게 골치 썩이며 대립하게 만드는 거요." 임어당 선생이 경멸의 눈초리로, "한자는 당신네 동이족이 만든 건데 무슨 소리를 하는 겁니까?" 작중화자인 연구원(태민), "임어당 선생은 거짓보다 싫어한 건 무지예요. 알아야 할 사람이 당연히 알아야 할 것을 알지 못하고 있는 걸 가장 큰 범죄라 보았지요. 선생은 다른 사람도 아닌 한국의 문교부장관이 문자의 뿌리를 하나도 모른 채 전혀 엉뚱한 농담이나 던지는 걸 혐오했던 겁니다." 장관, "그럼 임어당 선생은 한자가 한국인의 문자라고 생각했던 얘기입니까?" 연구원, "물론입니다. 그는 한자가 화하족의 유산이 아니라 동이족, 그중에도 당신네 한국인들의 문자라고 확신하고 있었습니다."

작가 김홍신의『인생 사용설명서』일부를 다시 인용한다.

중국은 오래전부터 중국문명의 시원은 황하문명이며, 요하문명은 '동이'(고조선)의 시원으로 보잘 것 없고 어리석다고 줄기차게 주장했다. 그런데 전자보다 무려 1천년이나 앞선 세계 고고

학계를 놀라게 한 후자의 신석기문명이 요하에서 발견된 것이다. 발굴된 골각骨刻문자가 세월이 흘러 갑골문자가 되었고, 갑골문자가 발전하여 한자가 되었다는 것이다. 최근에 산둥반도에서 발굴된 골각문자도 동이족의 문자였음을 중국의 양심적인 학자들은 공개적으로 밝히고 있다.

중국은 역사상 가장 위대한 유산으로 한자를 내세운다. 한자 창제에 대한 여러 학설이 있지만 현재까지 가장 유력한 것은 삼황오제 가운데 한 사람인 태호 복희씨가 창제했다는 설과 황제 헌원씨의 사관인 창힐이 창제했다는 설이다.

복희씨는 환웅 천황 5대 자손 태우의 막내아들로 신시에서 태어나 우사雨師의 자리를 세습했고, 창힐은 고신과 더불어 치우씨의 후예로 대극성에서 태어나 이리저리 옮겨 살았다고《桓檀古記》의「太白逸史」중 '神市本紀'에 기록되어 있다.

정찬주의 장편『천강에 비친 달』에서, 함허 스님과 신미 스님과의 대화다.

나는 우리말이 특히, 우리 사투리와 범어가 한 뿌리라고 생각한다. 아비·아바이·에미·하나부지·하나·머심·거시기·아따·그라고·그랑께·그라믄·해부렀다·떼브리제·쓰것다 등이 있다. 사투리가 아닌 말도 많다. 님금·사나이·엄마·언니·宅·師, 壽·꼬마 등과 오다·가다·먹다·밝다·(장가)들다·주리다·씻다·~보다 등과 같이 범어와 우리말의 뿌리가 같은 말도 수없이 많다. 이는 동이족인 우리와 천축 사람들 조상이 수미산 어느 산자락에서 함께 살다가 각자의 인연 따라 옮겨 살았다는 증거가 아닐까.

이제까지 은나라 문자인 한자는 동이족인 우리 선조들이 창제했다는 근거를 적출해 보았다. 아무리 대국굴기大國崛起를 앞세운 중국이 요하문명과 우리의 고조선을 비롯, 발해사까지 중국역사라고 조작하는 동북공정이란 마법의 검을 휘두를지라도 우리 역사의 발자취와 우리 민족의 영혼만은 결코 빼앗을 수 없다. 우리 언어의 80% 이상이 한자어임을 천착해 볼 때 한자는 우리에게 우연의 필연이 아니라, 필연의 결과일 뿐이다. 그러기에, 역린을 건드린다 할지라도 우리의 헌법에 프랑스처럼 "대한민국의 공식 언어는 한국어이며, 공식문자는 한글과 한자다."란 조문이 반드시 들어가야겠다.

그립다 그리워, 정사암靜思庵의 영혼들이여

서울세종로정부청사가 한 청년에 의해 다섯 차례나 뚫렸다는 보도가 지난 20대 총선 일주일을 앞두고 펑 터졌다. 공교롭게도 나는 조완선의 장편 『걸작의 탄생』(2015)과 이보다 4년 앞서 발표된 송수경의 장편 『위험한 소설』을 독파하고 위 제목에 대한 글을 쓰고자 준비하던 중이었다. 범인은 20대 7급 공무원 수험생으로 자기 시험성적 45점을 합격선 75점으로 고쳐 컴퓨터의 합격자 명단까지 바꿔버렸다. 허술한 정부의 보안은 세계적 수준급임이 노정되었지만, 그의 신출귀몰한 머리와 담력은 '홍길동'을 맘껏 비웃었다.

도둑은 이처럼 남의 재물을 탐한다거나 자신의 영달을 위한 좀비가 있는가 하면, 궁핍한 백성을 구휼하고 세상을 바꾸려 하는 호민도 있으니 바로 조선시대의 3대 의적들이 아니겠는가. 성호 이익은 연산군 때 충청도 일대를 중심으로 활동한 농민무장대장 홍길동과 황해도와 함경도를 무대로 한 명종 때의 임꺽정,

그리고 숙종 때의구월산 중심의 장길산을 들었다.

송수경의 장편『위험한 소설』은 허균이『홍길동전』을 집필까지의 세세한 여정과 매창과의 인문학적 사랑 나눔을 중심으로 전개되었다. 조완선의 장편『걸작의 탄생』은 작중인물 허균이 실존인물 홍길동洪吉同의 흔적을 찾고, 연암 박지원은 부안 정사암에서 장성 아차실, 그리고 경상도 문경에 이르는 허균의 발자취(교산기행)를 찾음으로써 150여 년의 시·공간이 이 작품 속에 용해되었다. 이 두 소설의 내용은 도긴개긴이었으나 어두웠던 시대상황에 걸맞게 전자는『홍길동전』을 '위험한 소설'로, 후자는 '걸작의 탄생'으로 인식했다는 점이 흥미롭다. 나는 이 두 작품을 통해 부안 정사암과 연이 닿은 주요인물을 살펴봄으로써 그들의 혁신적 아이콘의 영혼이 오늘날 헬조선의 삶에 질 좋은 자양분임을 적시하고자 자판기를 두들겼다.

허균은 부안 우반골 벼랑에 붙어있는 정사암만큼 글쓰기에 좋은 곳이 없다고 했다. 그가 서른세 살 때 이곳에서 매창을 처음 만났다. 빼어난 시에 반해 정서적 문향은 나눴지만 가는 곳마다 기생과 염문을 뿌리고 다니면서도 그녀와의 야시시한 사랑은 삼갔던 것으로 전해진다. 북에는 개성의 여류시인 기녀 황진이가 있었다면, 남에는 부안의 이향금(자호, 매창)이 있었다. 그 후, 북쪽의 김소월과 남쪽의 김영랑이 시문학의 쌍벽을 이루었다면 이들은 조선 중기와 후기 기방문학의 신데렐라였다. 허균이 귀양살이를 끝내고 정사암에 다시 머무를 때는 그의 나이 마흔 넷이었다. 이 나이가 될 때까지 무려 열두 번이나 파직 당함으로써 언제나 성깔 사나운 외톨이었다. 그로부터 150여 년이 지난 지금, 정사암에 머물고 있는 연암의 나이도 이와 같았다. 절묘한 인연이었다. 허균의 생애에서 가장 고단했던 때가 이 무렵이었는데, 연암 역시 그와 별반 다르지 않았다. 청나라에 다녀온 후 연암은 외로움이란 스톨에 갇혀 매일 쌍륙놀이로 시간을 보냈고 빚에 쪼들려 심신이 고달팠다. 조선건국의 모체 공맹사상은 이들의 풍운아적인 기질을 수용하지 못했다. 허균의 『홍길동전』과 연암의 『연하일기』 등의 패관기서는 금서가 되어 매몰되거나 찢기어 불쏘시개가 되었을 때의 아픔은 인두가 몸에 닿고 살이 타는 이상의 고통이었음을 김탁환의 장편 『열하광인熱河狂人』에 잘 묘사되었다.

전라남도 장성군에서는 홍길동吉同 생가터(황룡리 아곡리 아차실)로 추정되는 곳에 '홍길동테마파크'를 마련하고 「홍길동전시관」을 2004년에 개관했다. 한편, 경기도 양평군에서는 작가 황순원의 「소나기」에서 "어른들의 말이, 내일 소녀네가 '양평읍'으로 이사 간다는 것이었다."라는 이 한 문장을 앞세워 황순원의 문학촌 '소나기마을'을 조성, 관광객들의 발걸음을 불러들이고 있다. 이뿐만 아니다. 반계 유형원과 연암 박지원 등과 관련된 「실학박물관」까지 개관했다. 전남 광양시는 시인 윤동주탄생 100주년 기념사업을 펼치게 된 것은 그의 시집 《하늘과 바람과 별과 시》란 시집의 원고가 광양 망덕 지인의 집에서 세상에 나온 인연으로 '윤동주 문학관'까지 건립한다고 한다. 그럼에도 신분개혁과 민초들의 삶을 위한 실학의 산실이었던 부안 '정사암' 터는 아직도 고요 속에 산새들의 진혼곡만 들림으로써 자괴감마저 들게 한다.

나는 우연찮게 '정사암'과 연이 닿았다. 내가 「전북수필」 회장을 맡고 있을 때 '부안이 낳은 기녀 매창'이란 특집(제69호, 2009)을 주간한 김재희· 김은실님의 기획으로 전 부안예총회장 양규태님과 조명환 부안라이온스 회장님을 모시고 부안 매창묘와 정사암 터를 답사한 바 있어 이 글을 쉽게 쓸 수 있게 되었다.

실학의 거두 반계 유형원은 서른두 살 때 조부의 농장이 있던 풍수의 고장 부안 우반골(곰소 근처의 우동리)에 내려왔다. 마흔아홉 살 때까지 이곳에서 반계서당을 짓고 조선 최고의 명저인 『반계수록』을 집필, 우리나라의 여러 제도개혁 특히, 전제田制에 관한 귀중한 자료(26권13책)를 엮어냈다. 만시지탄이나마 그가 타계한 백 년이 지난 영조 46년(1770)에 목판본으로 간행되었음은 천만다행이었다. 반계는 공언만 판치는 세상, 문약하기 이를 데 없는 나라를 새롭게 변혁시키려는 실사구시의 큰 꿈을 품었다. 비록 뜻을 이루지 못했지만 연암의 소설 『허생전』에서의 작중인물 허생의 삶과 너무도 흡사했다. 벼슬을 멀리한 채, 글만 읽는 가난한 선비였다는 점과 경세의 흐름을 짚는 지략 또한 다르지 않았다. 연암은 이 반계의 경륜과 경국제민 사상을 늘 마음에 그리고 있었다.

한편, 연암 박지원의 『허생전』은 그의 사상과 이상국을 향한 열망이 잘 드러난 작품이었다. 공교롭게도 이 소설의 배경 변산반도는 허균이 『홍길동전』을 쓸 당시 머물었던 우반골 정사암과 지근거리였다. 또한 『홍길동전』이나 『허생전』에는 도적들의 얘기가 많이 나오는데 이는 변산 도적과도 무관치 않았다. 제갈량 못지않은 홍길동의 책사 맹춘이 작성한 활빈당의 책무는 지금 시각에서는 석기수준이라 비웃을지라도 민초들의 속심이 번뜩인다. 가난한 백성의 재물은 탐하지 않고, 조선팔도의 각 읍 수령이 불의로 모은 재산만을 탈취하며 가난하고 의지할 데 없는 난민이 있으면 구제했다. 이들은 불의로 모은 재산을 대상으로 했기에 비록, 타인의 재산을 훔쳤다할지라도 미국 자유지상주의의자 로버트 노직마저도 충분히 공감할 것이다.

500여 년이 흘렀지만 지금이라도 오늘날 집권자들의 허접한 공약空約은 모두 버리고 이 활빈당의 책무만 제대로 여행한다면 국민들의 신망은 하늘 끝을 향하리라. "대한민국의 주권은 국민에게 있고 모든 권력은 국민으로부터 나온다."라는 주권재민(헌법 제1조 2항)의 논리를 펴고 있으나 본질적으로 공허하고 막연한 것이며 실체가 불분명하다. "국민 모두가 주인이라는 말은 일종의 지적 궤변으로, 결국 아무도 주인이 아니라는 말과 같다." 이인화 장편『영원한 제국』에서 작중화자 이인몽의 말이다. 조정래의 장편『허수아비춤』에서도 비슷한 말이 나온다. "국민은 주인이 아니라 노예다. 국가 권력과 재벌의 노예다. 당신들은 이중 노예다."

그러기에 광릉요강꽃도 아닌 난파된 지난 집권당 새누리당의 밑 터진 요강 모양의 문장(紋章, 엠블럼)이 박근혜 탄핵 이후, 당명을 자유한국당으로 변경하고 당의 로고마저 북한의 주체사상탑과 비슷한 횃불 모양으로 바꿨다. 그러나 5개월도 못되어 다시 로고를 교체해야 한다는 여론이 일렁이는 모양이다. 차라리 바꾸고 싶다면 활빈당의 올올한 '평등'을 상징하는 원형 속의 平자 문장이 훨씬 실팍지지 않을까. 오늘날 많이 가진 자는 법 지키면

못살고, 없는 사람은 법 안 지키면 못사는 불평등한 사회를 바로 잡기 위해서도 법 앞의 평등은 삶의 기본이기 때문에 그렇다.

취업난과 일반기업의 고용불안, 세습자본주의가 낳은 금수저 족보들의 두터운 비윤리적 인간관계, 패자부활의 계층이동 절벽 등으로 서민들은 개미허리가 다 되어가고 있다. 이러한 부조리 속에서도 대기업의 대주주와 고위공직자들의 주변은 산수로는 계산되지 않을 정도의 무량대수無量大數적 재산증식이 하늘에 닿을 정도로 쌓여만 가고 있다. 한편, 정부살림살이는 국내총생산 대비 2016년 말 국가부채는 645조2천억 원으로 GDP 대비 부채비율이 사상 처음 40%를 웃돌 전망이다. 이마저 국채와 공무원·군인연금 충당부채 1,300조 원과 공기업 부채 500조 원이 제외된 통계다. 이를 누가 갚겠다는 것인가, 후손들에게 그냥 떠넘기면 만사형통일까. 큰돈과 권력만의 매머니즘이 삶의 믿음이라 여기는 사람들에게는 신자본주의의 성취감에 도취될지라도, 빈곤층의 사회적 약자들에겐 아직도 도깨비불이 번뜩이는 세상을 살아가고 있다. 마치, 도시외곽 쓰레기장 주변가족들의 피골이 상접한 삶을 묘사한 황석영의 장편『낯익은 세상』들처럼, 슈퍼갑들의 엔진이 내부의 모순을 안고 스스로 폭발할 때까지 멈출 줄 모르고 내달리는 영화「설국열차」처럼.

그립다 그리워, 정사암의 영혼들이여!

조완선의 장편『걸작의 탄생』중에서 앞서 소개되지 못한 다음의 작중인물들도 이 시대의 지도자로서 목마르게 갈구되는 캐릭터들이다.

손곡은 서자출신으로서 허균에게 『홍길동전』을 집필할 수 있는 모티브를 제공했을 뿐만 아니라 시를 가르친 스승이요, 서애 류성룡은 허균에게 문장을 가르쳤고 유생들로부터 탄핵상소를 받아 관직을 박탈될 때마다 복귀시켜준 인물이기도 하다. 택당 이식은 성균관 유생시절, 허균의 제자였으며 허균이 정사암에 머무를 때 그를 스승으로서 예우하고 보필해 준 인물이다. 이밖에 홍길동의 출생지 전남 장성의 아차실까지 허균을 동행한 길참, 허균의 간청으로 홍길동의 흔적을 찾다가 부안 개암사 부근에서 피살당한 조열, 홍길동이 태어난 9월 보름마다 장성 아차실에 홀연히 나타나는 봉추거사, 홍길동이 처형된 문경 조룡관아를 연암과 동행한 마종삼, 그리고 노비출신으로서 부안 의적무리를 통솔했던 정팔룡 대장군….

마음평정을 위한 잽잽 스케치

자드락길

아주 오랜만에 가을을 걷게 되었다. 나이 들다보니 만남이 있다할지라도 노변잡화를 안주삼아 한두 잔의 술과 간단한 식사를 마치고 끝나는 경우가 다반사였다. 그런데 오늘은 단돈 만원으로 충북 제천의 '자드락길 걷기대회'에 참여하기 위해 전주종합경기장 벽계가든 앞에서 아침 6시20분에 출발하는 버스를 타게 되었다. 들뜬 기분으로 간단히 아침식사까지 마치고 6시 정각에 도착하니 관광버스 4대가 기다리고 있었다. 옆 사람들한테 홍보하여 함께 참여하도록 권하는 문자 메시지도 받은 바 있기에 두 대로 알았는데, 그 사이 참여자가 많이 늘었구나 생각하고 지정된 1호차에 아내와 함께 덥석 올랐다. 기렸다는 듯이 안내자는, 두 분이 정확히 시간을 맞춰 오셨습니다. 바로 출발하도록 하겠다며 명단도 확인하지 않고 반갑게 재우친다.

그런데 이상했다. 아직도 20분이 남았는데 급하게 서두르는 모양새가? 내가 안내자에게 김 교장을 찾으니 앞 2호차에 탔다는 것이다. 안심은 되었으나 그래도 미심쩍어 핸드폰의 문자 메시지를 그에게 보여 주며 "아니, 6시 20분에 출발한다고 했지 않느냐?"고 하니, 아마 잘못 보낸 것 같다고 한다. 그러니 안심할 수밖에…. 한참을 달렸다.

김 교장한테 전화가 왔다.

"형님, 어디 계세요"

"나 지금, 1호차 타고 가는데"

"뭐라고요!"

"여기 안내하시는 분 바꿔 드릴게."

통화가 통할 리가 없었다. 내가 차를 잘못 탄 것이다. 그때서야 행선지를 확인하니, 경북 청송의 주왕산 가는 버스로 익산에서 15명을 싣기 위해 달리는 중이었다. 나와 아내는 익산터미널에서 급히 하차, 익산 '만남의 광장'까지 택시로 달려 우리 일행을 다행히 기다릴 수 있었다. 20분 먼저 도착한 것이 화가 되었으나, 20분 먼저 출발했기에 일행과 여유 있게 조우할 수 있었다.

이날따라 주위마저 희붐하기는커녕 마치, 베이징의 안개 수준으로 어둑어둑하였을 뿐만 아니라 행선지보다 사람부터 먼저 찾은 우매함이 겹쳐 낯익은 동료들 보기조차 옹색했다. 그런데, 그 관광 안내자는 잘 알지도 못하면서 김 교장이 2호차에 탔다고 확답을 하는 것이며 나와도 초면인데 명단마저 확인하지 않은 까닭을, 아직도 얼떨떨 기시감만이 맴돈다.

10시 반쯤, 제천 청풍호 자드락길 '만남의 광장'에 도착하니 전국에서 모여든 20여 대의 관광차가 속속 들어섰다. 이근규 제천시장은 환영사에서 자드락길 소개와 오늘의 행사를 유치할 수 있도록 경비 일체를 도와준 독지가와 자드락길을 개척한 직전 시장에게 감사의 뜻을 잊지 않는다. 두 권의 홍보 책자와 여러 개의 리플릿 등, 제천 홍보를 위한 준비도 촘촘했다. '자드락길'이란 나지막한 산기슭의 비탈진 좁은 길이란 뜻으로 품새마저 멋있는 순우리말이다. 한편, 이 길은 일곱 갈래로 나눠졌는데 우리 일행은 두 번째 코스인 '정방사'길을 택했다. 험한 산길도 직선도 아닌 방기곡경旁岐曲徑의 자드락길이기에 서로 끌어주고 밀어주고 얘기할 수 있어 나이든 사람들이 걷기에 좋았다. 『莊子』의 「제물론」 편에서는 길이 있기 때문에 우리가 걷는 것이 아니라, 우리가 먼저 걸었기 때문에 길이 생긴 것이라고 했다. 이렇듯 발만발만 걷다보면 길이 생기고 또 다른 삶도 마주하지 않겠는가.

참살이란 차원에서 요즘은 걷기문화가 생활화 되었다. 농산어촌은 말할 것도 없고, 도시에서도 자연과 어우르는 녹색공간이 곳곳마다 잘 마련되어 있다. 서울 강남의 말죽거리 개발상황을 리얼하게 전개한 황석영의 장편 『강남몽』의 시대에서는 먹고사는 것이 걱정이었으나, 지금은 백세건강을 걱정하는 시대로 삶이 바뀌었다. 그래서 각 지방마다 자연환경과 건강을 위해 걷는 '길'을 앞 다퉈 개발하고 있을 뿐만 아니라, 길 이름마저 자연환경에 어울리게 순우리말을 쓰고 있다. 덕수궁 돌담길은 고전미가 넘치는 옛길이라면, 요즈음 새로운 길들은 이름부터 아우라가 넘친다.

전주 한옥마을의 선비길, 부안 변산의 마실길, 정읍(정읍사)과

제주도의 올레길, 김제 새만금의 바람길, 안동(퇴계)의 오솔길, 담양과 진주의 소리길, 경북 청도의 솔바람길, 전남 함평의 기찬묏길, 강원도 정선의 아라리옛길, 춘천의 물레길, 순천만의 갈대길, 여수시 하화도의 비렁길, 그리고 둘레길(전주한옥마을·서울·설악산·속리산….) 등이 있다. 그리고 전라남도는 2017년까지 84억원을 들여 지리산 밤재에서 해남 땅끝에 이르기까지 338.8Km 안에 강진의 강기슭길·영암의 바람길·강진의 바윗길·해남의 산자락길이 포함된 '남도오백리숲길'을 만든다고 한다.

지난날에는 아득바득 생존을 위해 후딱후딱 싸게싸게를 최고의 선으로 재촉했다. 이제는 푸른 하늘과도, 숙취에서 깨어나지 못한 단풍잎과도 대화하며 한 발 한 발 타박타박 싸목싸목 걸으며 수런수런하는 여유도 가져야겠다. "차 탈 수 있는 데도 걷는 사람은 행복하고, 걸을 수 있는데도 차를 타는 사람은 불행한 사람이다." 인터넷 블로그의 문구가 떠오른다. 옴팡지게 걷다보면 웅크리기만 했던 속도에 대한 미련을, 성과에 대한 집착을, 물질에 대한 애착 등을 비우고 버리는 넉넉함도 챙길 수 있으리라.

그러기에, 지난 젊은 시절에는 촉촉矗矗한 된비알도 마다하지 않았지만, 이제는 뒤뜰과 같은 붉은 자드락길의 화폭 속을 걷는 것도 가을날의 즐거움이 아니겠는가.

만병통치약

“오래오래 백세 이상 장수하세요.”

연로하신 어르신들께 흔히 쓰는 사탕발림의 상투적 립싱크 인사말이다. 그런데, 백세가 오래오래에 합당한 숫자일까. 요즘 90은 평균이요, 이에 10을 더하면 백세인데, 뭐가 그리 대단하다고….

성남의 한 아파트에 사는 90세 최응겸 님은 지역복지관에서 중국어·일본어·영어 등 3개 국어를 열심히 배운다는 이야기가 EBS ‘장수가족’(2013)에 소개된 바 있다. 미국에서는 99세의 할머니(도리타 대니얼스)가 2년제 캐니언대학에서 사회과학분야 학위를 받고 졸업(2015년)했다. 이처럼 몸과 마음이 건강백세라면 다행이겠지만, 깊은 병고에 시달리면서까지 백세장수를 더께로 버티라고 한다면 이거야말로 산지옥 체험이 아닐 수 없다.

6세기경의 『천일야화』에 요정 이야기가 나온다. 오래 살고자 원하는 사람이 천 년을 살고 싶다고 요정에게 소원을 말했다. 그랬더니 천년 동안 살 수 있는 나무로 만들어 주었다. 인간으로 살고 싶다는 말을 하지 않았기 때문이다. 그렇다고 인간으로 천 년을 살고 싶다고 했더라면, 늙고 병들고 고통스러운 채로 천 년을 살게 했을 것이다. 그러니 젊고 건강하고 행복한 인간으로 살게 해달라고 해야 실수가 없을 것이다. 그런데 여기에도 문제가 있다. '행복'이란 혼자가 아니라, '이웃'과 더불어살 수 있을 때만이 가능하기 때문이다.

NH투자증권 「100세시대연구소」에서 실시(2015. 6)한 '베이비부머 세대별 노후 가치관'을 보면 응답자 다수가 노후에 병치레하는 갑부(13.1%)로 살기보다 건강한 일용근로자(86.9%)가 낫다고 조사되었다. 그래서 우리는 무기력한 장수보다는 사는 날까지 건강한 삶을 위해 몸에 좋은 약이나 치료제를 백방으로 찾지만 이웃집 마실하듯 그리 쉬운 일이 아니다. 각종 건강 제품이나 약 광고는 만병통치약처럼 유혹하나 목소리만 크고 나귀 수준의 하찮은 재주의 검려지기黔驢之技에 불과하므로 이를 전적으로 믿는 사람은 없다. 있다면 금융사기에 걸려들 사람이다.

제주도 수학여행에 나선 안산 단원고 학생 등 420명을 태운 세월호 여객선이 진도 앞바다에 침몰, 304 명의 목숨을 앗아간 2014년 4월17일의 참사는 우리 사회의 밑바탕에 깔린 비리와 부정의 구조적인 문제로부터 비롯되었다. 기업의 이윤추구는 극대화하는 반면, 비용과 책임은 최소화하는 경영원칙과 정부의 민영화·규제완화·사유화·경쟁화 같은 정책이 낳은 결과였다.

그 후 정부에서는 국가재난 관리를 위한 '국민안전처'를 호

들갑스럽게 신설까지 했으나 세월호의 아픔이 아직 아물지 않고 진상마저도 오리무중인 가운데 '중동호흡기증후군'(메르스)이 2015년 여름정국을 강타, 세계적 조롱거리 되어 국격을 한없이 추락시킨 바 있다. 최고위 공직자들은 우왕좌왕 지난 세월호 참사 때의 징전비후懲前毖後의 교훈은커녕, 초동대응마저 어쩌면 일란성 쌍둥이처럼 판박이였다. 설상가상으로 외국관광객들의 발길도 뚝 끊겨버렸다. 국내의 각종 행사 취소는 물론, 시장매출 및 서비스업·영화관·놀이공원 등 입장객들의 썰물과 휴업하는 학교는 늘어남으로써 거리모습은 을씨년스럽기까지 했다. 가뜩이나 허약한 경제마저 드러눕게 되자 한국은행은 금리마저 내림으로써 가계부채의 증가로 인한 부메랑을 맞을 수밖에.

유비무환有備無患이란 말은 박정희 전 대통령의 전매특허가 아니라, 요즈음과 같은 바이러스나 세균, 그리고 곰팡이 등으로 인한 감염병 공포의 정국에서는 더욱 중요한 단어로 자리매김하고 있다. 국가는 각종 전염병에 대한 유비무환의 시스템을, 개인은 평상시부터 각종 외부항원에 대한 인체의 면역력을 기르는 유비무환의 정신이 곧, 만병통치약이 아닐 수 없다. 특히, 중동호흡기증후군(메르스)이나 중증급성호흡기증후군(사스) 등 백신이나 치료제가 없는 상황에서는 더욱 그렇다. 생체내부에서 전염성 항원을 못 들어오게 차단할 수 있는 면역력과, 설사 침입 당하더라도 항체를 만들어 대항함으로써 발병을 억제할 수 있는 힘이 절대적으로 필요하다. 이처럼 몸에 생긴 강한 면역력은 감염병뿐 아니라, 암이나 알레르기 등의 질병을 예방하고 치료하는 '천연치료제'로써 이보다 더 좋은 만병통치약은 없다.

이 천연치료제는 선천적으로 부모로부터 물려받은 자신의 DNA가 우선적으로 건강해야하고, 후천적으로는 면역력을 높이기 위한 생활수칙을 잘 지키는 일이다. 고른 영양소 섭취·적절한 운동·스트레스 및 피로 예방·하루 30분 이상 걷기, 그리고 적정한 휴식과 숙면을 충분하게 취하는 일 등이다. 이러한 유비무환의 정신이야말로 만병을 예방하고 체내에 침입한 항원을 자체 면역력만으로도 충분히 내치는 만병통치약으로서의 위력은 빛난다.

발을 깎아 신발에 맞추는 일(削足適履)이 도래할지라도 느닷없이 찾아든 악성 비말감염균의 창궐로 인한 공포는 다시 재현되지 않아야겠다. 한편, 개개인은 만병통치약을 자체개발하는 인체시스템 구축에 적극 동참, 건강백세를 누려보자는 소박한 꿈들이 생뚱맞지 않도록 자기관리 노력이 절실하다. 나는 이를 위해 월·수·금은 배드민턴장에서, 화·목은 탁구장에서, 주말이나 휴일은 천변산책과 함께 독서를 즐기다보면 땅거미가 발길을 재촉한다.

늦깎이 학생

학교(school)의 어원은 그리스어로 스콜레(scole)다. 스콜레는 여가를 즐기는 것, 교양을 쌓는 것 등을 뜻한다. 그러니까 공부한다는 것은 본래 삶을 즐기기 위해 배우는 것이다. 실제로 가장 행복한 것은 공부하는 것이다. 노후의 가장 훌륭한 대책도 뭔가를 배우는 것이다. 그러나 근대 이전에는 국가와 신에게 봉사하기 위한 공부가 전부였다면, 근대 이후에는 남의 돈 따먹기를 준비하는 것이 공부의 목적이 되어버렸다. 이상은 문화심리학자 김정운의『에디톨로지』에 나오는 글에서 디자인한 것이다.

퇴직하자마자 무료한 시간을 달래기 위해 나는 한자사범자격시험에 몰두했다. 5천자가 수록된 교재를 살펴보니 나와 친숙한 글자는 거의 보이지 않았다. 지난 날, 학생들에게 국어와 한자를 자신 있게 가르친다고 했는데 지금 생각하면 열없다. 막상 한자사범자격을 획득하고 보니 가르칠 대상마저 마뜩찮다. 그래도 나 자신의 열공과 인내에 대한 스스로의 뿌듯함에 늦깎이 학생으로서의 진수를 맛볼 수 있었다. 한편, 다른 사람에게서 배우는 것보다 스스로 학습하고 터득하는 것이 자아성취감을 얻는 데는 일품이리라. 주희가 편집한『사상채어록』에는 스승인 정호의 발언을 다음과 같이 전한다. "나의 학문은 선인에게서 배운 바가 많지만, 천리에 관해서만큼은 스스로 이해하여 얻은 것이다."

주희의 스승 '정호'에 미칠 수는 없지만 나 역시, 독서를 통한 스스로의 배움 길을 걷다보니 그런대로 삶의 쾌미가 쏠쏠하다. 기생충 박사 서민 교수가 모 일간지의 기고문에서 독서의 필요성을 재밌게 표현했다. "세계문학전집을 읽어야 대학입시 자격을 주고, 5년간 100권 이상의 책을 읽은 사람에게 대선 투표권을 주자."

나는 독서를 삶의 접착제라고 생각한다. 내 일상생활에 가장 중핵적인 배드민턴과 탁구, 그리고 인터넷 바둑을 제외하고 여유로운 자투리 시간을 독서와 함께 뒹굴다보니 빈 시간적 공간이 보이지 않는다. 그 공간이 넓으면 무기력해지고 늙음에 대한 두려움과 쓸데없는 걱정거리가 양산될 뿐이다. 우리 아파트 가까이에 있는 전라북도청도서관에서 한 달에 여섯 권 안팎의 책을 빌려 읽고 그 독후내용을 정리, 컴퓨터 데이터베이스에 정리하다보면 이것 자체가 규칙적인 일과가 됨으로써 영도零度 이상의 활성비타민 효과를 만끽할 수 있다. 그러기에 일찍이 레오나르도 다빈치·아인슈타인·존 스튜어스 밀·에이브러햄 링컨·마오쩌둥·워런 비핏·스티브 잡스·빌 게이츠·오프리 윈프리·소프트뱅크 손정의 회장 등은 책을 통해 제2의 인생을 성공적으로 이끎으로써 독서신화의 좋은 귀감이 되고 있지 않은가.

이처럼 독서란 많은 지식을 얻는 추상적이라기보다는 삶의 숨결과 세상이치를 폭넓게 경험하는 가온머리다. 독서를 통해 이러한 경험들을 가장 쉽고 재밌게 할 수 있기에 독자는 사냥꾼이 되어 또 다른 먹잇감을 좇는다. 지난 학창시절의 독서는 레닌동상 밑에서 읽을 수밖에 없어 구속이 심했지만, 늦깎이 학생의 독서는 자유의 여신상 아래서 읽을 수 있어 어떤 구속도 없다. 누가 따지고 묻지도 않는다. 독서 이후의 몫은 독자의 재량껏 처리하면 된다. 방치시켜도 되고 두뇌의 해마공간에 저장해도 상관없다. 이렇게 습관화된 독서생활은 보이는 대로 생각하고 느끼는 대로 행동하는 것이 아니라, 아는 만큼 보이고 아는 만큼 생각하고 아는 만큼 행동하기 때문에 참살이의 효소가 아닐 수 없다.

한편, 독서에 깊이 빠지다보면 자연스럽게 글을 쓰고 싶은 유혹을 받는다. 구상하고 집필하기까지가 좀 거시기 하지만 초안만 잡히면 교정에서 탈고하기까지 읽고 또 읽다보면 내가 쓴 글의 진정한 독자는 곧, 나 자신이 된다. 그저 나르시시즘에 흠뻑 젖게 된다. 그러기에, 읽기와 쓰기는 혈연관계라고 했던가. 책을 많이 읽지 아니하고 글을 쓰다보면 자기기만의 신변잡기적 일기체가 되어 궁핍한 글로 추락하기 쉽다. 이를 막기 위해서라도 글 쓰는 사람들에게 독서의 필요성은 인체의 허파와도 같다. 그러기에 노후의 고독한 삶을 독서와 글쓰기를 통해 즐기는 것 또한, 행복한 짬짜미가 아니겠는가.

본격적인 글쓰기는 문단에 등단 이후부터 시작된다. 김진명의 장편『카지노』에서 우 학장의 말이다. "카지노의 바카라게임에서 기술을 익혔다는 것은 이제 막 걸음마를 배운 것과 같다." 문단에 등단하는 것도 이와 같은 절차에 불과하다. 나는 다행히 1994년 수필에, 이태 후에 다시 시인으로 등단했기에 퇴직한 이후의 늦깎이 학생신분으로서는 참으로 어부지리의 횡재를 얻은 느낌이다.

지난 학창시절은 제도적 과정課程이었다면, 노후의 늦깎이 학생신분은 선택적 과정科程이다. 책 속의 새롭고 다양한 캐릭터와의 만남을 통해 좁혀지는 삶의 공간을 넓힘으로써 노년의 고독까지 치유하고 신나게 늙어갈 수 있어 좋다. 시인 류시화는 북인도 여행 중에 고행 승 사두를 만나 "내가 잊지 않아야 할 것이 무엇일까요?"라고 묻자, "우리 모두는 인생수업을 받으러 온 학생들이라는 사실을 언제나 잊지 말아야 하네."라고 사두는 대답하더라는 것이다. 그렇다. 우리는 언제나 학생의 신분으로서 무엇이든 배우려는 마음을 잃으면 영혼을 잃는 것과 같다. 다행히 나에게 독서생활은 지난 젊은 시절의 다음과 같은 어그러진 생각과 태도를 다듬는데 많은 도움이 되었다.

남에게 호락호락 굽히지 않은 목곧이의 성격, 매사를 몹시 서두르며 부산하게 구는 설레발 같은 행동, 걸핏하면 불뚝불뚝 성을 내는 뚝벌씨, 성질이 너무 깐깐하여 너그러운 맛조차 없는 바지위, 생각이나 행동이 고리타분하고 괴상한 데가 있는 곰팡스러움, 자질구레한 일까지 좀스럽게 셈하거나 따지는 옴니암니, 매사를 못마땅하게 여기는 아고똥함, 성격이 싹싹하지 못하고 뒤틀어진 빙퉁그러짐, 마음이 옹졸하여 꽃자리가 좁다는 등….

독서의 계절, 가을 햇살이 따갑다. 오늘도 늦깎이 학생은 책과 함께 녹색공간을 찾는다.

상쾌한 죽음

우리가 영원토록 살 수 없다는 것은 삶의 진리요, 자연의 섭리요, 신의 명령이다. 나만은 영생한다 하더라도 그 외로움과 고통과 악몽을 생각하면 죽음이 얼마나 그립고 편안하겠는가. 그러기에, 죽음을 두렵게 생각할 필요는 없을 것 같다. 다만, 인간이 죽음을 두려워하는 이유는 사후세계를 경험한 기록이 없기 때문이다. 삶에 대한 부질없는 미련 때문에 사후에 또 다른 생명으로 환생할 것이라는 믿음은 종교인들의 자유요, 약한 자의 자기최면에 지나지 않는다.

1980년 후반 '카멜레온'이라는 노래로 사랑 받은 배우 겸 가수인 박영규는 모 방송에 출연하여 외국유학 중에 외동아들이 교통사고로 죽었는데 아버지로서 죽음은 곧, 아들을 만날 수 있는 기회라 생각하고 결코 죽음이 두렵지 않다고 했다. 삶과 죽음 사이에는 문지방이 없다. 이 세상에서 가장 어리석은 사람은 자신이 영원히 살 것이라며 앞만 생각하는 사람이다. 부처님께서 말씀하신 여몽환포영如夢幻泡影이 시사하듯, 생전의 삶은 마치 꿈속의 물거품인 것을… 죽음이란 먼 추상적 미래가 아니라 지금 나에게 다가오는 현실이요, 살은 썩어 물이 되고 뼈는 썩어 황토가 됨으로써 삼혼칠백마저 자연의 미세한 언저리일 뿐이다.

나는 이러한 찰나적 삶을 체내의 음식물에 비유하고 싶다. 뱃속에 가득 채워진 음식물은 체내에서 온갖 역할의 에너지원으로써 구실을 다할 때만이 생명이 유지되나 하루가 지나면 똥으로 세상 밖에 나온다. 다시 말해 그 똥糞은 항문으로 배출되는 순간 죽음의 시체가 된다.

"우리 몸은 50조 개의 세포로 이루어진 지각력을 지닌 세포시민으로 구성된 공동체다. 지구 인구의 8천배에 해당하는 천문학적 숫자이다. 대부분의 세포는 자기만의 신경계·소화계·호흡계·골격계·생식기관, 심지어 면역체계까지 갖추고 있다. 이러한 역할을 다하기까지의 에너지는 체내 음식물의 활성화에 달려있다." 이는 제임스 베어드와 로리 나델이 함께 쓴『행복 유전자』란 책의 설명이다.

서울 종본탑 동편에 살면서 분뇨를 치워 나르는 늙은 역부 엄행수를 소재로 연암 박지원은 한문소설『예덕선생전』을 썼다. 이 소설을 읽노라면, 작가의 선견지명이 인터넷 스낵컬처 시대에 걸맞지 않게 우리들에게 지혜의 가르침을 주고 있다. 주인공은 밤에 측간에서 배설물을 퍼서 낮에 농부들에게 거름으로 파는 일이 직업이다. 배설물의 거름은 인간 시체의 매장문화와도 관련이 깊다. 그러나 요즈음은 내 집도 아닌 병원에서 대부분 죽고 화장되기 때문에 매장보다는 수세식 화장실의 기능과 유사하다.

유엔대학의 '물·환경연구소'에서는 인류 70억여 명이 1년간 쏟아내는 대변의 양은 2,900억kg, 소변은 19억8,000만 l로써 대·소변이 95억 달러(약 11조원)의 가치를 지녔다는 2015년 연구결과 보고서를 내놓았다. 이는 1억3,800만 가구에 1년 동안 전력을 공급할 수 있는 양이라고 한다.

한편, 생명을 지닌 체내 음식물이 똥이 되어 세상 밖으로 나올 때 쾌변의 상쾌함은 그 어떤 쾌락보다 장쾌하다. 다만, 김훈의 장편 『현絃의 노래』에서 보이듯이 "가락의 가실嘉實왕의 죽음은 조일 힘을 잃은 항 문에서 새어나온 분비물과 같았다. 왕은 초저녁에 넘긴 재첩국물을 토해놓고 죽어 있었다." 이처럼 병이나 배탈 때문에 단 하루도 버티지 못하고 시도 때도 없이 내리쏟는 경우, 체내 음식물은 요절의 불운을 겪게 된다.

그러나 쾌변快便의 지존은 역시 폭포수와 같은 쾌뇨快尿요, 그 이웃은 남녀가 교접할 때의 쾌사快射가 아니겠는가. 쾌변·쾌뇨·쾌사는 인생의 3쾌로써 이는 성공적인 우리의 삶과도 같다. 북한의 김정은처럼 체내 음식물 창고가 큰 배불뚝이라도 그 양에 상관없이 항문 밖으로 나오는 순간, 그 음식물은 똥이 되어 죽음을 맞는다. 다행히 예덕선생의 눈에 띄었다면 논·밭 거름으로 쓰임으로써 사후에까지도 선행을 다하겠지만, 요즘엔 수세식 변기에 의존하기 때문에 선행의 길마저 절벽이다.

삶의 관점에서 바라본다면 모든 식재료는 아직 탄생 전의 전생이요, 체내에 투입된 음식물은 에너지원으로써 비로소 생을 유지하다가 하루쯤이면 인체 밖으로 퇴출되어 죽음을 맞는다.

그러기에, 우리 백년의 삶도 에너지원으로서 주어진 역할을 체내 음식물처럼 다하다보면 쾌변과 같은 상쾌한 죽음 쾌사快死를 맞을 수 있으리라. 깐족거린다 할지라도 단 하루와 백년이 얼마나 근친지간인가, 내 졸시 「무상신속無常迅速」을 가라사니로 들추어본다.

희무스름한 가을 끝자락의 일요일 오후
일주일 지나면 입동이라
짧은 몇 날을 보내면 또 한 해가…

틀스런 사람만이 연륜을 포개는 줄 알았던
어린 시절 감정의 사치가
이제 늘그막의 정점에 이르러서야
남의 일이 아님을 깨닫고 보니
그저 허허롭다.

으밀아밀하던 벽시계의 숨소리가
손돌孫乭 바람을 부른다
세월이 후다닥거린다.

나는 천재다

'천재'는 스스로 행복할 줄 아는 사람이다. 19세기말 미국 사상가 랄프 왈도 에머슨은 자기 자신의 생각을 믿고 자신에게 진실한 것이 인류 모두에게 진실하다고 믿는 자를 천재라고 정의했다. 천재는 자기 자신 마음에 숨어 있는 자신만의 욕망이 무엇인지 진지하게 생각하고 그것을 아무런 거리낌도 없이 행동으로 옮긴 자다. 내 마음 속에 숨겨진 나만의 신념, 이것이 나의 보물이자 나의 천재성이다. 자신의 마음에 숨겨져 있는 이 보물과 같은 생각을 발굴한 사람들이 붓다이며 예수이고 공자다. 한편, 자신만의 생각을 정리하여 뭇사람들에게 빛이 된 자들이 셰익스피어·모차르트, 그리고 아인슈타인이다. 이들은 다른 사람들이 만들어 놓은 밤하늘의 별들을 찬양하고 그 내용을 암기했을까. 모두 자신들의 심연에 숨겨진 이야기를 용기 있게 표현한 예술가들이다. 우리는 이런 숭고한 생각의 섬광을 때로는 발견하지만 대부분 무시해 버린다. 결국 우리 스스로를 귀하게 여기는 마음이 없어 타인들만이 가졌다고 여겨지는 행복이란 신기루를 바라볼 뿐이다.

직장 초년시절, 나는 목포역 부근의 '월파月坡서예원'에서 서예 공부를 시작했다. 일 년도 못되어 문하생들에게 김은섭金蒑燮 선생님께서는 제자들의 아호를 지어 조그마한 액자에 담아 주셨다. "마음 밖에는 법이 없나니, 눈에 보이는 것이 청산일세."(心外無法 滿目靑山)란 전등록傳燈錄의 문장을 인용, '법산法山'이라 내 아호를 지어주셨다. 지금도 이 액자를 소중히 보관하고 있으나 아호는 쓰지 않고 있다. 내용 자체는 나의 거울이지만, 왠지 불교의 법명인 것 같아 거리를 두다보니 잊힌 지 오래되었다.

일찍이 선생님께서는 나에 대해 스웨덴의 프레드릭 배크만의 소설『오베라는 남자』처럼 주변사람에게 곰살궂기는커녕 까칠하고 버럭 화를 잘 내는 가슬가슬한 성격과 마음속에 간직한 심연만이 법일 뿐, 외화허실의 번드레한 실정법은 별 의미가 없을 것이라 간파하신 것이다. 지금 생각하면 내 속마음을 적확히 낚아내셨다. 한편, 나는 숙부드럽지도 못하고 성마른 소탐대실과 빙퉁그러진 성격이다. 아이들에게 용돈 주는 것은 잘 따지면서 큰 목돈을 지출할 때는 어리석을 정도로 성급하게 내줘버린다. 손자병법과 악부시집에 나오던가. 복숭아를 얻기 위해서는 자두를 버려야 한다는 이대도강李代桃僵 지혜가 아직도 나에게는 부족함을 느낀다. 마치 영국의 크리스토퍼 프리스트 장편,『매혹』에서 주인공 리처드 그레이와 같이 충동적이고 질투심이 많고 남의 말에 잘 넘어가는 의인? 그러나 다행인 것은 "내 방식대로 하늘의 뜻에 따라 살다가 죽으면 그만인 것, 그것이 올바름이다." 라는 추사 김정희의 깨우침이나, 지나치게 자기반성은 과잉이며 자기성격을 직시하고 받아들이는 것이 더 의미 있는 길이라는 뇌과학자 에른스트 파펠의 말에 귀가 솔깃하다.

나는 부귀한 집에서 태어나 고량진미만 먹고 귀하게 자라서 고생을 전혀 모르는고량자제膏粱子弟는 아닐지라도 이에 가까운 흉내 정도는 내면서 자랐다. 첫 번째 어머님은 불임으로, 두 번째 어머님이 나를 맏이로 낳았을 때 아버님은 불혹을 넘기셨다. 나는 8남매의 6대 종손으로 태어나 성장과정에서 종갓집 장남으로서의 위세가 하늘을 치솟았다. 어린 시절엔 마을 골목대장으로, 청소년 시절엔 친구들과 운동하면서 거리를 거칠었고, 대학 시절엔 학사장교훈련(ROTC)을 받는답시고 공부는 내팽개치고, 군대에서는 대장은 아닐지라도 소대장과 참모로서, 교단에서는 학생들 앞에서 맘껏 설쳐대다 6년이란 세월의 교장까지 지내봤으니 말이다.

정년퇴직 후에는 안정적인 연금과 함께 젊은이들과 배드민턴을 즐기며 탁구까지 욕심을 내고 있다. 그리고 한 달에 두 차례씩 도서관에서 책을 빌려 글도 쓰다 보니, 세월이 빠른 것이 아니라 내가 세월을 쫓는 착각마저 들 정도의 낭만적 시간들과 함께 하고 있다. 더군다나 아직까지는 부부가 건강하고 슬하의 자녀들도 열심히 노력하는 모습을 보이고 있으니 이만하면 그런대로 한 세상 잘 놀다 사라지는 것도 괜찮겠지 하는 교만한 생각마저 든다. 40대에 쓰잘데기 없는 일을 벌이다가 경제적으로 큰 손실도 입었지만 그 정도는 삶의 양념이라 생각하니 마음이 편해진다.

아직도 서예가 김은섭 선생님께서 지어주신 내 아호의 철학에는 변함이 없다. 내 마음 속에 간직한 진실성은 헌법 이상의 가치를 지니고 있으니 말이다. 『논어』에서는 "남이 나를 알아주지 않아도 노여워하지 않으니 참으로 군자가 아니겠느냐."라고 가르치고 있는데, 나이드니 이제는 군자로서의 내 심연深淵만은 끝까지 지키고 싶다. 그러기에, 1등 선진국보다는 개인마다 최소한의 인간다운 삶이 보장되는 햇살과 바람과 같은 공평한 사회, 힘없는 사람들도 마음껏 일할 수 있도록 진실과 상식이 통하는 상생의 나라가 선생님께서 지어주신 내 아호 '법산法山'의 세상이 아니겠는가. 욕심 같아선 내 심연의 감정이 모두에게 전염된다면 얼마나 좋을까, 나르시시즘에 빠져본다. "나의 마음을 채우고, 더 깊이 생각할수록 늘 새로운 경외심과 존경심을 더해주는 두 가지가 있다. 머리 위에 별이 빛나는 하늘, 그리고 내 마음속의 도덕법칙이다." 칸트의 『순수이성비판』 결론에 나오는 구절이다.

능갈친다 할지라도, 모두에서도 인용했듯이 '천재'는 스스로 행복할 줄 아는 사람이다. 사상가 에머슨은, 자기 자신의 생각을 믿고 자신에게 진실한 것이 인류 모두에게 진실하다고 믿는 자를 천재라고 정의했다.

문학인의 사명

아리스토텔레스는 인간을 사회적 동물이라고 했다. 인간은 오직 공동체 안에서만 가치 있는 삶을 영위할 수 있다는 뜻이다. 그러나 오늘날에는 이마저 붕괴되고 있다. 사회문제를 외면하고 정치에 무관심한 개인들을 리처드 세넷은 개인적 의미만 찾는 '공적 인간의 몰락'이라고 했고, 데이비드 리스먼은 '고독한 군중'이라 했다.

통계청은 2014년 기준, 국내 1인가구 비중이 27%를 넘어서고 있으며 2030년엔 서울시내의 경우 30%가 넘을 것이라 했다. 이는 전통적 가족형태가 줄고 새로운 산업의 변화와 함께 개인주의가 가속되고 있음을 말해주고 있다. 실제로 무연고 고독사가 천 명을 넘음으로써 비단 노인들에게만 국한되지 않고 청장년에게까지 번지고 있다는 통계가 우리를 더욱 슬프게 하고 있다. 특히나 최근 이모티콘 세대에서 인기가 높은 '스몰비어'를 찾는 이유도 이에 한몫을 더하고 있다. 젊은이들은 술과 안주가 저렴한 맥줏집을 찾는 것은, 지난날 대학의 집단문화가 쇠퇴하고 좁은 공간 속 개인주의 특성을 반영한 세태풍속이기도 하다.

우리 문학인들은 이 같은 사회의 급격한 변화에 부화뇌동하기보다는 단절된 문화가 아닌 통합의 문화, 더불어 살아가는 군중 속으로 침투하는 방향으로 문학적 과업을 해결해야 할 책무가 있다. 특히나 문학은 인문학의 아이콘으로써 옛날에는 선비들의 전유물이이기도 했다. 신영복 교수는 그의 마지막 강의『담론』에서 선비란, 사회의식이 있는 지식인이라고 했다. 더군다나 요즈음엔 슬기주머니뿐만 아니라, 일반인들도 '예술인간'(homo artist)으로서 누구나 책을 쉽게 출간하고 있다. 수필의 경우가 그렇다. 수필은 다른 어떤 문학보다도 규제에 얽매이지 않고 조금은 편안한 가운데 자유스럽게 쓰는 글로 알려져 있지 않은가. 하지만, 좋은 작품을 만나기는 쉽지 않다.

이외수는『아불류시불류』에서 저절로 써지는 문학작품은 없다. 그것은 낙서이거나 요설이라고 했다.『나의 문학이야기』에서 고은 시인은 문학하는 사람으로서 경계해야 할 것은 개인적인 넋두리요, 에고이즘이자 개인의 어떤 배설물이요, 집안의 사생활 이야기를 남에게 보여서 너무 공적인 것으로 도착시키는 위험을 경고했다. 같은 책에서 박경리 소설가는 문학이 존재하는 이유는 총체성을 표현하기 때문이라고 했다. 안과의사는 인간의 전체보다는 눈만 보는데 비해, 문학은 인간 전체를 봐야 한다. 그런데 오늘날에는 문학도 안과의사가 눈만 보듯이 한 부문만 보려는 경향이 있음을 경계하고 지구와 우주를 총체적으로 파악하는 일이 먼저라고 강조했다. 특히, 황필호 선생의 다음과 같은 충고는 수필가들에게 비타민이 아닐 수 없다. "나는 철학 논문은 쉬우면서도 감동을 주는 수필체로 쓰고, 수필은 그 속에 철학적 내용을 담고 있어야 한다고 주장하는 사람이다."

이에 대한 매듭을 풀기 위해서는 무엇보다 끊임없는 독서를 통해서만이 자기기만의 신변잡기 · 시정잡화·일기체 등 곰팡스러울 정도의 서정적 넌더리에서 벗어나는 용기가 필요하다. 독서생활은 보이는 대로 생각하고 느끼는 대로 행동하는 것이 아니라, 얻어진 것만큼 보이고 생각하고 느끼기 때문에 글쓰기의 효소가 아닐 수 없다. 이처럼 독서가 뒷받침되는 문학가는 기존의 감상적 프레임을 과감히 버리고 사회 구석구석 잘못된 현실을 바로 잡는 교정자로서의 비판과 고뇌를 함께 해야 할 것이다.

환령지시桓靈之時의 세상을 바꾸고자 교산은 『홍길동전』을 썼다. 이를 다시 송수경은 장편 『위험한 소설』을 2011년에 발표하여 홍길동전과 관련된 우리들의 궁금증을 심층 분석하는데 힘썼다. 다산 정약용 선생은 유배생활 중에 아들에게 보낸 편지글에서, 시대를 가슴 아파하고 세속에 분개하지 않으면 시가 아니라고 했다. 알베르 카뮈도 그의 노벨상 수상연설에서 작가의 의무는 알고 있는 사실에 대해 거짓을 말하지 않는 것과 억압에 저항하는 것이라고 했다.

이처럼 문학은 개인적 작업일지라도 독자와 함께 살아가는 공동체 이야기이기 때문에 때로는 참여문학이라고 힐난 받을지라도 앙가주망은 절실하다. 그러므로 고독한 군중으로서 현실문제에 대하여 소극적 방관주의적 아웃사이더에 머물기보다는 현실사회 변화를 활발하게 이끄는 첨병역할이 곧, 문학인의 자세가 아니겠는가.

탤런트 최진실 씨가 삶을 마감했을 때 김지하 시인의 한 말이 많은 여운을 남겼다. 최 씨의 자살은 남겨진 아이들을 생각하면 무책임하지 않았나 하는 생각을 떨칠 수 없다. 제 목숨이라고 해서 자기 것만은 아니다. 가족은 물론, 사회와 상호 연관돼 있음을 개탄했다. 아리스토텔레스의 『윤리학』에서도 자해와 자살을 법으로 다스리는 이유는 그 개인이 자신을 부당하게 다루기 때문이 아니고, 공동체에 대한 부당한 짓이기 때문이라고 했다. 소설가 앨리슨 루리나는 연필과 종이, 그리고 혼자 있는 시간만 있으면 세상을 바꿀 수 있다고 했다. 마치 오 헨리의 『마지막 잎새』에서 늙은 무명화가 베어먼의 담쟁이 이파리 한 잎이 꺼져가는 아가씨 존시의 생명에 삶의 희망을 주었듯이…

신체적 병만이 병은 아니다. 작가로서의 역할을 제대로 다하지 못하면서 작가행세 하는 경우도 이 사회의 큰 병이다. 그러기에 더불어 살아가는 사회에 도움이 되는 마음에서 작가들은 작품을 구상해야 한다. 윤동주 시인은 나라를 빼앗긴 참담한 심정 속에서도 자유와 정의에 대한 불굴의 저항정신을 오롯이 시로 표현했다. 전남 해남의 가난한 농민의 아들로 태어나 군부독재에 맞서다 일찍 세상을 떠난 김남주의 시, 「시인」 전문이다.

> 세상이 몽둥이로 다스려질 때/ 시인은 행복하다/세상이 법으로 다스려질 때/ 시인은 그래도 행복하다// 세상이 법 없이도 다스려질 때/ 시인은 필요 없다//
> 법이 없으면 시도 없다.

성공할 수밖에 없는 인생

무일푼으로 시작하여 세계 최대의 전자상거래 업체를 일궈낸 알리바바의 창업자 마윈馬雲은, "알리바바를 창업한 것이 인생 최대의 실수다. 나는 알리바바 창업이 내 인생을 이렇게 완전히 바꿔놓을 거라고 생각도 못했다. 본래 작은 회사 하나 차리고 싶었을 뿐인데, 내 모든 시간을 회사가 다 가져가 버렸다. 다시 삶이 주어진다면 이런 사업을 하지 않을 것이다. 기회가 있다면 어느 나라든 가서 조용히 하루를 보내고 싶다."

그의 말이 진심이라면 내 오늘날의 생활패턴을 얼마나 부러워할까. 나는 다음과 같은 이유로 성공한 인생이라 확신한다. 운동과 책읽기, 마음대로 쉴 수 있는 시·공간, 의식주 정도 해결할 수 있는 가욋돈, 그리고 모든 가족들이 겁나게 건강하여 내 마음을 적극 돕고 있으니 말이다. 나는 날짜 가는 것은 잘 모르나 요일은 꼭 기억 한다. 월·수·금요일은 배드민턴, 화·토·일요일은 탁구, 그리고 목요일과 자투리 시간은 책읽기와 자료정리로 하루

하루를 즐겨야 하기 때문이다.

그런데 우리 이웃들은 평생일터를 좋아한다. 마원의 처절한 인생 실패담을 모르고 있으니 이해는 됨직하나 그래도 그렇지 돈의 노예가 되고자 스스로 자기를 옭아매는 일인데…. 하긴 놀면 뭐 하냐, 건강삼아 일하는 것이지. 그도 그럴 듯하지만 이는 돈을 의식한 거짓말의 광폭이 너무 지나치다.

언젠가 교육부 나향욱 전 정책기획관이 교육부 출입기자와 저녁식사 자리에서, "민중은 개·돼지다. 민중이란 99%를 말한다. 나는 1%가 되려고 노력하는 사람이다. 어차피 평등할 수 없기 때문에 현실을 인정해야 한다."라는 말로 여론이 비등하자 파면 당한 바 있다.

나는 그의 취중진담을 곰곰이 새겨볼 필요가 있다고 생각한다. 어차피 성공은 1%에 의해 좌우되기 때문이다. 물은 99도에서는 절대 끓지 않는다. 정확히 100도가 되어야 끓는다. 물은 수증기로 바꿔놓는 것은 바로 그 결정적인 1도의 차이다. 100도가 임계점이다. 세상의 모든 물질에는 이 임계점이 있고 하나의 상태가 다른 상태로 변하기 위해서는 반드시 임계점을 넘어야 한다. 수소폭탄이 핵반응을 일으키기 위해서는 일곱 개의 원소가 필요하다. 그런데 여섯 개의 원소 봉을 집어넣을 때까지는 원자로 안에서 아무런 변화도 일어나지 않는다. 그러다가 일곱 번째 원소 봉이 들어가면 비로소 원자로 안에서 핵반응이 일어나면서 어마어마한 에너지가 발생한다. 그러므로 99도에서 멈춘 사람은 아무리 노력했다 하더라도 결코 성공할 수 없다. 문제는 개·돼지라는 말이 노예적 의미로 환치되어 듣기에 따라 반감이 일렁일지라도 우리 주위에는 개·돼지 같은 명사들이 수두룩하니 너무 민감하게 받아들일 필요는 없다고 본다. 고급공무원과 정치지도자, 그리고 재벌족들을 비롯하여 막장인생에 이르기까지 개·돼지 보다 못한 인간쓰레기들이 얼마나 많은가. 이들이 우리 사회에서 우뚝 솟아 있는 한, 결코 분개할 일도 아니다. 대다수 사람들은 그 1%를 위해 노력했고 노력한 만큼 성공했다고 자긍심을 가진다면 이미 임계점은 넘은 것이다.

공평과 평등은 이율배반적이다. 똑같은 조건에서 공평하게 일을 매듭 짓다보면 낙오된 입장에서는 아무리 액색한 환경이 조성된다 할지라도 불평하기보다는 내 것으로 가꿔나가야 할 지혜가 필요하다. 공평하든 불공평하든 성공하든 실패하든 모두가 내 삶이기 때문에 그렇다.

돌이켜보면 오말육초(50년대말과 60년대초) 시대에는 기차역마다 지게꾼과 구두닦이들이 상주했던 그땐 그랬다. 극빈가정의 자녀일수록 비교적 머리가 좋았다. 내 머리는 그들 축에 끼지도 못했다. 그래도 가정형편이 그런대로 괜찮아서 중학교를 비롯한 상급학교에 진학할 수 있었다. 그 당시에는 초등학교만 졸업하고 중학교 진학을 포기한 범생 이상의 동창생들이 많았다. 그들은 학력열등 콤플렉스에 휘둘리지 않고 그 부족함을 온갖 노력으로써 극복함으로써 나의 한 친구는 정읍시의원을 두 차례나 지냈고, 또 다른 친구는 「2016년 대한민국 사회예술대전(서예부)」에서 대상을 차지했으니 이들은 아들러가 말한 '수월성추구'의 모본으로서의 성공한 인생들이 아니겠는가. 영국의 인류학자 '존 러벅'의 "적게 기대하고 많이 즐기는 법을 아는 것이 성공의 비결이다."라는 잠언에 기댄 탓도 한몫 했으리라. 나 역시, 우월성 콤플렉스에 도취되었다기보다 작은 일에 감사하는 긍정적 힘으로 다음과 같이 내 삶을 정리하다보니 율도국을 세운 홍길동이 부럽지 않다.

어느 노년의 삶

마음대로 품에 안아볼 수 있는 집안닭달 아내가 있고
마음대로 불러낼 수 있는 가까운 자식들이 있고
마음대로 방귀를 뀔 수 있는 내 집 내 방이 있고
마음대로 달릴 수 있는 백마 자가용이 있고
마음대로 즐길 수 있는 탁구와 배드민턴이 있고
마음대로 책을 읽을 수 있는 전라북도청도서관이 있고
마음대로 쓰고 발표할 수 있는 문학동인지가 있고
마음대로 시간을 쓸 수 있는 흐벅진 여유로움이 있고
마음대로 아유구용을 물리칠 수 있는 용기가 있고
마음대로 추억을 토해낼 수 있는 건강마저 웃고 있으니
비록, 노년이라 할지라도 이 또한 성공한 인생이 아니겠는가.

영혼 없는 교육의 민낯

왜
대학은
사라지는가
Why universities are at risk in the 3-less society?
대학교육 10대 트렌드
대학의 10가지 생존 전략
책 없는 도서관, 캠퍼스 없는 대학, 교수 없는 강의실
청소년
학교폭력
-이해·예방·개입을 위한 지침서-
학교의 눈물
부모와 선생님, 학교와 사회 어느 누구에게도
도움을 청할 수 없었던 아이들의 절망 속 가시고백!

저승사자

기성세대는 할머니로부터 귀신 이야기 한두 가지 이상 듣고 성장했다. 최명희의 대하소설 『혼불6』에서도 작중인물 수천댁이 강실에게 뒷간 귀신이야기 '주당각시'를 들려주는 대목이 실감 있게 비친다. 첫닭 홰치는 소리가 새벽을 알리던 그땐 그랬다. 마을 구석구석마다 시쳇말로 스토리텔링이 없는 곳이 없었다. 귀신 이야기로부터 시작하여 천당과 지옥, 그리고 초등학교에 입학하기 전부터 우리의 고전 심청전·춘향전·콩쥐팥쥐 정도는 어스름하게나마 집안의 어른들로부터 이미 들었다. 그땐 사람이 죽는 것은 저승사자가 반드시 데리고 가기 때문이라고 믿었다. 저승사자는 도깨비보다 더 무서운 상귀신이었다. 지옥의 염라대왕 앞으로 데리고 가는 저승사자는 마치 검은 망토를 걸친 사악한 배트맨 같은 모습이었다.

화가 한스 홀바인은 1543년에 만든 「저승사자의 춤」 목판화 연작에서, 저승사자가 미국의 무용가이자 가수 겸 배우인 프레드

애스테어처럼 날렵하게 도탄에 빠진 근세 유럽 전역을 휘젓고 다니는 모습으로 묘사했다. KBS 「개그콘서트」(2015)에서도 저승사자가 등장한다. 100세의 김태원이 죽겠다고 하면 어김없이 나타나는 저승사자는 역시, 무서운 존재였다.

부엌 옆엔 외양간, 외양간 옆엔 볏짚으로 만든 둥우리에서 암탉이 알을 품었던 그때 그 시절, 우리 집은 그래도 밥사발이나 먹고 살았다. 사랑방을 찾으시는 이웃에게 할머님과 어머님은 야식을 꼭 챙겨주셨다. 친구 아버님은 밤이면 사랑방을 찾으셔서 한두 가지 귀신 이야기를 으레 들려주셨다. 무서우면서도 재밌었다. 책이라고는 존재 자체가 없었고 친구 아버지는 문맹이셨는데 무슨 재주로 입담 좋게 이야기를 잘하시는지… 지금 생각하면 모두 거짓말 같지만, 아마 친구 아버님도 어렸을 때 자밤자밤 들었던 것을 재구성한 말주머니의 재주꾼이셨다.

저승사자監齋使者!

그리스 신화와 단테의 「신곡」(지옥편)에 등장하는 저승사자 카론이나 이집트 신화에 나오는 아누비스는 아닐지라도, 사회 구석구석 적재적소에 저승사자가 우리에겐 꼭 필요하다. '저승사자'란 말이 좀 거시기 하면, 성경 열왕기상 3장에 기록된 생모를 지혜롭게 판정한 이스라엘 왕 솔로몬이나, 송나라의 판관 포청천, 그리고 조선 중종 때 올곧은 문신 김굉필 같은 선비를 저승사자로 명명하고 싶다. 저승사자는 실수도 치매도 없다. 정확히 기억하여 인간세상에서의 온갖 난무한 사술詐術들에 대한 척결과 목숨까지도 거둘 수 있을 테니까 말이다.

오늘날 가정에는 시어머니가 없다. 잔소리하고 며느리의 잘못을 꾸짖는 모습이 사라졌다. 오히려 시어머니가 며느리에게 잘 보이려고 온갖 머리를 써야 하는 역선택의 시대가 되었다. 학교에서 교장은 교사를, 교사는 학생들을 지도해야 하는데 '지도'라는 말 자체가 사라졌다. 노인요양원 같은 곳의 도우미 역할 밖에 할 수 없는 세상이 되어버렸다. 그러니 제대로 된 교육을 기대한다는 자체가 사치스럽다.

규율이 엄하다는 군대조차 상하 계급의식을 무너뜨리려는 좀비들이 득실거리고 있다. 두 명의 목숨을 뺏은 살인자에게 징역 20년을 선고하니 언론에서는 무거운 처벌이라고 대서특필한다. 피해자는 이미 이 세상 사람이 아닌데 피의자의 인권에만 너도나도 매달린다. 오직하면 살인사건 피해자 10여 명의 유가족들이 기자회견(2014)을 통해 살인죄의 공소시효 폐지와 양형기준 강화, 그리고 피해자 유가족을 위한 특별법 제정을 호소했겠는가. 이즈음에 나는 정부의 '양형위원회'에 현행 형법에 대한 양형기준의 강화라는 의견을 보냈더니 양형위원회위원장으로부터 다음과 같은 회신이 돌아왔다.

> 우리나라 현재의 양형기준은 피해자를 고려하지 않은 피의자 우선주의이므로 현행 양형기준보다 대폭 상향조정하여야 한다는 귀하의 의견에 관하여는 양형위원회 회의 또는 전문위원 전체 회의에 보고하여 논의될 수 있도록 하겠습니다.

지난 해 경남 함양의 한 파출소는 한 어머니로부터 조현병 환자인 아들을 치료하기 위해 정신병원에 입원시키려 하자 갑자기 낫과 삽을 들고 위협한다는 신고를 받았다. 출동한 경찰관 두 명은 아들을 설득하려 했지만 키 177cm, 몸무게 100kg인 그는 낫과 삽을 휘두르며 완강히 저항했다. 긴박한 상황에서 경찰관 3명이 더 출동했다. 1시간 동안 실랑이를 쳤지만 제압할 수 없어 경찰은 할 수 없이 테이저건으로 겨우 수습할 수 있었다. 그러나 현장에서 쓸어져 구급차에 실려 병원으로 이송, 안타깝게 숨지고 말았으나 사인을 아직 규명 중이다.

이 절체절명의 상황을 경찰이 제압하지 않았더라면 낫과 삽을 든 조현병 환자에게 가족이나 주위 사람들의 생명이 위태로웠다. 그런데도 언론에서는 인권 운운하면서 경찰을 비난하고 나섰다. 위급한 현장에서 경찰의 설득마저 통하지 않은 정신이상자를 어찌하란 말인가. 경찰은 정당한 업무를 집행했을 뿐이다. 그럼에도 이를 비난한다면 치안은 어찌 감당할 것인가. 인권이 치안을 대신할 수는 없지 않은가. 역설적으로 정신장애자가 아무 죄 없는 가족이나 이웃을 해치는 저승사자가 되었더라면 이보다 더 큰 사회적 혼란은 어찌 감당할 것인가. 다행히도 테이저건을 통해서나마 경찰관의 민첩한 제압은 치안유지의 저승사자로서 높이 평가 받아 마땅하리라.

구시렁거린다 할지라도 이 기회에 꼭 말해 두고 싶다. 인권 운운하며 피의자 공화국이라는 불안사회보다는 피해자의 인권을 먼저 챙기는 법치국가로서 사회의 기본질서가 확립되는 평화로운 나라를 우리는 바란다.

행幸조선

새 학기가 시작되자 한 학생이 뜬금없이 담임선생님께 나이가 얼마나 되는지 물었다. 선생님은 너희들보다 세 배는 더 살았다고 답하자 학생이 자기는 15년밖에 안 살았는데도 낙이 없고 힘들어 죽겠는데 어떻게 그 나이까지 사셨냐며 경이롭다는 표정이다. 삶이란 고통이며 공허한 것이라는 걸 산전수전 다 겪기도 전에 이미 깨달아버린 모습이다. 아마 초등학교만 지나도 인생은 고통의 연속이며 그 고통은 영원히 해결되지 않을 것이라는 것을 이미 알아버린 것 같다.

이상은 엄기호 문화학자(?)의 모 일간지 칼럼 모두의 글이다.

주말마다 집에 들른 네 살배기 손녀가 재롱을 떤다. "배려란, 나와 상대방 그리고 환경에 대하여 사랑과 관심을 갖고 잘 관찰하여 보살펴 주는 것입니다. 경청이란, 상대방의 말과 행동을^^ 까먹었는디!" 정말 귀엽고 앙증맞다. 나는 깜짝 놀랐다. 성공의 유일한 비결은 다른 사람의 생각을 이해하고 자기의 입장과 함께 상대방의 입장에서 사물을 바라볼 줄 아는 능력이라는 헨리 포드의 경구를 듣는 듯했다. 어른들마저 쉽게 행동하지 못하는 말들을 쏟아냄으로써 인생 달관의 여운이 느껴져 좀 씁쓸한 기분도 들었다. 나는 이 내용을 「공·맹孔孟도 생각지 못한 말을 했을 뿐인데」라는 수필에서도 소개한 바 있다.

그런데, 이들이 나라의 주인으로서 왕성한 활동을 위해서는 첫째도 둘째도 안정된 직업이 필요하다. 그러나 청년들의 일자리는 경제가 활성화 될수록 줄어드는 역전현상이 나타나고 있으니 이들이 청소년기만 되면 희망보다는 절망이 눈앞에 서물서물하다. 근대 이전의 가내수공업을 기반으로 하는 사회에서는 가족이란 재화 생산을 위한 경제단위일 뿐이었다. 그래서 그랬을까. 할머니가 캐온 나물거리가 밥상의 주요 메뉴였던 그땐 그랬다. 그 시절에는 지금 같은 직업난은 생각조차 못했다.

한국의 에코세대, 미국의 부메랑세대, 영국의 렌트세대, 일본의 사토리세대… 이들은 모두 과중한 주거비 부담과 내 집 장만의 꿈조차 꿀 수 없는 청년세대란 공통점을 지니고 있다. 이렇듯 부모 세대와는 달리 청년고용 절벽과 저임금 탓에 소득이 집값 상승을 따라가지 못하는 악성 바이러스가 지구 구석구석을 침투하고 있다. 더군다나 20대 실업자가 40만7천 명에 이른다고 통계청은 지난 2015년 7월에 발표했다. 2000년 이후 가장 높은 것으로 나타나 참으로 끔찍하다. 현실의 눈앞에 나타나고 있듯이 저출산·초고령화·불평등 사회·청년고용불안으로 인한 삶의 불안정이 우리들을 우울하게 한다. 인문학자 김경집은 이러한 현상은 "밝은 미래를 열어 줄 결정적인 열쇠인 수평사회의 저울이 완전히 망가졌기 때문이다."라고 그가 쓴 『고장난 거울』에서 진단했다.

한편, 경향신문 이준호 기자는, 이처럼 무기력함하고 삶의 의욕과 희망도 없이 현재에 만족하고자 하는 세대, 인생을 초월하고자 하지만 실제로는 취업에 좌절된 세태를 대변하는 이들을 '인생 달관의 세대'라고 불렀다. 마치 피터 증후군에서 보듯이 현실에서의 행동보다는 꿈나라에서 모험을 즐기는 영원한 소년처럼… 이를 방치한다면 앞으로 이들의 생각과 행동은 사회의 불안과 비극의 원인을 제공하는 불씨가 될 것이다.

최근 연극배우 김운하 씨가 2015년 6월, 경제적 어려움을 겪다 성북구의 한 고시원에서 숨진 채 발견된 것을 계기로 연극계의 열악한 생활실태가 새삼 주목받고 있다. 그럼에도 불구하고 일부 인기 탤런트들은 연속극 1회당 7천만 원은 당연시되고김태희는 침대에서 공주처럼 누어있기만 해도 1회당 5천만 원에 가까운 출연료와 광고 수입까지… 이 세계에서도 빈익빈부익부의 불균형은 어김없이 적용되고 있으니 자살을 부추길 수밖에. 조금만이라도 나눠주고 나눠가지면 안 된다는 무슨 비밀이라도 숨겨져 있는 것일까. 왜 그렇게 하지 못할까. 이는 신자본주의의 횡포 이상, 이하도 아니다.

요즘 대학가는 신입생 예비교육 운운하면서 술판으로 인한 잡음이 끊이지 않고 있다. 그래서 '숙취해소'란 말이 유행하고 있다고 한다. 그런데 학생이나 대학당국을 긴장시키는 큰 문제 역시, '숙취해소'라고 한다. 그 진정한 의미를 MBC '싱글벙글쇼'의 강석 진행자에게 물었다. 그는 다음과 같이 명쾌한 대답을 내놓았다. '숙취해소'란 한자로 '宿就解消'로써 '취직숙제를 해소하는 당면과제'라 풀이했다. 얼마나 재치 있는 해석인가. 재치라기보다는 우리 대학가의 고민이 헬조선에 공감하고 탈조선을 꿈꾸는 '망한민국'이란 조소가 모두 이에 녹아있다.

이처럼 오늘의 청소년들은 희망이 어두운 미래세대라고들 하지만, 결국 이 나라의 주인은 일그러진 기성세대가 아니라 바로 우리 곁을 굳건히 지킬 이들이다. 앞으로의 세상은 죽은 자의 것이 아니라 산 자의 것이기 때문에 그렇다. 그러기에 이들에게 폭풍우가 치닫는 날씨에 허술한 뗏목을 타고 대양을 횡단하라는 강요보다는 소박하게나마 일할 마당을 마련하는 것이 우리 기성세대의 몫이요 의무다. 디모클레스의 칼 아래 앉아있는 이들의 목구멍에서 '헬조선'이란 토혈을, 스치는 바람소리로 듣지 말자. 그리고 이들을 힘들게 하지 말자

아이고땜일지라도, 경제 활성화 한답시고 대기업의 낙수효과에 기대는 아날로그적 정치지도자들의 낡은 사고와 매트릭스를 그만 거둬내자. 이제는 '인생 달관의 세대'도 '헬조선'도 아닌, '행幸조선'하며 훤하게 웃는 젊은이들의 얼굴을 보고 싶다.

대학민국

대학은 정규 학사과정의 최고 학제다. 옛날에는 공부 안하면 돈이 있더라도 대학진학이 쉽지 않았다. 그런데 지금은 어떤가. 대학 진학률 85% 시대에 걸맞게 한글과 구구단마저 제대로 깨우치지 못해도 등록금만 챙길 수 있다면 박사과정도 어렵지 않다. 참 좋은 세상이다. 황금만능 시대다. 아이돌 가수의 아이콘 아이유는, 대학은 노력한 사람이 가야한다. 지금처럼 바쁘면 대학생활도 소홀히 할 텐데 굳이 갈 필요가 있겠느냐며 신선한 충격을 주었던 기억이 잊히지 않는다. 그러나 지난날 피겨여왕 김연아(고려대)와 소녀시대 윤아(동국대) 등은 일 년에 한두 번만 출석해도 검색순위 상단을 점령했던 때가 있었다. 그리고 등록금을 많이 받아 미안한 탓인지 졸업생의 90%가 B학점 이상이며, 서울대 학생들도 절반 정도가 A학점을 받았다고 한다. 그야말로 영재들의 공화국이다.

이렇게 열심히 공부한 학생들의 취업도 최소한 B학점 이상은 되어야 할 텐데 이태백(이십대 태반이 백수)이 상징하듯 F학점에도 미치지 못한다. 자영업은 큰손들 때문에 허리를 못 펴고 중소기업은 대기업의 하수인 역할에 충실해야 함으로써 공기업이나 공무원이 최상일 수밖에 없다. 그런데, 요즈음 말단 공무원의 평균 경쟁률이 수백 대 일 이상이라니, 철밥통이 녹슬지 않은 까닭을 알 것 같다.

비록, 무한경쟁이란 신자유주의에 내몰려 청년백수와 사오정의 나락에서 헤매는 오늘의 세태이지만, 우리의 과거는 두레나 품앗이와 같은 자랑스러운 협력과 상생의 전통도 있었다. 이를 반면교사로 삼는다면, 이 좁은 나라에서 무려 411개의 대학들이 군웅활거할 필요가 있을까? 미국의 하버드, 예일 등 상위 10개 명문대학의 입학정원을 모두 합해도 1만 명 안팎이라고 한다. 하지만, 우리는 소위 SKY(서울대. 고려대. 연세대)의 입학정원만으로도 이에 넘치고 있다. 이처럼 학생들의 머리수만을 늘려 수입원을 창출하는 상아탑이란 존재가 허접스럽다.

대학교육은 연구와 교육에 있음에도 일부교수는 플리페서란 특권을 앞세워 휴직한 채, 공직 진출이나 각종 선거 등에 자유롭게 뛰어들고 학생은 등록금 마련과 취업을 향해 달리는 마라톤 선수가 되어야 한다. 그 어디에도 진리탐구의 모습은 보이지 않는다. 지방대학이나 국립대학에 다닌다면 그래도 효자다. 공부도 시원찮으면서 수도권 사립대학의 비인가학과에 자녀를 둔 가정은 졸업도 하기 전에 풍전등화의 위험에 노출되어 있다. 그러기에 유치원 때부터 사교육비에 시달려온 부모로서 천만원대의 등록금 준비를 위해 살인적 고통을 안고 달리다 목숨을 잃은 서민들이 어찌 한둘이겠는가.

이렇듯 지난날의 우골탑이 등골탑이란 고개를 넘더니 급기야는 사람의 목숨까지 앗아간 인골탑이 상아탑의 끝이 되어버린 현실 속에서 서민들은 허우적거리고 있다. 저소득층이 많이 다니는 전문대마저 98%가 사학으로써 등록금 인상률은 4년제를 앞선다니 깔딱 고개가 눈앞에 어른거린다.

이처럼 하늘 높은 등록금을 탓하기 전에 고급인력의 실업자 양성소 및 취업중계소로 전락된 대학들이 이토록 많이 존립해야 하는가에 대한 참따란 진단이 절실하다. 오죽하면, 일부 누리꾼 사이에서 '등록금당(교육혁명당)'을 창당하려는 움직임을 보이고 있겠는가. 만시지탄이나마 정부는 고졸자에 대한 취업 확대 노력과 대학등록금에 대한 관심, 그리고 해년마다 되풀이 되고 있는 재정지원 및 학자금 대출 제한대학 선정 등이 정치적 몸짓이 아니기를 바란다.

미국의 대학사회도 우리와 크게 다르지 않는 모양이다. 『대학이 말해주지 않는 그들만의 진실』의 저자 데버러 로드는 대학소비자들로 불리는 일반 대중의 입장에서 가장 골치 아픈 문제는 세계에서 가장 비싼 등록금이라고 개탄했다. 뿐만 아니라, 지식의 추구라는 본래적 가치는 가차 없이 무너졌으며 경쟁과 성장의 바이러스가 대학사회를 파고든다고 지적하였다.

우리도 차제에 전국 189개의 4년제 대학 가운데 110개나 되는 사립대학 운영의 문제점부터 개선하는 일이 화급하다. 국가 재정이 빈궁했던 지난날에는 자본가들의 재력에 의한 육영사업이 나라 발전에 크게 기여했던 것은 사실이다. 그러나 그 공과만을 앞세워 오늘날에는 교육의 근본을 포기하면서까지 기업적 수단으로 전락되고 있다. 어찌 사립대학뿐이겠는가.

보통교육의 일부 사학도 맞주름이다. 최근엔 서울관악구의 한 예체능계 사립고는 부인이 교장, 남편은 이사장에서 교비 횡령으로 이사, 이사장은 오빠, 딸은 방과후학교 운영자, 아들은 김치 납품업자, 설상가상으로 교직원 월급은 체불함은 물론, 수억대의 부당 이익을 챙김으로써 종합감사 결과, 사학비리의 종합판으로 확인되었다. 사학의 진풍경은 점입가경이다.

샛별눈망울마저 돈벌이로 악용되는 사학유치원은 글자 그래도 유치幼稚한 내로남불의 극치를 보여준 바 있었다. 2017년 9월 15일부터 17일 사이에 한국유치원총연합회는 사립유치원도 국·공립 유치원과 똑같이 지원을 해주되 감사는 받지 않도록 해달라며 휴업경고–철회–번복, 그리고 철회란 몽니를 부렸다. 이같이 아직도 사학이 비리와 접근성이 쉬운 환경은 일부 중진국회의원을 비롯한 힘깨나 쓰는 자본가들이 사학수장 노릇을 하고 있는 것도 큰 몫을 다하고 있다.

까탈 부린다고 할지라도, 진정한 대변혁 없이 기업적 마인드로 사학이 대학교육을 좌지우지하는 감바리들이 존재하는 한, 대한민국은 大學民國으로 더 나아가 '대학교'가 우리의 국교國敎라는 국민적 의구심을 어찌 에둘러 부정할 수 있겠는가. 그러기에, 대학진학은 취업을 위한 필수가 아니라 자아성취를 위한 밑틀로써의 선택이 되어야 할 것이다.

매쉬 MASH

우리와 일본은 지금 역사전쟁 중이다. 일본은 과거 우리 민족에게 입힌 가해자로서의 책무를 거부하고 있다. 정부에 등록된 성노예(위안부) 피해자 238명 중, 생존자는 이제 겨우 31명(2018.1.현재)만이 남아 있는데 이들마저 고령인데다가 생활환경이 열악해 하루하루의 숨소리가 거칠기만 하다. 1965년 한일청구권협정에 따라 완전하고 최종적으로 해결됐다는 것이 일본의 입장이겠지만, 그 당시 우리의 국력은 길거리에서 누더기 옷에 보퉁이를 맨 사람들의 모습을 쉽게 볼 수 있었던 두반곽갱豆飯藿羹의 깔딱고개 시절이었다. 그 후 2012년 국내 대법원에서는 개인청구권은 아직 남아 있다고 한 판결문이 나오긴 했으나 일본정부의 귀는 아직도 뚫리지 않고 있다.

최근에는 일본 근대산업시설을 세계문화유산으로 등재하는 과정에서 '조선인강제징용' 논쟁이 다시 점화되고 있다. 일본은 앞으로 외국과의 협의, 국제회의 등을 통해 조선인 노동자가 강제노동을 한 것이 아니라는 입장을 밝히기로 했다고 일본 언론들은 하나같이 입을 모으고 있다.

세계를 무대로 일본이 자국의 홍보에 나선다면 우리는 백전백패다. 다른 나라는 그만 두고라도 우리의 우방인 미국인들의 한국과 일본에 대한 인식이 너무도 괴리가 깊기 때문이다. 미국인들은 비록 2차 대전 당시에는 그들과 적국이었을지라도 중국을 견제하는 군사력은 일본만한 우방이 없다고 생각한다. 물론, 선진국으로서의 일본에 대한 국민적 관심이 높다는 것도 불필재언이다. 이에 비하여 한국에 대한 미국인들의 인식은 생각보다 깜깜하다.

미국인들은 한국의 TV를 보면서 한국의 자동차를 타면서도 '삼성'이나 '현대'란 기업브랜드는 인식할지라도 한국제품이라는 것은 거의 모르고 있다고 한다. 다시 말해 이들 기업체들은 자기 기업의 홍보에만 매달렸지 국가인지도를 높이고자 하는 노력은 하지 않았다.

나는 며칠 전에 임마누엘 페스트라이쉬(한국명 이만열)가 쓴 『한국인만 모르는 다른 대한민국』을 읽으면서 감명 깊은 문장마다 밑줄을 긋다보니 밑줄 친 문장이 안친 문장보다 더 많았다. 우리 한국인들이 깨우쳐야 할 내용들이 즐비했다. 저자는 하버드대 동아시아 언어문화학 박사학위를 취득했다. 그의 부인 역시, 한국인이다. 그의 저서에서도 나타났듯이, 그는 우리보다 더 한국인답게 한국적 정체감이 확립되었으며 우리의 역사와 전통, 그리고 세계무대에서 한국의 국위선양을 위한 청사진까지 해박한 지식을 갖추고 있었다.

나는 이 책을 잘 보완(저자가 직접 우리말로 집필)하여 각 학교의 교재로 쓰였으면 싶다. 그리고 대통령을 비롯하여 힘깨나 쓰는 사람들에게 의무적으로 독후감을 쓰도록 한다면 세계무대에서 한국의 위상은 보다 튼튼하리라 생각된다. 우선 다음과 같은 저자의 지적이 일본과의 역사전쟁에서 우리의 약점임을 절감하면서 책을 읽는 동안, 자괴감이 온몸에 그닐거렸다.

> 나와 같은 세대인 4~50대 미국인들은 텔레비전 드라마인 「매쉬」(이동식 군대외과의원)를 통해 한국에 대한 이미지를 확립했다고 보면 된다. 이 드라마는 한국전쟁 중 의정부의 야전병원에서 근무하던 외과의사와 병원 관계자의 모험담을 다루고 있는데 1972년부터 1983년까지 방영된 인기 드라마였다. 베트남 전쟁 후반기에 시작된 이 드라마는 사실상 한국의 상황보다는 베트남에 있던 미국인들의 상황을 다룬 것이라 할 수 있다. 극에 등장하는 한국인들이 대부분 시골의 가난한 농부들로 사랑스럽고 진실하기는 하나 무지하고 순진하며 능력 없는 인물로 그려져 있다는 점이다. 지식인은 단 한 명도 없었던 것으로 기억된다. 낙후된 농촌국가로 묘사했다. 그래서 최근에 방송되는 한국의 모습보다는 「매쉬」 속 한국의 이미지가 더 강하게 남아 있다.

지금으로부터 35여 년 전, 서양 것은 다 문명이고 우리 것은 모두 미신이라여기던 그땐 그랬다. 그런데 그때의 각인된 인상이 지금까지도 미국인들의 뇌리에서 지워지지 않고 있다면 미국인들의 잘못일까, 우리의 외교(홍보)가 부족한 것일까. 미국대사관 내 한국인 직원들 대부분은 자녀를 미국 학교에 보내거나 힘있는 사람들과 연줄을 맺는 데 집중한다는 저자의 지적은 우리의 일선 외교활동이 얼마나 느슨한지 안 봐도 비디오다. 미국인들이 코리아에 대해 알고 있다면 남한보다는 북한을, 우리의 정치지도자보다는 2011년까지는 김정일을, 지금은 김정은이겠지만…

그러나, 이제 국제무대에서 경제력뿐만 아니라 스포츠 특히, 골프선수들의 활약이 세계적이기에 잠깐 자랑삼아 소개할까 한다. 제72회 US여자오픈 골프대회(총상금 500만달러)에서 박세리 이후, 1등 박성현(하나은행) 선수를 비롯하여 2등 최혜진, 3등 세 명(허미벙·유소연·이정은), 5등은 외국선수 두 명(스페인·중국), 8등 세 명(김세영·이미림·양희영) 등이 미국 뉴저지주 베드민스터의 트럼프 내셔널 GC에서 태극물결을 이루었다. 트럼프 미국대통령도 G20회담을 마치고 유럽에서 돌아오자마자 사흘 연속 관람했던 것으로 알려졌다. 대한민국이 대단하지 않은가. 아쉽지만, 저자의 아래 처방전을 이 글의 갈무리로 삼고자 한다.

> 한국에 필요한 것은 '독도는 우리 땅'이 아니라, 한국역사를 시적으로 응축해 표현하는 능력이다. 반도체를 개발하기 위해 천억 원을 투입하는 것보다 더욱 중요한 일은 아름다운 언어로 한국을 세계에 알리는 홍보이다. 이를 위해 문학적 감각이 있는 외국 지식인을 초빙하여 한국을 여행시키고 그 내용을 글로 쓰도록 유도하면 효과적일 것이다. 그리고 한국인들은 스스로 그들 수출의 중심은 자동차산업이라고 말하지만, 아마도 한국의 가장 가치 있는 수출의 중심은 전 세계로 뻗어나간 한국 이민자들일 것이다.

지랄총량의 법칙

대화중에 상대방으로부터 가장 역겹고 자존심 상하는 말은 육두문자다. '빙신 육갑허네', '지랄허네' 등. 나는 이 글에서 '지랄'을 소졸하게나마 의제로 삼고자 한다.

'지랄'은 마구 법석을 떨며 분별없이 하는 행동을 속되게 이르는 말인데, 이보다 더 심한 표현으로써 꼴사나운 뇌 없는 행위의 '용천지랄'이란 아주 모욕적인 말도 있다. 사람은 평생 살아가면서 치러야 할 지랄총량이 누구에게나 정해져 있다고 한다. 한동대 김두식 교수는 『불편해도 괜찮아』에서 이를 '지랄총량의 법칙'이라 했다. 딸이 중학생이 되더니 어느 날 갑자기 "엄마 · 아빠 같은 찌질이로는 살지 않겠다."며 사사건건 충돌할 때마다 그는 지랄총량의 법칙을 헤아림으로써 자녀의 돌출 행동을 어렵게나마 이해할 수 있었다고 한다.

내가 중학교 현직에 있을 때의 일이다. 2학년 학생이 전학 왔는데 학생의 어머니가 교장실에 인사차 들렀다. 1학년 때까지만 해도 엄마 말을 잘 듣던 애가 2학년이 되자, "엄마! 나에게 말 걸면 내가 무슨 일을 저지를지 모르니까 다시는 나한테 잔소리 하지 마."라고 했다는 엄마의 우두망찰하던 얼굴 표정이 아직도 잊히지 않는다. 1남 1녀를 기르면서 지금까지 잘 지내왔는데 갑자기 폭탄선언을 들으니 딸의 얼굴조차 보기가 두렵다는 것이다. 누구의 잘잘못을 따질 여유가 없다. 딸의 덧정이 없는 행동을 엄마가 고치겠다고 다그치다보면 이미 중학교를 졸업하고 성인으로 훌쩍 성장, 엄마와의 앙금만 남을 것이다. 자녀교육은 가정에서부터 부모가 당연히 책임져야겠지만 옛날과 달리 요즈음은 만만찮다.

이처럼 중학교 2학년 나이 또래의 청소년들이 사춘기 자아형성 과정에서 겪는 혼란이나 불만과 같은 심리적 상태 또는 그로 말미암은 반항과 일탈행위를 우리는 '중2병'이라 흔히 일컫는다. 일본에서 펴낸 『오타쿠 용어의 기초지식』에 소개된 '중2병'의 전형적인 증세 여섯 가지는 다음과 같다.

> 서양음악을 듣기 시작한다. 맛도 없는 커피를 마시기 시작한다. 인기 밴드그룹에 대해 뜨기 전부터 알고 있는 체한다. 무엇이든 하면 된다고 생각한다. 엄마에게 사생활을 요구한다. 사회와 역사에 대해 어느 정도 알게 되면 미국을 추잡하다며 무시한다. 나는 여기에 술과 담배에 대한 호기심과 이성에 대해 적극적 관심이 많음을 보태고 싶다.

이 같은 휘뚜루마뚜루 '중2병'이 사회적 문제로 떠오르면서 '지랄총량의 법칙'이 주목받고 있다. 모든 인간에게는 '지랄총량'이 이미 부여되었기에 누구든 늦바람으로라도 죽기 전까진 반드시 그 양을 다 쓰게 되어 있다는 이론이다. 요즈음 가정폭력을 넘어 자녀들의 목숨마저 무자비하게 앗은 존속살인이 언론을 매흙질하고 있다. 참으로 끔찍하다. 차라리 이들이 중2 때 지랄이라도 한바탕 해치웠다면 인면수심의 끔찍한 일들을 벌이지 않았을까 하는 아쉬움이 남는다. 그러므로 청소년을 둔 부모로서는 고3이나 대학생 아니면, 한 가장이 되어 극심한 분노조절 실패를 겪는 것보다는 중학생 때가 그래도 적기가 아닌가 하는 아전인수로 받아들인다면 오히려 다행한 일이 아니겠는가.

한때 교과서 국정화에 대한 생각들이 분분했다. 나는 우리 민족의 분단과 관련된 역사교과서는 조정래 선생의 대하소설 『태백산맥』을 국정교과서로, 그리고 일반사회 교과서로는 임마누엘 페스트라이쉬(한국명 이만열)가 쓴 『한국인만 모르는 다른 대한민국』을 추천하고 싶다. 특히, 후자의 경우는 우리 교육에 대한 비판과 대안이 선명하게 제시되었다.

나는 한국의 교육문제가 두 가지 착각에서 비롯되었다고 생각한다. 첫 번째 착각은 경쟁해야만 선진국 수준에 도달할 수 있다는 믿음이다. 하지만 한국이 생각하는 그런 선진국은 존재하지 않는다. 한국은 이미 선진국이며 어떤 부분에서는 미국보다 낫다. 모든 면에서 선진국을 따라 하는 것은 무의미하고 역효과와 부작용을 낳을 수 있다.

두 번째는 내부경쟁이 있어야 기업이나 정부, 사회가 발전할 수 있다는 믿음이다. 이것도 잘못된 생각이다. 부분적으로는 효과가 있을 수도 있다. 그리고 아이들에게 경쟁이 무조건 나쁘다고 말할 수는 없다. 그러나 서로 협력하고 함께 했을 때 더 좋은 결과를 낼 수 있다. 경쟁보다 협력이 더 효율적이라는 것을 가르쳐야 한다.

한국교육이 이를 개선하고 새로운 방향으로 나아가기 위해서는 과거를 돌아보는 것이 유일한 대안이다. 한민족의 건국이념이며 한국전통의 '홍익인간' 정신으로 되돌아가는 것이다. 교육기본법 제2조의 교육이념에도 잘 나타나 있다.

관능적·전기적·페티시즘 소설 마광수의 장편 『광마잡담』(2005) 제6화 〈다이아나 이야기〉에서 UFO를 타고 날아온 '다이에나'의 말이다.

> 이곳엔 학교란 없어요. 학교제도는 개인의 개성과 끼와 재능을 사장시키는 곳이니까요. 지구의 학교가 바로 그렇지 않아요? 똑똑한 애들을 바보로 만들고 획일적 암기교육에다 지긋지긋하게 강요되는 '출세제일주의' 같은 것이 바로 지구상의 학교교육이니까요.

우리 학교교육의 문제점을 소설형식을 빌려 마광수 교수는 적확하게 지적했다. 이런 문제점에 대한 생각의 기초부터 기성세대들이 충실히 새롭게 다져나간다면 '중2병'도 자연스럽게 치유될 것이다.

니글니글할지라도, 청소년을 둔 부모는 자녀를 그냥 멀리서 지켜보며 간섭보다는 돕는 쪽으로, 소유보다는 독립된 인격체로 자연스럽게 살아갈 수 있는 사회환경이 조성된다면 '중2병'과 같은 급작스러운 돌출행동은 훨씬 무디어질 것이다. 당나라의 문인 유종원의 『종수곽탁타전種樹郭橐駝傳』에서 나무 잘 키우는 꼽추의 이야기가 나온다.

> 내가 나무를 잘 키우는 것은 나무의 천성을 잘 알고, 나무가 그 본성대로 살게 하기 때문입니다. 처음에 심을 때는 자식을 돌보 듯하고, 심고 나서는 내버린 듯이 합니다. 그러면 그 천성이 온전해지고 근 본성도 살아나게 됩니다.

그렇다. 지나치게 보살피고 걱정하다보면 때로는 화도 나고 불만도 있을 수 있다. 젖먹이 아이에게는 어부바가 있듯이 청소년들의 일시적 일탈도 당연히 있을 수 있음을 '지랄총량의 법칙'으로 포용한다면, 이들은 반드시 좋은 내일을 맞을 것이다.

사랑이란 언어의 마술

업 보

우리는 성장하여 결혼하면 기존의 가족구성원과 제금 나서 새로운 가정을 꾸민다. 엄격하게 말하면 기존가족에 대한 일종의 불륜일 수 있다. 부모를 비롯한 기존가족과의 사랑보다는 새로운 사람과 함께 하는 사랑이 우선이기 때문이다. 그러므로 이유야 어떻든 금지된 성적욕망을 채우려는 일시적인 감정이 불륜이라면, 정상적인 결혼생활도 기존 가족구성원과의 관계를 소원하게 하는 행위이므로 인륜과 멀어지기는 마찬가지다.

마치, 프랑스 에릭 오르세나의 『오래오래』에서 가브리엘과 엘리자베트로의 불륜관계가 정상적인 애인이나 부부보다도 더 오래오래 지속되는 경우가 그렇다. 가브리엘이 젊은 시절 첫눈에 반한 유부녀 엘리자베트와 평생의 불륜관계를 사랑으로 꽃피워 뒤늦게나마 함께 나누는 행복을 사랑이라면 사랑이고 불륜이라면 불륜이다.

바람둥이 찰스와 외도한 사실이 들통 나자, 부인 키티는 오히려

려 남편 월터를 윽박지른다. 바람을 피운 것이 아니라, 그 남자를 사랑하고 있다며 자기는 남편을 사랑한 적이 없다고 도리어 역정을 낸다. 서머싯 몸의 소설『인생의 베일』이야기다.

콜롬비아 출신 작가 가르시아 마르케스는『내 슬픈 창녀들의 추억』에서 아흔 살이 될 때까지 사창가의 최고 난봉꾼으로 살아왔던 남자가 열네 살의 소녀와의 하룻밤을 보내고 처음으로 사랑을 느낀다는 내용의 소설을 썼다. 삶의 맥박이 잦아드는 나이가 되어 죽음을 등지고 바라보는 인생에서 사랑과 욕망을 그렸다. 이상은 허구에 나타난 세 편의 사랑을 만지작거렸지만 우리들의 실제는 어떤가.

2015년 '한국여성정책연구원'이 공개한 바에 의하면, 결혼한 남성 10명 중 4명이 배우자가 아닌 이성과 성관계를 가진 경험이 있는 것으로 조사되었다. 배우자가 있는 사람의 21.4%가 결혼 후 간통 경험이 있으며 성별로는 기혼 남성은 36.9%, 기혼 여성은 6.5%로 나타났다. 한편, 혼인 전에 배우자가 있는 이성과 성관계 경험이 있다고 밝힌 응답자는 남성 20%, 여성 11.4%로 밝혀졌다. "언제부터 대한민국 검사들이 내 아랫도리를 관리해 온 거니?" 영화「처녀들의 저녁식사」(감독 우상호)에서 간통죄로 고소당한 주인공 호정(강수연)이 분통을 터트리며 하는 말이다. 그래서 그랬을까. 헌법재판소는 배우자 있는 자가 간통하거나 그와 상간한 자는 2년 이하의 징역에 처한다는 형법 제241조 제1항에 대해 '개인의 성적자기결정권과 사생활의 비밀자유의 침해'로 판단, 간통죄를 위헌으로 판결(2015. 2.26)했다.

며칠 전 나는 어머님이 입원하여 병실을 지켜볼 기회가 있었다. 8명의 입원실에서 구순의 어머님만 제외하고 거의 5~60대의 여성들이었다. 이들은 하루 종일 멜로드라마를 즐기면서 보는 것으로만 그치는 것이 아니라 해설까지 곁들며 맛있게 시청하는 광경이 일상적이었다. 멜로드라마가 어떤 소재들인가. 반여성적 비정상적 가족구성간의 불륜이 주류를 이루고 있지 않은가. 이들은 드라마를 통해서나마 대리만족의 희열에 흠뻑 빠진 모습들이었다. 한편, 남자들은 멜로보다는 포르노를 즐긴다. 멜로는 이성간에 손 한 번 잡는데 너무 뜸을 들이는 지루함 때문에 남성들에게 외면당하지만, 포르노는 화면이 밝자마자 무조건 벗고 시작하니 남자들이 좋아할 수밖에… 한편, 미국 뉴스위크인터넷(2015)은 우리나라가 포르노산업 세계 1위라고 보도되기도 했다.

도심 근처의 높은 곳에서 바라보면 붉은 색 표지가 두 가지가 있다. 하나는 교회의 붉은 십자가이고, 다른 하나는 러브호텔의 빨간 간판이다. 이처럼 우리는 교회의 금욕주의와 러브호텔의 욕정 사이에서 뇌화부동하고 있다. 부부는 기도를 위해 교회에 들려 러브호텔을 찾는다. 결혼은 이성적인 러브호텔이기 때문이다. 부부가 아닌 경우는 교회를 거치지 않고 곧바로 러브호텔을 찾는다. 불륜은 비이성적인 러브호텔이기 때문이다.

이 과정에서 전체사회를 위해 개인의 욕망은 통제 및 검열되어야 한다고 주장하는 것은 '사회적 이성'의 역할이다. 그러나 스피노자는 우리는 모두 무엇인가를 욕망하는 존재이고 당연히 나의 욕망을 부정하는 것과 맞서 싸워야 한다고 했다. 칸트적 이성의 윤리학에서는 불륜을 징벌하고자 할 것이나 스피노자의 관점에서는 불륜도 정상적 사랑으로 포용하고 있다. 강신주 교수의 『감정수업』의 책장을 펼쳐보면 쉽게 이해된다.

"인간은 자신의 욕망을 부정할 수도 있다. 하지만 그 순간 우리는 주인이 아니라, 노예로 살아갈 수밖에 없다. 노예는 주인의 욕망에 따라 자신의 욕망을 부정하는 잿빛 삶을 살아내는 서글픈 존재이니 말이다. 다시 말해 자신의 욕망을 긍정하는 사람은 자신의 감정에 솔직한 사람인 것이다."

이를 뒷받침이라도 하듯이 전경린의 장편, 『엄마의 집』에서 45세의 이혼녀 엄마가 21세의 딸 호은에게, 사랑의 결실은 변태야, 변화를 겪고 달라지는 것이라고 했다. 이 변태의 과정은 일반적인 불륜의 통과의례가 아니고서는 이룰 수 없다. 황석영은 그의 장편 『강남몽』에서 사채업자 문 회장을 '늦바람, 사말오초 여자'라고 했다. 사십대 말에서 오십대 초반의 여자가 늦바람이 들면 물불을 가리지 않는 건 물론이요, 칼 물고 벼랑에서 뛰어내리라 해도 마다하지 않는다는 것이다. 불륜이란 명약이 아니고는 답이 없다.

인간의 섹스는 동물과는 다르다. 동물들은 종족보존을 위한 발정적 차원이지만, 인간의 섹스는 이성과의 육체적 접촉으로부터 정신적 사랑으로까지 접목되기를 희망한다. 따라서 오늘의 우리들은 원정 떠난 남편 오디세우스를 갖은 고초와 유혹을 견뎌내며 무려 이십 년 동안이나 기다렸던 그의 아내 페넬로페의 후예가 아니다. 오직 사랑이 건강보험이라면, 불륜은 비상식량으로써 사랑과 불륜은 삶의 업보(業報, 카르마·갈마)일 뿐이다. 그러기에 사랑은 불륜이요, 불륜 역시 사랑이 아니겠는가.

갈애渴愛

시댁에서 추석을 지내고 무려 열 시간 가까이 차에서 시달린 몸을 간신히 씻고 잠자리에 눕자 남편은 잠옷을 벗긴다. 희우의 앙가슴을 파고드는 남편의 손을 뽑아내자 날아든 것은 주먹과 발길질이었다. 결혼한 지 4년이 되자 희우는 남편을 정면으로 바라보기조차 싫어졌다. 몸에 쏟아 넣은 정액 냄새까지 불쾌해서 잠자리를 피해왔다. 그러나 남편은 기분에 따라 사과를 둘로 쪼개듯 강제로 다리를 벌리기까지 했다. 고급 공무원인 남편 박 과장은 그 후 형편이 좀 풀리자 부부는 각자의 방을 갖게 되었다. 그로부터 한 5년은 잠잠했다. 남편에게 애인이 생겼기 때문이다. 남편이 생각하는 부인의 약점은 육체적으로 사랑할 수 없다는 점, 청결과 정리벽, 그리고 은둔적 생활 등이 불만이었다.

부인 희유에게는 '기윤'이라는 두 살 아래의 사근사근한 정부가 있다. 정부의 부인 조 여사는 교외로 날파람 쥐처럼 잘 쏟아다니며 결혼 후 그녀 역시, 두 번의 짧은 불륜이 있었고 지금도 진행 중이다. 희우의 집에 정부 기윤이 들어선다. 희우의 남편은 장기출장 중이며 기윤의 부인은 공교롭게도 지인들과 1박2일의 여행을 떠났기 때문이다.

기윤은 희우의 블라우스 단추를 푼다. 침대로 옮겨가더니 커다란 빵 속을 파고드는 개미처럼 서로의 몸속을 헤집는다. 난 당신이 너무 좋아요. 희우는 두 팔을 허공에 저으며 기윤이 땀범벅이 되기도 전에 이미 첫 번째 정점에 이른다. 육체적으로 사랑할 수 없다는 남편에게서 느끼지 못했던 만족이었다. 그리고 다시 요구했다. 마광수의 장편 『광마잡담』에서, 여자는 원래 몇 날 며칠 밤을 섹스 하더라도 전혀 지칠 줄 모르는 유전자를 가지고 태어났다는 말을 실증이라고 하듯이.

이상은 전경린의 단편 「부인내실의 철학」에 나오는 두 가정의 부부 이야기를 편집한 것이다. 두 가정의 공통점은 뇌꼴스럽게도 바다생물과 육지동물처럼 살고 있지만 자녀들과 공동생활의 공간인 가정만은 버리지 않았다는 점이다. 한편, 내가 현직에서 경험한 일탈은 동료직원과의 불륜이다. 이들은 한 시간 정도의 거리를 몇 해 동안 카풀하다 보니 몸도 마음도 가까워질 수밖에. 아내의 불륜사실을 인지한 남편은 초·중학교에 다니는 슬하의 남매와 가정을 지키기 위한 충정에서 아내를 용서하겠다는 결연한 의지로 검지까지 절단한다. 그래도 아내의 행동에 변함이 없자 결국, 이혼했다. 후문에는 남편은 처녀와 재혼하여 잘 살고 있고, 이혼한 부인은 정부가 본처와 헤어지겠다는 약속이 제대로 지켜지지 않은 채, 관계만 유지하고 있다는 희미한 소식이었으나 그만 잊힌 세월이 오래되었다.

앞의 허구에서는 가정을 유지함으로써 자녀들에게 최소한이나마 부모의 도리에 충실하고자 했다. 하지만, 내가 곁에서 본 실제 부부는 남편에게도 자녀에게도 마음의 상처를 줄 대로 주었을 뿐만 아니라, 결국 가정마저 잃게 됨으로써 허구보다 더 잔인한 팩트가 되어 버렸다.

강준만 교수는 그의 『감정독재』에서 "우리는 일상적 삶에서 늘 감정의 지배를 받으며 살아가고 있다. 물론 이성도 작동하지만 많은 경우 이성은 감정의 졸卒이거나 호위무사의 수준에 지나지 않는다. 분노·슬픔·두려움·즐거움·사랑·놀람·혐오, 부끄러움 등 8명의 가족과 그 밖의 여러 식객을 거느리고 있는 감정은 한마디로 말해 행동하려는 충동이다." 그렇다고 일상 부부들의 애정감정까지 님포마니아나 사티리아시스처럼 행동으로 충실히 옮긴다면 이 세상은 과연 어떤 모습일까, 찝찝하고 섬직하다. 불교에서는 이러한 감정을 갈애渴愛라고 한다. 최소한의 노력으로 순간적 쾌감을 극대화하는 욕망의 능력이라 하겠다.

정연희의 장편 『비를 기다리는 달팽이』에서도 또 다른 갈애의 현장이 소개된다.남편의 온갖 학대에 못 이겨 이혼까지 했으나 결혼 중의 유부남과의 불륜 역시, 전 남편 이상의 사랑이란 이름의 린치와 사련邪戀의 현장은 끔찍했다. 그럼에도 유부남과의 사슬과 착고를 벗지 못하는 갈애의 비이성적인 모습은 독자를 우울하게 한다. 이들은 갑남을녀도 아닌, 대학강사와 베스트 작가인 이혼녀요, 간부姦夫는 명문대학의 교수로서 존경받는 지식인이다. 이들의 치정적인 사슬과 굴욕의 채찍으로 언젠가는 나아질 것이라는 믿음의 순종과 길들여진 노예와 같은 삶을 통해, 잘못 배우면 많이 배웠을지라도 아니 배운 것만 못하고, 아니 배운 것만 못한 사람이 다시 제2세를 교육하는 것은 교육을 망치는 일이요, 사회를 혼탁케 하는 범죄행위라는 생각이 가슴을 옭아맨다.

이렇듯 갈애는 많은 배움조차도 상관이 없는 듯하다. 영혼의 생존을 위해 필요한자아존중감의 결핍에서 비롯되었다. 이처럼 내가 나 스스로를 인정하고 소중히 여길 때 내가 다른 사람을, 다른 사람이 나를 소중히 여긴다는 기본적인 삶마저 상실한 채 치명적으로 중독적인 욕망이 곧, 갈애다. 갈애란 중용이 있을 수 없다. 갈애의 상태는 목이 말라서 바닷물을 마시는 것에 비유된다. 바닷물을 마시면 순간의 갈증은 해소되겠지만 얼마 지나지 않아 마시기 전보다 더 강한 갈증을 느낀다. 영화 「님포매니악」(감독, 리스 폰 트리에)에서 여인 조(스테이시 마틴)가 섹스를 마치 운동·음악·연구 등 삶의 여러 영역에서 일어나는 평범한 하나의 일상으로 느끼는 것처럼…. 그래서 그랬을까 참사랑이란 서로가 사랑하는 사람이 아닌, 서로가 사랑해 주는 사람과의 만남이라고.

데퉁스럽다할지라도 아무리 이성이 행동하는 감정을 억제할 수 없는 갈애 바라기라 할지라도 아모르파티란 운명관으로 체념하기보다는 자기 운명을 스스로 개척하고자 하는 의지가 절대적으로 필요하다. 독일 캐런 웨더비 박사는 풍만한 여자의 젖가슴을 10분 동안 응시해도 헬스클럽에서 30분간 유산소 운동한 것과 같은 효과가 있을 뿐만 아니라, 매일 꾸준히 젖가슴을 쳐다보기만 해도 평균적으로 4~5년 정도 수명이 연장된다고 한다. 그렇다 하더라도 아무리 몸 가는 데 마음이 가고, 마음 가는 데 몸도 간다지만, 짐승이 아니라면 인간으로서 지킬 도리가 엄연하지 않은가.

그러기에, 갈애는 살 속 침투에 올인 하기보다 관음자觀淫者로서의 자기절제만이 자기를 보호하는 지혜가 필요하리라. 인간은 스스로를 통제하고 책임지는 영장이기 때문에 더욱 그렇다.

아모르파티

아래의 글은 『세종실록』(21권)을 바탕으로 쓴 김별아의 다큐장편 『불의 꽃』(2013)을 재편집했다.

조실부모한 천애고아 유녹주는 조서로의 집에 의지하며 가사를 돕는다. 어느 날, 할머니 산소에 이들은 함께 간다. 산에서 녹주가 뱀에 물리자 조서로가 상처를 입으로 빨아 위급한 상황을 넘긴다. 그리고 화급히 그녀를 업고 하산하다 그만 낙상하여 기절한다. 조서 어머니 이씨부인의 분노가 하늘을 찌른다. 이 사건으로 이씨부인은 아들 몰래 녹주를 성거산 외딴 암자로 내보내기로 결심한다. 그러나 이 사실을 뒤늦게 알게 된 서로는 녹주보다 더 애달파 한다. 이로써 이별을 눈앞에 둔 이들은 지남석에 날바늘이 끌리듯 옥시토신 호르몬이 질펀하게 방출되는 불꽃사랑을 태운다.

사미니 녹주의 법명은 '수경심水鏡心'이라 했다. 어느덧 일곱 해가 지나 어엿한 비구니가 되었으나 불의 꽃을 태운 죄책감으로 그녀는 결코 수경심 스님이 될 수 없었다. 한편, 신동소리 듣던 서로는 녹주와 헤어진 후 글이 눈에 들어오지 않아 처음 보는 과거에 낙방한다. 서로의 아버지(조반)와 어머니 이씨부인은 녹주에 대한 욕정 때문이라 했다. 이후 서로는 녹주에 대한 그리움과 낙방한 후의 흐트러진 마음을 연일 술로 달래다 보니 사물이 뒤죽박죽 거꾸로 보이는 도식병(倒植病)까지 얻게 된다. 이를 고치기 위해 서로의 부모는 명문가 영일정씨 집안의 두 살 위의 딸과 혼약을 서둘렀다.

한편, 죽은 부인의 수복을 위해 암자를 찾은 명문가의 이귀산은 비구니 녹주에게 한눈에 반한다. 이순을 목전에 둔 20여 년의 나이 차이라지만 조쌀하고 사랑의 정열에는 언제나 청춘이었다. 이로써 이귀산은 녹주의 지아비이로서 그녀를 세상 밖으로 끌어낸 은인이기도 했다. 그러나 녹주는 조서로란 첫사랑을 결코 잊을 수가 없었다. 어렵사리 재회한 이들은 지난날의 불꽃사랑으로 회귀할 수밖에. 이런 불륜의 비밀은 후한 양지의 '사지(四知)고사'가 가르치듯, 왕명(세종)을 출납하는 지신사의 막중한 임무를 띤 조서로의 비밀은 이미 세상에 알려지지 시작했다. 아무리 개국공신 조반의 아들 조서로라 할지라도 형벌을 피할 수 없었다. 조서로는 파직당하여 영일(迎日)로 유배되고 유씨(녹주)는 사흘 동안 저자에 세웠다가 참수된다.

운명의 쏠라닥질에 죽음을 눈앞에 둔 유녹주의 최후 심경이다.

"남들이 죄라 부르는 것을 나는 추억이라 기억한다. 법은 사람이 만든 것이니 법이 있기 전에 사람이 있을 터, 사람이 있다면 어김없이 사랑이 있었을 것이다. 그리하여 법과 제도보다는 사랑이 먼저일 텐데… 내 죄는 다만 순연히 그 순서를 따를 것뿐이다."

"녹주야! 나를 미워해라. 마음껏 원망해라!" 조서로의 울부짖음이었다. "나는 너를 단 한 번도 미워한 적이 없다. 너는 나였다. 내 삶이었다." 녹주는 미소로 답한다.

충신과 간신은 백지 한 장 차이라면 로맨스와 불륜 역시, 실오라기 무게 정도의 차이다. 로맨스는 아름다운 사랑이고 불륜은 퇴폐적 사랑이라면 그 판단은 누가 어떤 관점에서 한다는 것인가. 물론 도덕적 눈높이에 따라 폐륜이란 간편한 잣대로 들이댄 결과겠지만 당사자들만은 올곧고 순수한 정열적 사랑이라 믿는다면 어느 누구도 함부로 선·악을 쉽게 단정 짓기는 옹색할 것이다.

예술이란, 사람과 사람을 결합시켜주는 수단이라고 톨스토이는 말했다. 만남의 꼭짓점에 문학·회화·영화 아니, 어떤 운동이든 예술적 소재가 버티고 있다면 우리는 예술 활동의 일부를 확실히 실행하는 주체자임을 깨달아야 한다. 다만, 일반인이면 예술인이요, 전문적 직업인이면 예술가라는 점이 다를 뿐이다.

첫사랑이 실패하지 아니하고 부부로서 인연이 맺어진다면 평범한 일상적 삶일 뿐, 예술적 사랑이라 하기에는 궁핍하다. 비록 첫사랑을 잃은 아픔일지라도 통과제의를 거치면서 후회 없이 한 세상을 열애로 익혀낸다면 이 또한 예술적 사랑이 아니겠는가. 마치, 로버트 제임스의 소설『매디슨 카운티의 다리』에서 평온한 주부가 사진작가와 사흘 동안의 격정적 사랑처럼… 벌은 꽃을 찾아 꿀을 만들고 뱀은 샘물을 마셔 독을 만드니 이 모두가 배우지 않은 본능이다. 사랑 역시 본능이요, 운명이 아니던가. 독일의 니체는 자신의 불운한 운명마저도 사랑했듯이 이를 '아모르파티'라 했다. 부부의 인연도, 부부 밖의 악연이나 독연도 모두 운명적 만남이기에 피할 수 없다면 후회하기보다는 불꽃처럼 사랑을 뜨겁게 달구어야 하지 않겠는가.

2015년 2월, 간통죄는 국민의 성적자기결정권과 사생활의 비밀유지를 침해한다하여 헌법에 위배된다는 위헌결정이 내려짐으로써 1953년에 제정된 후 62년 만에 폐지되었다. 1895년 오스카 와일드는 동성애 혐의로 2년 징역과 중노동형을 선고받고 복역하는 수모를 겪었다. 지금 같았더라면 복역은커녕 성소수자로서의 당당한 인권을 외쳤을 것이다. 그렇다고 이를 빌미로 에테하는 동물적 관점에서 불륜을 꼬드기는 것은 천부당만부당하다. 그러나 지금은 성적자기결정권을 존중하는 시대가 되었다.

세계 13개 주요 국가를 대상으로 2011년 다국적 제약사 일라이 릴리에서 조사한 한국인의 성 욕구는 가장 강하지만 성생활 수준은 최하위로 나타났다. 이는 성을 부끄러운 것으로 여기는 왜곡된 성문화와 저조한 성인식 탓이라 하겠다. 특히, 여성은 성을 쾌락뿐만 아니라 건강한 삶에도 도움이 된다는 사실을 외면한 채 음지에 머물고 있기 때문이라 생각된다. 2015년에 상영된 홍상수 감독의 남녀불륜을 다룬 영화 「지금은 맞고 그때는 틀리다」란 타이틀이 우연히도 김별아의 장편 『불의 꽃』에서 주인공 조서로와 유녹주의 사랑 이야기와 공교롭게도 딱 맞주름이다. 나는 이 기회에 이들 영혼에게나마 가수 김연자 씨가 부르는 니체의 운명애 '아모르파티'에 초대장을 보내 동석하고 싶다.

> 연애는 필수 결혼은 선택/ 가슴이 뛰는 대로 하면 돼/ 눈물은 이별의 거품일 뿐이야// 다가올 사랑은 두렵지 않아/ 아모르파티~ 아모르파티~/ 아모르파티~. 〈노래 가사의 끝부분〉

그러나 "연애는 필수, 결혼은 선택"이란 가사가 언짢다. 가뜩이나 저출산 시대에… "연애는 선택, 결혼은 필수"라고 외쳐도 시원찮은데 말이다.

첫사랑과 끝 사랑

나는 20세에 첫사랑의 남자 김가인 이후로는 아무도 사랑하지 않았다. 남편 주호백도 사랑하지 않았다. 남편은 나에게 동숙자 이상도 그 이하도 아니었다. 첫사랑 김가인은 유신시절 시국사범으로 끌려가 육해공군이란 전기고문 그리고 칠성판 등 온갖 고문에 시달려 반불구가 되었다. 그러던 어느 날 그가 위도에 있다는 소식을 듣고 병원에 입원한 딸과 남편을 팽개쳐두고 위도로 달려가 2개월 동안을 첫사랑과 함께 지냈던 내 죄는 하늘이 알고 땅이 알고 있다.

남편이 죽기 5년 전이었다. 남편의 나이 71세, 내 나이 74세에 비로소 남편은 평상시 부르던 '누나'란 호칭에서 '당신'이란 호칭으로 나를 불렀다. 오랜만에 부부로서의 평등과 사랑이란 마음의 문이 활짝 열리는 순간이었다. 그가 끝물에는 치매에 시력까지 잃었지만 오래 살아서 나를 더욱 더 횡포하게 부려먹기를 나는 속으로 간절히 바랐다. 그에겐 나를 폭군처럼 잔인하게 다루어도 될 충분한 권리가 있기 때문이다. 나로서는 갚아야 할 의무가 너무 많았다. 후회하지 않을 유일한 길은 남편에 대한 사랑뿐이란 생각이 들었다. 그러기에 똥과 오줌이 범벅이 된 기저귀로 내 얼굴을 문댈 때도 나는 단순히 재밌는 놀이로 생각했다. 나는 그가 마음대로 장난칠 수 있게 언제든 나의 얼굴과 몸을 그에게 내밀어 주었다. 그러던 2014년 크리스마스 이부였다.

"나를 죽여줘요. 누나!"라는 주문에 나는 이렇게 응답했다. "절대로 당신을 내게서 떼어놓지 않을 거야. 나를 두고 갈 수 없어. 당신에게 긴 시간을 낭비한 나를 용서하지 말아요. 다 힘들게 나를 부리는 건 얼마든 좋지만, 나를 두고 떠나선 안 돼. 당신을 보낼 수는 없어요. 사랑하고, 겨우 오 년도 되지 않았는걸!"

그 후 1년여 요양원에 입원했다. 의사는 배에 관을 삽입해 음식을 주입하는 수술을 권했다. 나는 내게 고수련하도록 맡겨달라고 거절했다. 미음 반 그릇을 먹이는데 두 시간이 걸렸다. 문제는 나의 파킨슨병이 깊어져 손 떨림이 날로 심해지고 있다는 사실이었다. 그러나 그가 누워있으니 나는 아플 수가 없었다. 나는 새로 사온 면도날을 그의 손이 쉽게 닿을 수 있는 곳에 마지막으로 놓았다. 그가 혹여 면도날을 사용할 수도 있지 않을까 해서….

이상은 박범신의 장편 『당신』(2015)에 나오는 이야기를 편집한 것이다. 결혼 후에 첫사랑을 만나 불륜에 빠지는 김내성의 장편 『애인』은 역순행이라면 박범신의 『당신』에 나오는 첫사랑은 순행식 사랑법이다. 어쨌든 첫사랑 때문에 부부애를 놓쳐버리고 한평생을 어쭙잖게 살아왔으나 남편이 죽기 5년 전, 고희가 넘어서야 결초보은의 끝 사랑을 어찌 재단해야 할지 글쓰기가 두렵다. 무남독녀 인혜가 '아빠'라고 하면 첫사랑의 남자 김가인이란 생부인지, 아니면 진짜 딸처럼 길러주었던 지금의 남편 주호백을 가리키는지 헷갈린다는 아내 윤희옥의 여심은 얼마나 옹색했을까. 그래서 그랬던가. 그녀는 후회하지 않을 유일한 형벌은 진짜 사랑이라고….

이렇듯 첫사랑은 사춘기의 미완성 작품이라면, 부부의 사랑은 성년기의 완성된 작품이다. 첫사랑은 봄철에 물오른 푸릇푸릇한 풀빛이듯이 풋사랑으로 끝날 수도, 끝 사랑으로까지 이어질 수도 있다. 풋사랑이든 끝 사랑이든 우리는 선택해야 한다. 그 선택은 선악도 시비도 아닌 오직 운명적인 갈림이 있을 뿐, 스스로 책임질 몫이 따로 있다. 그 몫을 피하고자 하면 불행의 시작이요, 받아들이면서 행복의 디딤돌로 삼는다면 성공적인 사랑이 아니겠는가. 어쩌면 한 세상 함께 가는 부부와 같은 성숙된 사랑은 불같은 여름도 견디고 가을 수확도 해보고 겨울철에는 박수근 화폭의 나목처럼 아기를 업고 머리엔 바구니를 인 아낙네의 모습이리라.

난소암 말기 환자인 자신이 죽으면 홀로 남게 될 남편을 위해 '공개구혼'에 나선 미국의 작가 에이미 크라우즈 로즌솔은 세상을 떠나기 열흘 전인 2017년 3월, 뉴욕타임스의 인기 칼럼코너에 올린 '제 남편과 결혼 하실래요'란 글은 세상 사람들의 가슴에 잔잔한 울림을 남겼다. 모두에 소개된 박범신의 『당신』 속 아내 윤희옥의 뒤틀린 끝 사랑도 걸쭉하지만 첫사랑과 끝 사랑이 한 결같았던 난소암 말기의 실화는 더욱 아름답다.

그렇다면, 인간세상에서 과연 완벽한 사랑은 존재할 수 있을까, 무척이나 회의적이다. 완벽한 사랑이란 형체의 불가사의함, 어린아이와 같은 유연성, 예술가의 감수성, 철학적 사고, 현자의 포용력, 종교인과 같은 믿음 등이 융합된 인격체들의 만남이어야 될 텐데 갑남을녀의 신분으로서는 쉽지 않은 일이다.

김홍신의 『인생 사용설명서』에 연리지連理枝와 같은 부부 이야기가 소개된다.

> 부부싸움 끝에 남편이 나가라고 소리치자 아내가 곧바로 문을 열고 나갔다가 금방 들어왔다. 왜 돌아왔느냐고 남편이 묻자 아내는 가장 소중한 것을 두고 가서 찾으러 왔다고 한다. 그게 뭐냐고 남편이 묻자, 아내가 웃으며 바로 '당신'이라고 했다. 또 부부싸움을 하고 남편이 이혼하자니까 아내가 위자료를 달라고 한다. 남편이 얼마를 요구하느냐고 하니까 아내는 '당신을 달라'고 했다.

그렇다. 사랑은 상대를 종교적 믿음의 존재로 섬겨야 할 뿐만 아니라 형용사가 아닌 동사적 몫을 서슴지 않아야 진짜 사랑이다. 첫사랑이면 어떻고, 끝 사랑이면 어떤가. 이성의 만남은 서로를 위해주는 감정만이 실팍한 참사랑이리라. 나 역시, 첫사랑은 아닐지라도 조강지처와 끝 사랑되어 내가 운명할 때 고희기념 사진틀 속 2남 1녀 가족들이 모두 지켜보는 가운데 아내의 품속에서 눈을 감을 수 있기를 바라는 평상심이 가슴을 홀맺는다.

원래 그런 사람이야

나는 박현욱 장편, 『아내가 결혼했다』(2006)를 읽고 「세상의 남편에게는 필독서, 그러나 내 아내만은 절대로 읽어서는 안 될 금서」라는 제목으로 글을 썼다. 세상 남편들이 이 소설을 읽었다면 아내의 작은 실수에 일희일비하던 몹쓸 습관에서 과감히 해방될 수 있을 것이나, 아내들이 읽었다면 의도하지 않은 불륜일지라도 뉘우침보다는 정당화 할 것이 염려되었기 때문이다. 이 기회에 아내에게 권하고 싶은 소설은 조창인의 『아내』(2007) 정도다. 어쨌든 짧은 분량의 수필제목으로는 너무 장중한 것 같아 여러 번 고민 끝에 작중인물의 뜻이 담긴 「원래 그런 사람이야」란 제명으로 바꿨다.

작중화자 덕훈이 아내를 처음 만난 것은 5년 전, 회사에서였다. 그는 평범한 30대의 프로그램 개발 실무담당자로서 외부업체의 계약직 프리랜서였던 그녀와 업무상 마주치는 일이 잦았다. 그녀에 대한 그의 인상은 화려한 미모보다는 정감어린 얼굴이었다. 그러던 어느 날, 회식자리가 마련되었다. 3차까지 술자리가 이어지고 모두 떠나자 둘이 남게 되었고 월드컵축구 이야기로 분위기는 가열되었다. 그녀는 FC 바르셀로나의 팬이고 그는 레알 마드리드의 팬이었다. 그녀가 언죽번죽 입을 열었다. "우리 집에서 커피 한 잔 하고 가실래요?" 이렇게 하여 자연스럽게 섹스가 오갔고 그는 그녀에게 사랑을 고백했다. 그녀의 대답이다. 나도 덕훈 씨를 좋아해요. 지금은 그래요. 그런데요. 미리 말해 두지만 덕훈 씨만 사랑하게 될 것 같진 않아요. 그는 그녀의 분명한 복선에도 아랑곳하지 않고 취향저격으로 속궁합에 감탄, 다음과 같이 묻는다. 얼마나 많이 하면 이렇게 잘할 수 있는 거야? 술만 마시면 아무 남자하고나 자는 건 아니지? 그녀는 정색했다. 나는 섹스를 좋아해, 해보니까 좋더라. 좋으니까 하고 싶더라. 내가 이상한 사람이야? 그리고 잘하는 걸로 따지자면 그게 혼자서만 잘할 수 있는 게 아니잖아. 덕훈 씨도 잘해. 다시 그녀가 말한다. 남자들 대부분이 그러하겠지만 나도 사랑하지 않는 사람하고도 같이 잘 수 있다고 생각해, 그게 이상해?

마침내 이들은 결혼했고 아내는 두 번째 남자(한재경, 두 살 연하)를 만나 다시 결혼했다.

이들의 일처이부 중혼생활은 작가가 작품 속에서 소개했듯이 현대 사회학의 거장 앤서니 기든스가 말한 열정적·낭만적 사랑을 넘어 서로 다른 정체성을 인정하고 사랑의 유대를 공유하는 합류적 사랑 즉, 폴리아모리(비독점적 다자연애)의 사랑이었다. 작가는 천여 년 전, 서라벌에서는 남편을 셋(숙부인 용춘·흠반·을제)이나 둔 선덕여왕과 여러 젊은이들을 곁에 두었던 진성여왕까지 존재했음을 상기시키면서 은근히 비정상적 스윙어(성생활이 자유

분방한 사람)를 옹호하는 쪽으로 이야기를 전개해 나갔다.

SF영화 「인터스텔라」에서 블랙홀 내부에 들어간 쿠퍼가 과거의 딸과 만난다는 것은, 과학적 설명으로는 불가능하나 영화적 상상력으로써는 가능했다. 마찬가지로, 이 소설에서 한 여자가 두 남자와 결혼한 폴리패밀리는 전통적 제도상 비정상적일지라도 소설적 상상력으로 구성된 진실임에는 분명하다. 특히나, 생체 칩을 이용해 컴퓨터와 결합된 '사이보그 인간'을 눈앞에 둔 현대사회에서 폴리아모리스트는 아닐지라도 일부일처제의 결혼관 역시, 간통이 불법이 아니듯 앞으로 어떤 형태로든 변화는 불가피할 것으로 전망된다. 비록, 영화나 소설이 창작적 가상의 세계일지라도 오늘의 현실세상을 반영하기 때문에 그렇다.

영국의 크리스토퍼 프리스트 장편, 『매혹』에서도 불가시적 환상적 기법을 동원한 27세의 처녀 수잔 큘리라는 두 남자(나이넬·리처드 그레이)와 사랑의 화신으로 등장한다. 이문열의 장편 『변경』에서 40대 유부남 치과원장과의 치정관계인 작중화자 '영희'의 말이다. "첩살이는 싫어요. 그렇다고 본부인과 이혼하라고 조르지도 않겠어요. 미장원이나 하나 차려주세요. 물론 돈을 벌면 원금은 돌려드릴게요. 그걸루 나를 통째로 샀다고 생각하지 마세요. 그리고 우리 관계는 자유롭게 열어두는 게 좋겠어요. 언제든 제가 귀찮거나 싫어지면 떠나세요. 제게도 언제든 떠날 수 있는 권리를 남겨두시고요."

이 대화를 통해 박현욱의 작품에서의 인아와 영희는 동일시로 느껴진다. 관능적·전기적·페티시즘의 소설 마광수의 장편 『광마잡담』 제6화 〈다이아나 이야기〉에서 별나라(SEXA)에서 UFO를 타고 날아온 '다이에나'의 말이다. "섹사에서는 지구상의 변태가 정상이고 지구상의 정상이 변태로 간주되고 있지요. 서로가 변태라면 더 이상 변태가 아니라는 말이 불문율로 통용되고 있는 셈이에요."

그래서 그랬을까. 요즘 각 TV에서는 불륜을 약방의 감초처럼 아름답게 포장되어 방영시키고 있다. 특히, SBS에서 2015년 8월부터 방영되었던 특별기획드라마 「애인 있어요」에서 박한별은 불륜녀로 나온다. 자신의 연구소 선배인 지진희를 사랑하면서 본처의 김현주에게 자신의 불륜론을 담담하게 털어놓는다.

> 난 남의 걸 훔쳤다고 생각 안 한다. 사랑이 제게 왔을 뿐, 이 사랑을 놓치면 안 될 것 같다. 불륜이 뭐 길래? 해서는 안 되는 사랑? 사랑해야 되는데 사랑 안 하는 사람들이 불륜 아니야? 난 사랑할 수 있을 때 후회 없이 사랑할 거야. 세상의 시선보다 사랑하는 사람의 시선이 나에겐 중요해.

신은 적어도 태초에는 공평했다. 외적으로 강한 남자에게는 약한 내면을, 신체적으로 약한 여자에게는 강한 내면을 주었다. 그리하여 배우자가 오쟁이를 할 때 여자보다는 남자가 훨씬 고통을 더 많이 받는다. 이 소설에서도 그랬다. 아내의 두 번째 남편을 증오하면서도 아내와 이혼하지 못하고 고통스러운 마음을 떨쳐버리지 못하는 첫 번째 남편(덕훈)이 그랬다. 아내(인하)는 다음과 같은 말로 그를 위무한다.

나이가 좀 들면서 인간관계에 대해 알게 된 게 하나 있는데, '원래 그런 사람이야!'라고 생각해 버리면 모든 게 간단해지는 것 같아. 마찬가지로 누가 나에 대해 뭐라고 해도 '원래 그런 사람이야!' 하고 생각하면 그만이야.

사랑은 정본이지만 불륜은 복사본이다. 사랑은 종신형이지만 불륜은 벌금형이다. 사랑은 심해를 달리는 고래의 붉은 눈이지만, 불륜은 새장 속에 갇힌 문조의 맑은 눈이다. 시작은 알 수 있으나 끝은 알 수 없는 미궁이 사랑이라면, 불륜은 끝이 보이지 않는 시작이다.

『카프카를 읽던 시절, 그녀를 잃던 시절』에서 글쓴이 장석주의 독백이다.

격정적 열애보다 동반자적 사랑을

격정적 열애는 마른 솔가지불이라면 동반자적 사랑은 젖은 솔가지불이요, 열애가 마른 짚불이라면 사랑은 젖은 장작불이다. 전자가 달콤하고 따끈따끈하다면 후자는 밋밋하고 미지근하다. 220볼트에 감전된 것처럼 찌릿찌릿한 신경세포의 전율이 구름 위에 붕 뜬 기분이 격정적 열애요, 남녀가 여유 있고 음전하게 대화하며 이심전심으로 소통하는 것은 동반자적 사랑이다. 강렬한 에로스의 감정이 격정적이라면 재미있는 놀이로 이해하고자 하는 루두스Ludus는 은은한 사랑이다. 그러나 우리 인간사회에서 모 아니면 도라는 이분법적 논리는 삼갈 일이다. 상황에 따라 흑백으로 선악으로 이 두 요소가 모두 소중한 융합적 논리 즉, 정신분석학에서의 양가감정이 때로는 필요하다. 하버드대 탈 벤-샤하르는 그의 저서『완벽의 추구』에서, 격정적인 탐구보다는 측정 가능한 결과가 중요하다고 했다. 그렇다. 누구나가 시작은 단거리 선수처럼 격정적 열애로 시작했을지라도 세월이 익어가다 보면 실팍한 삶을 위해서 동반자적 사랑의 장거리 선수로 변신할 수밖에…

우리는 무엇인가에 끌림이란 우연에 의해 원인이 되고, 기쁨이란 필연적인 사랑을 수반한다고 스피노자는 『에티카』에서 말했다. 다시 말해 끌림의 결정적인 계기는 '우연'이요, 기쁨의 필연적인 것은 '사랑'이라 가름된다. 마치 마르그리트 뒤라스의 자전적 소설 『연인』의 이야기에서 보듯이 경제적인 문제와 가족 간의 갈등, 그리고 집안 사정이 그토록 남루하지 않았다면 소녀는 결코 스무 살도 더 많은 중국 남자에게 끌리는 일은 없었을 것이다. 그러나 강신주 교수는 『감정수업』에서 반론을 제기했다.

> 우연적인 기쁨에서 연유하는 끌림은 반드시 그 사람이 아니어도 상관이 없다. 내가 우울하면 상대의 유머감각은 분명 내게는 기쁨이 된다. 내가 가난하면 상대의 돈이 곧 나의 기쁨이다. 반드시 그 사람이 아니어도 된다는 것, 이것이 사랑의 기쁨이다.

나는 시내 나들이 할 때 대중교통을 자주 이용하는 편이다. 그럴 때마다 젊은이들의 애정표현을 시내버스 정류장에서 쉽게 볼 수 있다. 손잡는 것은 기본이요, 눅진한 손끝으로 상대의 얼굴과 가슴 언저리를 무두질하며 몸을 밀착시키는 것까지는 좀 아찔해 보인다. 아마 이들은 설렘과 떨림으로 모든 세포가 온몸을 흥분으로 심쿵거리면서 뼛속이 요동치는 전율을 느낄 것이다. 그래도 주위 수그리(정수리)족들은 스마트폰에 온정신이 팔려 아랑곳하지 않는다. 나만 소갈머리 없이 이 열애의 장면을 관음할 뿐이다. 한쪽 구석에서나 애정행각을 한다면 좋으련만 내 코앞에서… 요즈음 젊은이들의 애정표현은 부끄러움 같은 고전은 사라진 지 오래인 모양이다. 박완서 선생은 장편 『그 남자네 집』에서 나보다는 아주 개방적인 여유를 보였다.

> 온 세상이 저애들 놀아나라고 깔아놓은 멍석인데 나는 어디로 가야 하나. 그래, 실컷 젊음을 낭비하려무나. 넘칠 때 낭비하는 건 죄가 아니라 미덕이다. 낭비하지 못하고 아껴둔다고 그게 영원히 네 소유가 되는 건 아니란다. 나는 젊은이들한테 삐치려는 마음을 겨우 이렇게 다독거렸다.

나 역시, 박완서 선생의 지문에 반감을 품고 싶지는 않다. 젊음의 거친 호흡을 충분히 이해한다. 97주년 3.1절을 전후하여 일제의 잔악상을 분출시킨 방화 「귀향」(감독 조정래)과 「동주」(감독 이준익)가 장안의 화제다. 나는 「동주」를 관람하고 '쉽게 씌어진 시'란 수필을 탈고하면서 젊음의 힘을 새롭게 보았다.

영화관의 관람객은 낡은 지혜를 자랑하는 관람료 반값의 노년이 아니라 격정적인 힘을 통해 불굴의 의지를 선물 받은 젊은이들이었다. 영화에서 일본인들의 잔인한 고문 한 컷 없이, 순간적 폭소를 자아낼 만한 대사 한마디 없이, 우리에게 친근한 정상급 배우가 출연하지 않았음에도 젊은이들이 민족적 애련의 끈을 놓지 않았다는 점은 우리의 미래가 밝음을 입증해 주었다.

이처럼 젊음의 격정적인 나라사랑이 얼마나 무서운 동력을 수반했는지, 어느 교수의 경구를 석학 고 신영복 교수가 4.19묘지를 방문하고 전한다. "이렇게 많은 학생들의 묘지 속에 교수 한 명의 묘지도 없단 말인가!

행동하는 젊음의 힘을 잘 표현했다. 그래도 그렇지, 나는 지금까지 배드민턴을 격정적 열애로 땀비 쏟으며 죽기 살기로 분수 없이 젊은이들과 이기기 위한 포만감으로 뛰었다. 그러나 고희를 넘기다보니 이곳저곳에서 근육과 신경세포들이 삐거덕거리는 불쾌감을 전해온다. 알뜰한 사랑이란, 열애의 감정이 사라진 뒤 비로소 시작된다고 했던가. 이제는 배드민턴과 20여 년의 세월이 흘렀으니 오구탕치지 아니하고 조금은 밋밋할지라도 생활의 리듬을 조율하는 관점에서 일주일에 한두 번, 승부에 집착하기보다는 동반자적 사랑이란 감정으로 라켓을 잡아야겠다.

그러기에 물이 끓는 섭씨 백도의 임계점을 지나 자칫 델 수도 있는 격정적 열애보다는 인체에 적당한 섭씨 36.5도를 약간 웃도는 동반자적 사랑의 온도를 유지해야겠다.

영상미각 드로잉

카트

엄마, 급식비 안 냈어, 어제까지라고 했잖아!" 고교생 태영(도경수)이가 엄마(염정아)를 원망한다. "넌 하루 종일 텔레비전만 보냐?" 오빠가 동생에게 힐끔한다. "하루 종일 텔레비전이 나오잖아!" 동생의 불만스런 대답이다. 휴대폰 바꿔주겠다는 엄마는 감감무소식이다. 태영이는 수학여행비라도 벌기 위해 편의점에서 알바하는데 주인은 쥐꼬리만한 임금마저 떼먹으려 든다. 엄마가 나섰다. 곳곳이 싱크홀이다.

나는 영화 「카트」(감독 부자영)를 재밌게 봤어야 관람료가 아깝지 않았을 텐데, 안타깝게도 눈물까지 흘리며 봤다. 마음이 울컥하여 귀갓길에 소맥을 덜컹덜컹 마시고 집에 들어오니 눈꺼풀이 사르르, 두어 시간 무릉도원에서 편히 쉬었다. 곰곰이 생각하니 나 같은 무지렁이 퇴직자는 볼 자격도 없는 영화였다. 봐봤자 사회발전에 도움 되기는커녕, 명세기 기관장까지 지냈던 경험이 더 괴롭기만 했다.

언제나 고객만족 서비스를 실천하기 위해 온갖 항의와 잔소리에도 꿋꿋이 웃는 얼굴로 깐실깐실 일하던 '더마트'의 여직원들은 회사로부터 갑작스럽게 일방적인 해고통지를 받게 된다. 정규직 전환을 눈앞에 둔 선희(염정아)를 비롯, 88만원 세대 미진(천우희)·청소밥 20년 인생 순례(김영애)·싱글맘 해미(문정희)·입심 좋은 아줌마 옥순(황정민) 등이 생존을 위해 애면글면 공룡과 한 판 싸움이 벌어졌다. 싸움이랄 것도 없이 그냥 한 번 떼를 써보지만 당랑거철螳螂拒轍에 지나지 않았다. 경상현 LG유플러스 지부장의 말이 실감난다. 법은 아무 소용이 없고 노동부는 대기업 편을 들고 있어 이 영화처럼 마지막 파업으로 호소하고 있는 것이며, 이는 빙산의 일각이라고 했다. 공교롭게도 영화가 상영되던 날, 제주국제학교가 노동법을 무시한 근로계약서로 외국인 교사들을 부당 채용하고 퇴직금과 시간외 수당도 주지 않아 국제적 망신살까지 샀다는 기사가 크게 보도되었다.

그래도 다행인 것은 노동 사각지대에 놓인 인터넷 설치·수리기사들까지도 이 영화를 보고 노조를 결성, 분연히 일어나야겠다는 용기를 얻었다고 한다. 원컨대, 甲질에 이골 난 정치인·고위공직자·대기업 관계자, 그리고 검·경찰 등의 일부 무리들에게 이 영화를 꼭 보도록 강제할 방안은 없을까. 콘크리트 벽과 같은 경찰대를 향하여 대형마트 계산원 비정규직 여성노동자들이 카트를 밀어붙이는 것은 마치, 막대기 하나로 호랑이 때려잡겠다고 덤비는 무모함이 아닐 수 없다. 이들의 분노한 얼굴을 보노라니 강남구 압구정동 신현대아파트 경비원으로 근무하다가 분신자살한 이만수씨 아내의 모습이 얼비친다. 그의 아내도 대형마트 계산원이었다. "저희는 단란한 가족이었고 남편은 그럴 사람이 아니었어요." 영화가 허구인가? 허구가 사실인가? 현실과 가상이 혼재된 세상이 곧 진실임은 분명한 것 같다.

대형마트 경영진은 경영난을 감원으로 해결하려 한다. 이들은 직원들을 마음대로 못 자르면 그것도 회사냐고 고함친다. '노조'는 불순하고 '파업'은 나쁜 짓이며 '비정규직'은 언제고 해고할 수 있다고 여긴다. 머지않아 고령인구가 유소년인구를 앞지르고 생산가능인구도 감소하는 일이 눈앞에 보이는데도 이렇게 단순한 비정규직노동자라고 하여 함부로 내박쳐도 되는 것인가. 이 영화의 실제모델은 2007년 서울 마포구 홈에버월드컵몰점 비정규직 노동자들의 점거농성 사건이었다. 드라마(tvN)「미생」에서 한 퇴사자의 말이 우리를 더욱 슬프게 한다. "회사는 전쟁터지만 밖은 지옥이다. 지옥보다는 전쟁터가 낫다. 미생들은 버티고 견뎌야 한다."

그러기에, 꼬질꼬질한 생각일지라도 비정규직 해고노동자와 뜻을 함께 한 정규직대리 동준(김강우)역을 이재용 삼성전자 부회장이나 정의선 현대자동차 부회장이, 정규직 전환을 눈앞에 둔 두 아이의 엄마 선희(염정아)역을 홈에버월드컵몰점(마포구) 대표 부인이나 슈퍼갑질에 농익은 조현아 전 대한항공 부사장이 각각 역할을 맡아본다면 어떨까?

우리 조상님들은 땀 흘리지 않으면 먹지도 말라고 자식들을 담금질 했다. 그러나 지금 세상은 땀 흘려 일 해봤자 제대로 대접은커녕 영화처럼 까딱하다 직장에서 쫓겨나기 십상이다. 시간제와 일용직 혹은 비정규직으로 전전긍긍하다 보면 결혼도·출산도 못하고 결국에는 자살로 이어지는 미생들의 삶을 어찌 불한당不汗黨들이 헤아릴 수 있으랴. 40대 남자 사망률이 우리나라가 세계 1위라는 현실이기에 영화 「카트」를 더욱 주목하지 않을 수 없다.

좋은 사회란 함께 더불어 살아가는 기업문화가 정착된 나라다. 서로를 죽이는 루저들의 게임이 아닌 건강한 노사관계를 통한 윈윈 게임이어야 한다. 그러기 위해서는 비정규직 해소를 통한 실질소득 증대·장기 공공임대주택 확충으로 주거부담 완화·무상급식 및 무상보육 같은 교육복지 및 원천적 삶의 확대가 절실하다. 소득이 안정적으로 늘면 결혼할 마음이 생기고 아이 키울 걱정이 줄어들면 출산율도 높아질 수밖에… 바로 가는 길이 눈에 보이는데도 왜 그렇게 칙칙하고 편협한 길만 만지작거리는지 이 나라 지도자들의 꼭꼭 감춘 구밀복검口蜜腹劍이 눈에 비친다.

아무리 험한 스톨에 갇힌 비정규직일지라도 협박에 놀라지 않은 사자와 같이, 그물에 걸리지 않는 바람과 같이, 진흙에 더럽혀지지 않는 연꽃과 같이, 무쏘의 뿔처럼 나와 가족의 생존을 위해 삼수갑산이라도 뚜벅뚜벅 걸으며 앞으로 나아가야 하지 않겠는가. 루화난의 『인생의 레몬차』가 용기를 북돋는다.

유약한 마음에 도전하면 강인한 마음으로 바뀔 것이고 불행에 도전하면 행운으로 바뀔 것이며 실패에 도전하면 성공으로 바뀔 것이다.

곡성

바로 엊그제 같았던 10여 년 전의 끔찍한 인재가 기억을 되새김질 한다. 1994년 성수대교·이듬해 삼풍백화점 붕괴, 1999년 씨랜드·2003년 대구지하철 화재, 그리고 2014년 세월호 참사 등 압축적 근대화의 역기능은 '망양보뢰'의 교훈마저 우리는 지켜내지 못했다.

칠면조는 매일 아침 9시만 되면 주인을 목 빠지게 기다린다. 이 시간만 되면 어김없이 밥을 먹을 수 있기 때문에 내린 귀납적 추리의 결론이다. 그러나 주인은 기다리던 칠면조의 목에 느닷없이 칼을 들이댄다. 추수감사절 전날의 일이다. 철학자 버트런드 러셀은 이를 '일반화의 오류' 혹은 '러셀의 칠면조' 이론이라고 했다. 오늘도 괜찮겠지 하다가 칠면조 꼴이 된 대형 참사 그리고 인재人災, 잊을 만하면 당하고 또 잊을 만하면 당하고 그리고 또 당하는 나선형의 계단을 얼마를 더 올라가야 유비무환의 시스템에 정착할 지… 나는 2016년 6월2일, 영화 「곡성」(감독 나홍진)을 찾았다. 그런데 우연찮게도 이날따라 각 일간지에 보도된 곡소리의 참상이 눈에 띠게 많았다.

서울 지하철 2호선 구의역에서 스크린도어를 점검하던 척박한 용역업체 노동구조가 19세 김 모 군의 생명을 착취(5월31일)했다. 50년 전 사회적 타살을 당한 전태일이 상기된다. 또 하루 만에 남양주시 지하철 4호선 진접역 연장공사 현장에서 비정규직 노동자 4명이 용단작업 중 폭발로 인해 현장사하고 화상이 심한 3명도 생명이 위태롭다는 보도다. 또 같은 날 고령군 개진면의 한 제지공장 내 종이분해 탱크에서 근로자 3명이 유독가스를 마셔 2명이 질식사하고 1명은 중태라는 소식(嘯息, 꾸짖음)도 이어졌다. 그리고 서울 성동구 한 골목길에서 이 모 씨는 귀가 중인 한 여성을 뒤따라가다 둔기로 머리를 수차례 때려 숨지게 했다는 어처구니없는 묻지 마 범죄가 벌어진 사건도 꼬리를 이었다. 뿐만 아니라, 상사의 학대 때문에 용인시 모 아파트 6층에서 현직 경찰관이 투신자살했다는 기사도 전한다.

나는 고은 시인의 『나의 문학 이야기』의 다음 구절을 의미 있게 받아들이고 있다. "~ 문학하는 사람으로서 경계해야 할 것은 나의 개인적인 넋두리입니다. 에고이즘이자 개인의 어떤 배설물입니다. ~ 시인인 나는 공적인 자아로 발전하지 않으면 안 된다는 것입니다." 그렇다. 문학은 개인의 신변잡기에 만족할 것이 아니라 위와 같은 사건을 진단하여 밝은 사회에 기여하는 방향을 모색하는데 붓끝을 휘둘려야 할 것이다. 그러기에, 잔인한 생각일지라도 위 되돌림 표의 사회적 인재는 이 글의 글감으로써 제격이다.

한편, 영화 「곡성哭聲」은 동음이의어인 전라남도 '곡성谷城'을 주무대로 설정했다. 갑자기 일본인(쿠무라준)이 마을에 나타난 후로 의문의 연쇄 살인사건이 일어남으써 예서제서 곡소리가 끊이질 않는다. 곡성경찰서 경찰관 종구(곽도원)는 이 살인사건을 조사하는 과정에서 딸(효진)에게까지 피해자들이 겪는 실신(羅神, 신들림) 바이러스가 전이됨으로써 온 집안이 쑥대밭이 된다. 그는 무속인 일광(황정민)을 불러 푸닥거리까지 하는 등 아버지의 애틋한 딸 사랑이 화면을 뜨겁게 달군다. 이보다 두어 달 앞서 개봉된 휴먼로봇 영화 「로봇, 소리」(감독 이호재)는 잃어버린 딸을 찾아 헤매는 아버지 해관(이성민)이 세상의 모든 소리를 기억하는 로봇을 만나면서 벌어지는 이야기를 그렸다. 이 두 영화는 부성애를 깊이 있게 다뤘다는 공통점이 있으나 그 방법은 달랐다. 전자는 무속을, 후자는 최첨단 SF를 통해 관객들에게 과거와 미래의 세계를 경험할 수 있도록 했다.

2013년 7월7일, 보잉777기 아시아나항공기가 샌프란시스코 공항 활주로에 충돌하여 승객 291명 중 2명이 숨진 사고가 났다. 우리 탑승객은 77명, 미국인은 61명(합하면 7), 승무원수는 16명(역시 합하면 7), 착륙과정에서 이상을 느껴 다시 부양하고자 한 것은 착륙 7초 전이었고, 이제까지 777보잉기가 생산된 후, 7대가 폐기처분되었다.

우연일까, 필연일까, 숫자가 흥미롭다. 그렇잖아도 영화 「곡성」에서는 한 마을의 연쇄살인 사건으로 곡소리가 끊이지 않는데, 아뿔싸! 곡성군청에 다니는 7급 공무원(양대진)이 마른하늘에서 날벼락을 맞아 목숨을 잃었다. 공교롭게도 내가 「곡성」이란 영화를 보던 이틀 전의 일이었다.

광주광역시의 한 아파트 20층에서 투신자살하는 공시생(공무원 시험 준비하는 대학생)의 몸뚱어리가 현관 앞에 들어서는 그의 머리 위로 떨어진 참사였다. 피해자는 곡성군청에서 주최한 '세계장미 축제' 마지막 날 보도 자료를 작성하고 막차로 퇴근하다 이런 변을 당했다. 마침 집 근처 정거장으로 마중 나온 임신 8개월의 부인과 여섯 살 아들은 이 현장을 목격했다. 1초 1미리만 비켜섰더라도. 1999년 미국 애리조나 주에서는 14세의 섀넌 스미스가 공중에 총을 쐈다가 정수리에 떨어진 총탄을 맞고 사망했던 사건이 되살아난다.

소갈머리 없다 할지라도 참으로 궁금하다. 이 글에서 적기한 참사로 희생된 자들의 그쪽 세상에서는 누가 어떻게 심판할까. 머잖아 책임질 이쪽 사람들을 반드시 소환할 것은 명약관화하겠지만. 투신자살자의 경우는 개인적 자살일까 사회적 타살일까, 피해자일까 피의자일까. 한편, 이러한 참사의 탁류 속에서도 정작 책임질 높은 사람들은 뉘우치기는커녕, 배부르송에 희희낙락 폭탄주로 반지빠르게 술잔 삼키다 혼절 했는지 일체 말이 없다.

곡성읍 읍내리에 위치한 '곡성중·실업고등학교'(지금은 곡성중, 곡성고로 분리됨)는 나의 첫 부임교이기에 추억이 초롱초롱하다.

그땐 군郡이면서 읍도 아닌 면소재지였다. 연탄화덕에 찌개냄비 얹어놓고 부뚜막에 걸터앉아 막걸리잔 기울던 그때, 총각인 나는 옆에 앉은 처녀 선생님과 시쳇말로 썸 탔던 기억이 내 삶의 활성 비타민으로 아직까지도 유효하다.

다행히 나의 젊음과 그리움이 넘치는 나의 사랑 곡성谷城은 남도의 향기로운 삶터로 일신우일신 하는 고장으로 널리 알려져 있다. 삶은 우연의 장난이요, 죽음은 필연이라지만, 삼가 무고하게 희생된 분들의 명복을 빈다.

안옥윤

나는 2002년 6월, 참수리 357호에서 벌어진 휴먼 감동실화 「연평해전」(감독 김학순)을 2015년 7월에 관람했으나 낮 시간대인 탓인지 관객은 십여 명에 그쳤다. 그리고 한 달 후, 바깥 온도가 37도를 웃도는 열기 속 매표소 앞은 장사진을 이루었다. 영화 「암살」(최동훈 감독)을 보기 위해서였다. 지금까지 영화관을 수없이 드나들었지만 오후 4시 프로인데도 이처럼 좌석매진은 처음 보았다.

중동호흡기증후군(메르스)으로 묶였던 발이 풀린 탓인지, 바깥 무더위로 피서를 위해 몰려든 것인지, 아니면 박근혜 전 대통령의 동생 박근령이 일본 동영상 사이트 '니코니코'와의 대담프로(2015. 8.4)에서 "일본의 역대 총리와 천황폐하가 거듭 사과를 했는데도 자꾸 갈등을 빚는 것은 창피한 일"이라고 한 발언에 대한 분노인지, 독립군 저격수 안옥윤(전지현)의 총구를 통해 이제까지 싸인 온갖 스트레스를 씻어내는 카타르시스를 맛보기 위해 몰려든 때문인지, 하여튼 관람객들이 붐볐다.

영화 「암살」은 윤봉길의거 이듬해인 1933년, 친일파를 암살하기 위해 대한민국 임시정부(항저우杭州)는 한국독립군 저격수 안옥윤(전지현), 신흥무관학교 출신의 생계형 독립군 속사포(조진웅), 독립군 행동파이며 폭탄전문가 황덕삼(최덕문) 등을 임시정부대원인 염석진(이정재)이 찾아 나선다. 상하이 피스톨의 무법자(하정우)와 하와이 피스톨의 그림자(오달수)가 한 조가 되어 독립군을 돕는 역할을 충실히 해냄으로써 주연을 방불케 한다. 이들 암살단의 대상자는 조선주둔군 사령관 카와구치 마모루와 친일파 강인국(이경영)이다. 쌍둥이 딸(전지현의 1인 2역)을 둔 친일파 강인국은 함께 사는 딸을 독립군 저격수로 오인하고 자신의 권총으로 살해한다. 친일파 강인국 딸과 일본군 중위와의 결혼식장에서 총구가 불을 뿜는다. 본의 아니게 신부가 된 안옥윤이 친일파 아빠를 향해 총구를 겨눈다. 아빠는 말한다. "친일은 다 가족을 위해 했다." 그러자 딸 안윤옥은 "우리 가정에 그런 가족은 없다." 며 방아쇠를 당긴다.

화면 속의 안윤옥을 통해 나는 1933년 2월27일, 하얼빈 교외에서 거지 차림의 노파가 일제경찰에게 붙잡힌 남자현(南慈賢 1872-1933)이란 독립투사를 다시 보는 듯했다. 일제 괴뢰국인 만주국 1주년 기념식에 참석하는 만주국 전권대사 부토 노부요시를 암살하기 위해 거지로 변장했던 것이다. 그러나 조선인 이종현의 밀고로 붙잡혀 혹독한 고문과 단식 투쟁 끝에 순국한다. 이종현은 어쩌면 영화 속의 임시정부대원인 염석진과 같은 친일파와 궤를 같이 하고 있다. 이들 배신자들은 1944년 창씨개명과 내선일체를 부르짖으며 호의호식하면서 스스로 성공했다고 자만했으나 1945년 8월15일이 오리라고는 전혀 생각지 못했다. 특히나 영화 속 변절자 염석진은 해방이 되자 경찰관이 되어 법정에 선다. 판사는 친일파로서의 증거 불충분이라며 가벼운 벌금형만을 선고한다. 이에 분개한 안윤옥과 상하이의 피스톨의 총구가 변절자의 가슴을 뚫는다. 지금도 마찬가지지만 알량한 법의 심판보다는 의기의 총구가 진실한 심판관으로서의 역할을 제대로 하는 사례가 비일비재함이 그저 서글프기만 하다.

이 영화의 모티브가 되었다는 항일무장투쟁단체의열단(단장 김원봉, 부단당 곽재기)를 비롯해 강세우·김기득·이성우 등의 단원사진이 서대문형무소 수형카드에서 광복 70주년을 이틀 앞두고 발견됨으로써 늦게나마 이들의 명복을 빈다. 일본인들의 잔악무도함을 정창근의 장편 『마자수의 별이 되어』(2014)에서는 다음과 같이 묘사했다.

> 아녀자는 겁탈을 수십 번 당하고 코까지 베어 출혈과다로 주검이 된다. 시아버지가 코를 베이고 소리 지르고 넘어지는 거기서 며느리가 겁탈을 당하고 또 코를 베이고 피가 낭자한 며느리가 나가자빠지고 거기에 또 시어머니가 코가 잘려 나가 뒹구는 판이니 뉘라서 그것을 외면 안 하고 견딜 것인가. 백성들은 코나 귀가 잘려 나가도 호소 무처였다.

이 허구보다 임진왜란의 실상은 더 잔인했기에 해방 70년이 지났음에도 아직도 트라우마에 시달리는 민족의 아픔을어찌 A4 용지에 다 표현할 수 있겠는가. 이처럼 통과제의로 이룩된 우리고난의 역사를 지난 50~60년대 교과서에서는 신라 화랑만이 국토지킴이의 지존이었다고 가르쳐왔다. 이승만 시대는 그가 항일독립운동의 선구자요 건국의 아버지라고 각인시켰다. 박정희 시대는 꿀꿀이죽과 보릿고개 등이 생활중심어가 되었던 가난을 해결한 인물로 새김질했다. 지금 생각하면 강자의 기록에 의한 역사의 편견에서 비롯된 오류임에도 우리는 이들을 영웅적 인물로 각인시켜야 했던 시대의 아픔을 기억하고 있다.

진정한 영웅은 영화 속 안옥윤같은 인물이었는데. 안중근 의사, 유관순 열사, 김좌진 장군, 이봉창·윤봉길·백정기·이상설 의사, 홍범도 장군, 그리고 김구 선생과 같은 역사 속의 인물들을 일부 젊은이들은 안타깝게도 이름마저 기억하지 못한다고 한다. 우리 역사를 '우리 역사'라 부르지 못하고 선택이니 필수니 하면서 '한국사'라고 명명, 남의 역사처럼 인식하고 있는 오늘날 역사교육의 허상이 개탄스럽기만 하다. 이 혼돈 속에서 내일의 주인인 학생들만을 역사의식 빈곤이라 탓하기보다는 오늘의 주인인 내 자신의 망각된 역사의식부터 챙겨야겠다. 인문학이 대학에서 사라져가고 있는 현실 앞에서 무슨 소갈머리 없는 주장을 하느냐고 힐난할지라도 인간의 삶 속에서 어찌 먹는 문제만이 전부겠는가. 이제 오류의 역사를 무지렁이처럼 답습하는 시대는 이미 지났다. 참살이를 위해서라도 밥보다는 얼비침이 중요하다는 것을 인식해야하기 때문에 그렇다.

안달복달한다고 할지라도, 영화 「암살」의 주인공 안옥윤을 어찌 화면 속의 캐릭터라고만 단정하겠는가. 우리 주위에는 이보다 더 애국적이고 훌륭한 역사적 인물들이 즐비하다. 다만,우리의 역사의식이 빈곤하기 때문에 묻혀 있을 따름이다.

군함도

일본 나가사키에서 남서로 20여 km 떨어진 곳에 무인도 하시마(端島)가 있다. 이곳에서 한 어민이 석탄층을 발견, 일본 중공업 기업인 '미쓰비스'(三菱)가 1890년 10만 엔에 이 탄광을 매입함으로써 일본 근대화의 한 축을 담당하게 된다. 미쓰비스는 매립공사를 통해 원래보다 3배로 확장하여 10층짜리 아파트·극장·종교시설·학교·기숙사·체육관까지 세워 5천여 명의 삶터로써 당시엔 첨단 섬이라 일컬었다. 섬의 생김새가 마치 군함 같다하여 일명 '군함도'라 불리었다.

영화 「군함도」(류승완 감독)는 일제 강제징용이란 실화를 재구성한 한수산의 장편 『군함도』를 영화화한 것이다. 이 탄광으로 징용된 노동자들에게 조선의 해방, 독립은 사치다. 이들에게 독립은 오직 군함도를 탈출하여 집으로 살아 돌아가는 것이다. 탈출하자고 주장한 징용자들은 우월적 지도층이 아닌 신체적 불구자·여성, 그리고 꼬맹이들이었다. 이들은 "한 사람이라도 살면 우리가 이긴다"고 했다. 이 무렵 함께 상영된 「덩케르크」(감독 크리스토퍼 놀란)도 1940년 5월 26일부터 6월 4일까지 프랑스 항구 덩케르크에서 독일군에게 포위되어 있던 40만에 이르는 영국·프랑스를 중심으로 한 연합군의 철수작전을 소재로 한 영화였다. 이 영화 역시 감동적인 멘트는 "우린 끝까지 싸울 것이다. 살아남는 것이 승리다!"라는 절박한 상황으로 군함도의 외침을 방불케 한다.

군함도에서 어린 시절을 보낸 빨치산 장기수 출신 구연철 선생의 증언에 의하면, 전쟁 말기에 징용된 노동자들은 열여섯, 열일곱 많아야 스물다섯 살의 젊은이들이었다고 한다. 처음엔 콩이랑 쌀을 나눠줬는데 나중엔 먹을 게 없어 군용 콩기름을 짜고 남은 찌꺼기인 대두박大豆粕을 삶아 먹으면서 버텨냈다고 한다. 지하 1,000m까지 뚫은 해저탄광의 막장 온도는 45도를 오르내렸다. 1인당 0.5평도 채 안 되는 좁은 방에서 7~8명이 12시간 이상 석탄을 채굴해야 했다. 잠시 쉬고 있노라면 몽둥이가 달려들었다. 강제징용 노동자들에게 지옥섬이 되어 버린 현장중계는 스크린일지라도 그 진실을 다 그려내기란 바닷가에서 토끼 찾는 노릇이었다. 이미 밝혀진 사료에 의하면, 1925년부터 1945년 사이에 이곳에서 숨진 노동자 1,295명 중, 조선인은 122명이었다고 전한다.

그래도 군함도의 탄광은 일본 현대사학자 디케우지 아스토가 2013년에 펴낸 『조사調査 – 조선인 강제노동, ① 탄광편』의 '아소탄광'에 비하면 극히 일부에 지나지 않는다. "돼지우리 같은 숙소에서 먹고 자며 하루 17시간을 일해 한 달에 받은 돈은 20엔이 채 안됐다. 케이블선에 얻어맞아 생긴 상처에서는 피고름내가 진동했다." 일제 강점기 시대 아소 다로 일본 부총리의 증조부 아소 다키치가 세운 '안소탄광'에서 숨진 조선인은 200여 명에 달했고 강제 연행된 조선인은 무려 1만623명이었다니 경천동지할 일이었다.

영화 「군함도」가 상영될 즈음에 광주법원에서는 단비를 내려주었다. 1994년 초등학교만 졸업하고 일본에 가면 돈도 벌고 학교도 갈 수 있다는 꾐에 빠져 당시엔 항공제작소였던 전범기업 「미쓰비스」에 어린 조선인들이 많이 지원했다. 왜놈들이 상감노릇 하던 그땐 그랬다. 김영옥 할머니(85)와 고 최정례 할머니의 경우도 그랬다.이후 김영옥 할머니와 고 최정례 가족은 광주지법에 미쓰비스사에 대해 손해배상을 청구하는 소송을 제기했다. 원고 승소판결을 어렵사리 받아냈으나 현재 14건의 강제징용 관련 소송 중에 확정판결은 단 한 건도 없다는 것이 씁쓰레하다.

아뿔샤, 일본은 성노예 위안부에 대해 돈벌이를 위해 자원했다는 등의 허튼소리를지껄이듯, 이 질곡의 현장을 비롯하여 규슈 일대 23개 시설에 대해 '메이지시대일본의산업혁명유산'이라는 이름으로 2015년 유네스코세계문화유산으로 등재시킴으로써 코가 웃을 일을 자행하고 말았다. 유구왕국을 오키나와로, 하이국을 홋카이도로 희롱한 이들은 설상가상으로 과거의 잘못을 참회하기보다는 제국주의의 인면수심을 끝내 지우지 못하고 있음이 우리 눈에는 오히려 똘기로 보일 수밖에. 일본 정부는 2017년 '방위백서'마저 독도(竹島, 다케시마)는 2005년부터 13년 연속으로 자기네 땅이라고 억지 주장을 부리고 있다. 역사적·지리적·국제

법상 대한민국의 영토임에도 우리 정부는 그 동안 뭘 했던가. 자괴감이 든다. 오직했으면 일본의 한 르포작가는, 한국에 군함도를 연구하는 사학 전문가가 한 사람도 없다는 게 이해가 안 간다며 개탄했을까.

이 무렵 나는 노벨문학 수상자 헤르타 뮐러가 2009년에 발표한 장편『숨그네』를 읽고 있었다. 어쩌면 영화「군함도」와 그리도 맞주름일까. 1945년 1월부터 1950년 1월까지 소련은 나치 독일에 의해 파괴된 소련의 재건을 위해 루마니아에 거주하는 남·녀 독일인(17세~45세)을 소련의 강제수용소(우크라이나)로 이송시켰다. 이 역사적 실화를 바탕으로 한 소년의 참담한 수용소 생활에서의 배고픔을 작가는 이렇게 묘사했다.

> 배고픔은 여름내 자라는 풀보다 겨우내 쌓이는 눈보다 빨리 자랐다. 평생 자랄 것이 하루 만에 자란다고나 할까. 뼈와 가죽, 배설되지 못한 수분이 삼위일체가 되어 여자와 남자의 차이가 사라졌고 性은 퇴화했다. 그 혹은 그녀라는 말은 저 빗이라든가, 그 막사라고 할 때의 지시어와 다를 바 없었다.

이로써 인간의 숨이 삶과 죽음 사이에서 그네처럼 흔들리는 것을 상징한다하여 '숨그네'라 했다.

바깥 기온이 35도를 웃도는 염천의 2017년, 영화「군함도」의 잉걸불 속으로 발길을 재촉하는 젊은이들은 침묵하는 역사교과서에서 과감히 벗어나 아직도 '일제잔혹사'는 현재진행 중임을 농익게 경험했으리라. 아쉬움은 남는다. 강제 징용된 조선노동자들에 대한 일제의 만행을 숨김없이 그려냈어야 할 콘텐츠임에도 야누스적 캐릭터(배역 이경영)의 몰강스런 모습을 중점적으로 부각시킨 점이다. 혹여 잔혹한 일본지도자 앞에서는 호랑이 앞에 토끼요, 독수리 앞의 참새마냥 이들의 명령을 여과 없이 수행코자 노동자들에게 채찍을 휘두르고 쥐꼬리만 한 임금마저 갈취하는 조선인 지도자가더 잔혹하게 비치지 않았나 하는 우려가 찜찜하다. 때리는 남편보다 말리는 시어머니가 밉다 했던가. 한때는 조선의 선각자로 추앙받았던 최남선이나 이광수 등의 아류가 이에 속하리라. 일제강점기 때 창씨개명과 내선일체를 부르짖었던 이들은 스스로 성공했다고 자만했을지는 모르나 1945년 8월15일이 오리라고는 바이 생각지도 못했을 것이다. 작가 한수산은 소설『군함도』에서 이렇게 포효한다.

> 어제를 잊은 자에게 무슨 내일이 있겠는가. 어제의 고난과 상처를 잊지 않고 담금질할 때만이 내일을 위한 창과 방패가 된다. 어제를 기억하는 자에게만 내일은 희망이다.

로봇, 소리

나는 얼마 전 이문열의 장편 『변경』(전12권)을 다 읽고 나니 갑자기 고생만 하시다 돌아가신 아버지가 생각났다. 그래서 수필 「아버지」를 탈고하고 홀가분한 마음으로 영화관을 찾았다. 휴먼로봇 감동드라마 「로봇, 소리」(감독 이호재, 2016) 티켓을 손에 넣었다. 그냥 '로봇 소리'하면 될 것을 굳이 '로봇, 소리'라고 중간에 쉼표를 찍은 것이 못마땅했는데 로봇의 이름이 '소리'라는 분명한 메시지가 화면을 통해 전해지면서 내 조급성을 자책할 수밖에…

같은 날, 일간지를 비롯한 모든 언론에서는 독일 유학파 박사 출신 40대 목사가 여중생 딸을 5시간 동안 때려 숨지게 한 뒤 시신을 1년 가까이 집 안에 미라상태로 방치한 사건과 의붓아버지가 딸을 살해한 사건을 대서특필, 전국을 도배하듯 요란스럽게 보도하고 있었다. 이들 사건은 목사 이전에 아버지로서, 아버지 이전에 인간으로서의 역할을 포기한 패륜적 행위였기에 두둔하고 싶은 마음은 추호도 없다. 다만, 높은 양형기준으로 사법처리하되 청소년에 미치는 교육적 영향을 고려하여 반복보도를 자제했으면 좋겠다는 생각이 들었다. 그렇잖아도 아버지의 위치가 어느 때보다 궁핍한 이 시대에 주범이 아버지였기에 이 세상 아버지가 더욱 왜소하게 보일까봐 뜨악했다. 적절한 표현은 아닐지라도 나는 '아주 버려진 지존'을 오늘의 '아버지'라 불려지는 것 같아 마뜩치가 않았다.

영화 「로봇, 소리」는 잃어버린 딸을 찾아 헤매는 아버지가 세상의 모든 소리를 기억하는 로봇을 만나면서 벌어지는 이야기를 그렸다. 한국에서 보기 드문 SF장르에 속하지만, 본격적인 SF를 추구하기보다는 부성에 힘이 주었기에 마음이 포근했다. 요즘 언론의 주 메뉴인 국가기관의 불법적 도·감청 문제 등 다양한 이슈를 터치한 인상도 짙다. 영화 「미생」에서 오 과장 이성민이 주연으로 출연함으로써 그 구수한 연기가 돋보였다.

2003년 대구, 해관(이성민)의 하나뿐인 딸 유주가 실종되는 사건이 발생한다. 아무런 증거도 단서도 없이 사라진 딸의 흔적을 찾기 위해 아버지 해관은 10년 동안 전국을 찾아 헤맨다. 지상 곳곳 싱크홀이 드글드글하다. 모두가 이제 그만 포기하라며 그를 말리던 그때, 세상의 모든 소리를 기억하는 로봇을 만나 그 이름을 '소리'라고 그는 명명한다.

아버지 해관은 목소리를 통해 대상의 위치를 추적할 수 있는 로봇의 특별한 능력을 감지하고 딸을 찾기 위해 로봇 '소리'와 함께 동행한다. 그러나 이 로봇(인공위성이 떨어진 잔해?)은 미국의 정보당국과 한국의 국정원에서 통신비밀이나 워터링홀 등을 염려하여 회수함으로써, 로봇이 딸을 찾아줄 것 같았던 서리서리 맺힌 희망은 결국 달걀 속에서 오리새끼가 튀어나오길 바라는 꼴이 되어버렸다.

구글의 자회사 '구글 답마인드'에 의해 개발된 알고리즘으로 무장된 인공지능 컴퓨터 '알파고'가 2016년 3월, 세계 최고의 바둑고수 이세돌과의 다섯 번 대결에서 4승1패로 승리를 거두었다. 이로써, 인간두뇌와 인공지능컴퓨터의 발전 속도는 거북이와 치타의 경주에 비유됨이 노정되었다. 지난날 단순지시에 불과했던 컴퓨터 프로그래밍이 오늘날은 인간의 두뇌를 본뜬 신경망 프로그램으로까지 영역을 확대한결과이다. 호킹 박사는 인공지능에 대해 우려의 목소리를 내고 있다. BBC와의 인터뷰(2016. 6)에서 "인공지능이 완벽한 형태로 발전하다면 인류의 종말이 올 수도 있다. ~ 인간의 생물학적 진화는 너무 느리기 때문에 결국에는 인공지능이 인류를 지배할 것이므로 인공지능을 윤리적으로 디자인하는 것이 중요하다."고 경고했다. 반갑잖지만 어쨌든 이 영화처럼 한 편의 SF장르가 이제는 오락수준을 넘어 우리 곁에 상용화 될 날도 머지않았다. 소형화·경량화를 비롯해 음성·동작 인식 등 다양한 기술이 적용된 '웨어러블 컴퓨터'가 눈앞에 다가오고 있으니 말이다.

독일 유학까지 다녀온 40대 박사목사가 딸의 목숨을 앗은 것이나 의부가 어린 딸의 생명을 빼앗은 것은 허구 아닌 사실이었다. 그러나 아무리 허구일지라도 영화「로봇, 소리」에서의 아버지는 외국유학은커녕 평범한 우리 아버지로서의 존재감을 세상 사람들에게 널리 일깨워줌으로써 원조 아버지에 대한 갈증을 해소시켜주는데 톡톡한 몫을다해주었다.

~ 보릿고개를 넘기기 위해 논에서 호락질로 써레질하던 그 때 그 시절, 다행히 아버지는 자수성가로 근동에서는 '방앗간 부잣집'이란 남의 부러움 속에 얼마 동안은 넉넉한 가정을 꾸렸다. 그러나 5.16 군속들로부터 '농어촌부채탕감'이란 미명 아래, 사유재산을 마구잡이로 유린당하는 불운을 겪게 되었다.

그 후 아버지는 빼앗긴 가산 회복을 위해 그토록 절치부심하였으나 끝내는 청년시절의 춘궁기와 다시 조우하게 되었으니 그 절통함이 암세포 되어 이순을 겨우 넘기자마자 운명하였다. 그래도 당신이 남긴 흔적으로 8남매의 자녀들이 오늘날 이렇게라도 안정된 삶을 이어나갈 수 있으니 장남인 나로서 나의 아버지는 내 종교요, 내 영혼이다.

–나의 졸품「아버지」

쉽게 씌어진 시

최문희의 장편 『난설헌』은 대하소설 『혼불』을 쓴 최명희의 문학정신을 기리기 위해 제정된 제1회 「혼불문학상」(2011) 수상작이다. 작중인물 허초희(난설헌)는 28세에 요절했으나 이미 여섯 살 안짝으로 천자문·명심보감·대학은 머릿속에 심어졌고, 여덟 살 때는 '백옥루 상량문'을 지어 천재적인 시재로 널리 알려졌다. 그런데 최문희 작가는 작품명을 우리 귀에 익숙한 '허난설헌'이라 하지 않고 성을 생략한 '난설헌'이라 함으로써 새로움을 더해 주었다.

영화 「동주」(이준익 감독, 2016. 2) 역시, '윤동주'라 하지 않고 친근감을 더해주기 위한 탓인지 성을 생략한 채 그냥 '동주'라 했다. 소형화를 비롯해 음성과 동작인식 등 다양한 기술이 적용된 웨어러블 컴퓨터가 눈앞에 어린거리는 오늘날, 영화에서는 당시의 어두운 상황에 걸맞게 흑백으로 영상을 채웠다.

나는 사실 위안부의 실화를 그린 영화 「귀향」(조정래 감독)을 보기 위해 스크린을 찾았는데 시간이 맞지 않아 비교적 빨리 상영되는 「동주」를 택했다. 이 영화에 대해서는 사전정보가 전혀 없었고 당일 영화관의 홍보물에 의해 알게 되었다. 그런데 착석하자마자 젊은이들의 발걸음이 이어졌다. 앞줄 한두 줄을 제외하고는 거의 자리를 메웠다. 오후 6시 반인데도…

윤동주는 누구인가, 제대로 문단에 등단한 시인도 아니고 일기 형식으로 쓴 유고시집 『하늘과 바람과 별과 시』가 1948년에 출간되었을 뿐이다. 항일운동이나 문학적 소양은 동아일보 신춘문예현상에 당선된 외사촌 형인 송몽규가 한 발 앞섰다. 영화에서는 동주(강하늘)보다는 몽규(박정민)에 대해 더 초점이 맞춰졌기에 영화 제목은 오히려 '동주'보다는 '몽규'가 더 어울릴 것 같았다. 그럼에도 몽규보다는 동주를 더 많이 세상 사람들은 기억하고 있다. 이는 단 한 편이나마 유고집의 힘이 아니겠는가.

마치 조선 정조 때, 정극인의 후손 정효목이 정극인의 글을 모아 엮은 유고문집 『불우헌곡』을 남겼기에 「상춘곡」이 최초의 가사문학의 효시로 알려졌고, 정극인이 가사문학의 태두임이 세상에 드러났듯이. 그러나 비슷한 일제강점기 때 이등방문을 저격한 안중근 의사는 우리가 잘 알고 있지만 독립특파부대 4인조로 함께 거사에 참여코자 했던 우덕순·유동하·조도선 투사는 기억조차 못하는 안타까운 역사인식이 우리를 우울하게 한다.

어쨌거나 한 가지지 궁금한 것은 요즈음 젊은이들이 시를 좋아하지도 않고 민족의식이나 나라사랑, 더군다나 시시콜콜한 역사의식이 담긴 일제 강점기의 암울함에 대해 무관심하리라 짐작했는데 이 영화를 통해 내 생각이 오류임이 노정됐다. 박근혜정부에서 한·일 위안부 문제합의(2015. 12.28.)에 대한 국민들의 분노가 흥행에 일조한 까닭도 있겠지만 역시, 젊음은 살아있는 용기임을 확인할 수 있었다. 영화관의 관람객은 낡은 지혜를 자랑하는 관람료 반값의 노년층이 아니라, 열정적 불굴의 젊은이들이 행동으로 보여주었다. 영화에서 일본인들의 잔인한 고문 한 컷 없이, 순간적 폭소를 자아낼 만한 대사 한마디 없이, 우리에게 친근한 정상급 배우가 출연하지 않았음에도 젊은이들이 민족적 애련의 끈을 놓지 않았다는 점은 우리의 미래가 밝음을 입증해 주었다. 하기야 오늘날 젊은이들의 삶이 팍팍하여 인문학적 감정이 메말라 있을 뿐만 아니라 '헬조선'이라 외쳐대는 마당에 지금의 절박함이나 일제 강점기의 암울한 시대나 무엇이 다르냐고 따진다면 책임 있는 기성세대들은 고개가 무거울 수밖에.

송몽규는 교토에서 윤동주·고희욱 등과 자주 모임을 갖고 한국인 유학생을 모아조선의 독립과 민족문화의 수호를 선동(1943. 7.14)했다는 죄목으로 일본 특별고등경찰에 체포되었다. 1944년 4월 13일 교토 지방법원에서 치안유지법 위반으로 징역 3년을 선고 받고 후쿠오카 형무소에 수감되었으나 3월7일 옥중에서 순국했다. 함께 수감되었던 시인 윤동주는 1945년 2월 16일, 몽규 열사보다 19일 먼저 29세에 옥사했다. 그러니까 이들은 해방 6개월을 앞두고 미완의 청춘이란 과제를 우리들에게 남기고 숨을 거둔 것이다. 시체는 각 대학교의 실험실로 옮겨졌다. 영화에서는 이름 모를 주사를 맞고 이들과 같이 사망한 자가 무려 1,800여 명이라 했다.

영화「동주」는 부끄러움의 차원을 다양하게 제시했다. 우선 친구이자 형인 몽규에 대해 느끼는 상대적 열등감이란 부끄러움이었다. 같은 곳에서 나고 자란 몽규는 언제나 동주를 앞선다. 일본에 건너가자고 한 것도 몽규였다. 함께 교토제국대학에 시험을 보았으나 몽규는 합격하고 동주는 불합격되어 도쿄의 릿교대학에 다시 시험을 치도록 주선한 사람도 몽규였다. 뿐만 아니라, 몽규는 눅눅한 시대의 어둠 앞에서도 자신만의 당당한 목소리를 냈다. 이러한 점 등이 숫기 없고 숙부드러운 동주를 더욱 부끄럽게 했다. 몽규는 시란 나약한 감성이라며 몰아치지만 동주는 시 안에 삶의 진실이 있다고 믿는다. 그러나 현실적인 창씨개명, 강제징집 등으로 혼용무도昏庸無道한 세상에서 하늘과 바람과 별을 노래하며 한운야학閒雲野鶴 한다는 것 자체가 동주를 또한 부끄럽게 했다. 이처럼 세상은 낭만을 허락하지 않는데 시인은 자꾸만 꿈을 꾼다는 자괴감이 엄습했다. 한편, 이들은 사촌 형제지만 친구로서 서로의 존재를 인정하는 우정의 뿌리가 서리서리 깊었던 점이 보기에 좋았다.

이러한 동주의 부끄러움에 대하여 시인 정지용은 "부끄러운 줄 아는 사람은 부끄럽지 않은 것이고, 부끄러워 할 줄 모르는 사람이 부끄러운 사람이다."라고 위로 한다. 그렇다. 훌륭한 문학은 우리들에게 부끄러움을 가르쳐준다. 부끄러움은 나 자신을 돌이켜보는 진실한 참회와 행동으로부터 출발한다. 한편, 대학 시절 붙좇던 동주의 교수가 강의실 흑판에 쓴 문구가 인상적이다. "의지와 지성은 동일한 것이다." 임마누엘 페스트라이쉬(한국명 이만열)는 『한국인만 모르는 다른 대한민국』에서 우리 민족의 은근과 끈기를 다음과 같이 마뜩하게 자랑했다.

한국인들은 역경 속에서도 결코 자신들의 정체성과 공동체 정신을 잃지 않았다. 다른 나라의 침략 때문에 외세의 엄청난 영향을 받았음에도 한국인들은 그들만의 문화를 계승시켜 계속 발전해나갔다. 불굴의 의지와 자부심 그리고 가능성은 역경을 이겨내고 끈질 지게 전통을 이어가는 강인한 집념과 공동체 의식을 지키는 힘이 되었다. 그 힘 덕분에 한국인들이 일제 치하의 탄압과 차별을 이겨내고 전쟁과 과거를 딛고 일어설 수 있었다.

쉽게 씌어진 시

윤 동 주

인생은 살기 어렵다는데
시가 이렇게 쉽게 씌워지는 것은
부끄러운 일이다.

김동욱 외 2인이 저술한 『고등학교 문학』(1989년 8월 문교부 검정) 교과서에 따름.

이 시는 서정적 참여시로써 전 10연 중 7연이다. 작품 속에서 '시를 쓰는 나'와 '현실 속의 나'의 대립구조가 잘 나타나 있다. 오늘날 젊은이들의 취업전쟁과 서민들의 힘겨운 삶을 반추해 보면 이 시구는 과거뿐만이 아니라, 오늘날 현주소이기도 하다. 조완선 장편 『걸작의 탄생』에서 경상도 문경의 혜국사 법당 안에 손곡 선생(허균 스승)의 글귀가 인상적이다.

시를 쓰되 식견과 재주를 앞세우지 말고 늘 대도를 마음에 품도록 해라. 시대를 아파하고 시속을 분개하는 것이 아니면 참다운 시라 할 수 없다.

말죽거리 잔혹사

2004년에 상영된 영화 「말죽거리 잔혹사」에서 주인공 현수가 서울 강북에서 강남의 말죽거리(지금의 서초구 양재동)에 있는 한 고등학교로 전입한 1978년의 상황을 작가 황석영은 그의 장편 『강남몽』에서 다음과 같이 묘사했다.

> 복부인 박선녀 알부자와 사채업자인 문 회장, 그리고 부동산 대표 심남수와 박기섭의 시대였다. 서울 제3한강교가 개통되기 이전, 국민소득 이백여 달러이던 시대에 서울 강남 개발의 붐이 일자 다른 곳의 일 년이 여기선 십 년이라는 생각이 부동산 코호트족들의 공통된 인식이었다.

그 당시 이곳의 가난한 원주민들은 거대한 개발붐에 쫓겨나는 젠트리피케이션 현상이 쓰나미처럼 밀려오는 시기였다. 주인공 현수가 강남의 말죽거리로 전입하던 무렵, 나는 목포고등학교에 재직하면서 새봄처럼 싱싱한 젊음을 불태우고 있었다. 그때는 어머님과 막내 동생(전주한양내과원장), 그리고 1녀 2남과 함께 신혼의 행복한 시절이 그저 달달하기만 하였다. 70년대 목포고등학교는 당시 말죽거리와는 비교 깜냥이 아니었다. 지방 명문교로써 학생들의 학력이 뛰어났고 학부모 역시 한 반에 한두 명의 의사가 있을 정도로 부유한 편이었다. 교사와 학생들의 갈등도 지금 같진 않았다. 그런데 영화 속에서 비치듯, 당시 학생들은 절대 영웅 이소룡을 관심종자로 여겼던 모양인데 이들을 직접 지도하는 나는 그러한 분위기를 전혀 느끼지 못했다. 그만큼 학생과 교사와의 내포형성이 엉성했던 것 같다. 어쨌든 영화 이야기는 전학 온 현수가 농구시합에서 인상적인 플레이를 시도함으로써 반 아이들과 친숙하게 지낼 수 있는 계기는 마련되었으나 이소룡을 닮아가는 현수를 시기하는 동료들도 많았다. 끝내는 학교 옥상에서 몸짱을 자랑하며 격투를 벌이는 액션 등이 관객들에게 깊이 각인되었으리라.

이곳 칠보중학교에 부임한 3개월 째 되던 어느 날, 낯선 두어 사람이 교장실을 찾았다. 싸이더스 영화사에서 유하 감독의 영화를 촬영하고자 우리 학교를 비롯한 대여섯 학교를 탐방하고 당시 말죽거리와 가장 어울리는 학교를 선정코자 방문했다는 것이다. 나는 학생들의 수업에 크게 방해되지 않는다면 최선을 다해 촬영에 협조하겠다는 뜻을 전하고 학교를 둘러보도록 했다. 그리고 이틀이 지나자 감독과 프로듀서 등이 다시 왔다.

유하 감독은 고향이 고창 상하인데 부친이 고창군청에도 근무한 적이 있었다기에 더욱 친밀감을 느낄 수 있었고, 최선중 PD

는 외국어대를 나와 유학까지 다녀온 수재로서 인물이 배우 못지않게 수려했다. 학교 내부나 주위의 환경이 작품 속에서의 서울 강남 개발 이전의 모습과 아주 어금버금하여 허락만 하면 학교발전기금으로 5백만 원을 내놓겠다는 것이다. 그리고 우리 학교에서 전체의 60%를 촬영한다는 영광과 우리 지역에서 150여 명의 스텝들이 숙박을 두어 달 동안 한다기에 흔쾌히 이들을 맞이하기로 했다. 발전기금은 3학년 교실에 최신형 천장 붙박이 에어컨을 설치하는데 쓰였다. 학생들은 물론, 학부모들까지 그렇게도 좋아하고 반겼다. 지금이야 시큼할지라도 당시엔 최고의 교육서비스가 아닐 수 없다. 그 후 촬영에 대한 사실을 교육지원청과 정읍시청에 각각 알려 협조를 당부하고 숙박과 식사까지 이웃 태인 산장으로 안내했다. 이후 토요일 오후와 일요일, 그리고 휴일을 택하여 주로 촬영에 들어갔지만 여름이 되자 지루한 장마로 촬영에 많은 지장을 받게 되었다. 오히려 내가 걱정스러웠다. 설날 개봉을 계획하고 있었기 때문이다.

나는 촬영 당시에는 배우 권상우가 누구인지도 잘 모르고 관심도 없었다. 어느 날 텔레비전에서 「천국의 계단」이란 연속극을 본 이후에야 알게 되었다. 나 역시, 고등학교 학창시절에는 개봉관을 휩쓸 정도로 영화광이었는데… 몸짱으로 널리 알려진 권상우를 알아보지 못했다니 나이는 어쩔 수 없나보다. 다행히 설 이전에 개봉할 수 있게 되어 다행이었다. 나는 교장이란 대우로 서울 시사회에, 우리 교직원들은 전주시사회에 각각 초대받는 영광을 누렸다. 관객 150만 명 정도면 제작비는 건질 수 있다고 했는데 300여 만 명이 넘어섰으니 일단, 흥행에는 성공적이었다.

메이지대 사이토 다카시 교수는 『혼자 있는 시간의 힘』에서 영화를 다음과 같이 의미를 부여했다.

> 아무 일도 없을 때 영화를 볼 때는 스토리 정도가 기억에 남겠지만 사랑의 고독에 빠져 있을 때는 영화의 대사·풍경·음악… 모든 것이 상대와의 추억으로 이어진다. 특히, 청춘시절에는 더욱 그렇다. 영화 속의 인물과 상황은 다르지만 그 안의 상황에 자신의 감정을 이입하여 자기화의 의미가 부여된다. 그래서 영화는 재미 이상의 의미를 갖는다.

이 영화에서 현수(권상우)와 은주(한가인)의 은근하고 청순한 사랑이 그랬고 연륜에 상관없이 젊음의 추억이 그랬다. 이 무렵, 영화 「실미도」가 장안의 화제가 되었고, 뒤이어 「태극기 휘날리며」가 밀려오니 「말죽거리 잔혹사」는 극장가에서 비디오 가게로 옮겨졌지만 나로서는 오래도록 잊히지 않은 지난날의 호기 발랄한 추억으로 남는다.

3선의 서울시장, 변종구

영화「특별시민」(감독 박인제)은 차기 대권을 노리며 헌정사상 최초의 3선 서울시장에 도전하는 새자유당 소속 변종구(최민식)의 선거판 이야기를 주로 다루고 있다. “내가 개를 늑대라고 하면 사람들이 믿게 만드는 것이 선거”라는 신념으로 온갖 비리와 비양심 비윤리적 진면목을 리얼하게 보여주고 있다. 3선을 위해 가족을 버리고 친구를 버리고 동료를 버림으로써 정치인은 ‘썩은 입 냄새 나는 거짓말쟁이’란 인식을 유권자들에게 각인시켜 주는데 충분했다. 이 일련의 스토리 전개는 실제 정치판에서도 영화, 그 이상이란 현실이 우리를 우울하게 한다.

공교롭게도 나는 제19대 장미대선 9일을 앞둔 시점에서 이 영화를 관람함으로써 감회가 새로웠다. 시장후보 변종구의 카멜레온처럼 서울을 사랑하지만 권력을 더 사랑하는 모습을 담은 입체적 캐릭터는 비단 스크린뿐이겠는가. 이번 19대 대통령 유력 후보자들의 비행과 가족문제 등을 유추해 보면 실제보다 오히려 축소된 느낌마저 들게 함으로써 픽션과 팩트의 구분이 아리송하다. 흔히 선거를 '민주주의 꽃'이라는 미사여구가 동원되지만 실제에서는 전쟁터가 따로 없다. 여당 변종구의 선거대책본부장 심혁수(곽도원)는 정치공작의 달인답게 청년혁신위원장 겸 광고 담당 박경(심은경)을 다그친다. "선거는 똥 속에서 진주를 꺼내는 거야. 손에 똥 안 묻히고 진주 꺼낼 수 있겠어?"

언론시사회에 참석한 배우 최민식(변종구 역)은 "정치현실도 징글징글한데 이런 시국에 또 정치영화냐 할지 모르겠지만 정치는 지겹다는 생각을 버려야 한다."라는 점을 경계했다. 그렇다. 정치는 지겨울지라도 우리의 문제며 우리가 해결해야 할 우리들의 과제이므로 보다 가까이 보다 적극적으로 정치에 참여함으로써 보다 나은 삶을 위한 노력을 우리 스스로 게을리 해서는 안 될 것이다.

한편, 햄버거 프랜차이즈 맥도널드 경영자 '레이 크록'의 성공 신화를 다룬 영화 「파운더」(주연, 마이클 키튼)가 이 영화보다 좀 일찍 상영되었다. "필요하다면 반드시 손에 넣어라."라는 레이 크록의 경영철학은 어쩌면 「특별시민」에서 일그러진 변종구의 캐릭터와 닮은 꼴이다. 그는 성공하자마자 맥도널드 가족을 버리고, 자신의 조강지처와 이혼했지만 승승장구하면서 배은망덕이 그의 성공의 지름길임을 부끄러워할 틈이 없어 보였다.

나는 이 두 편의 영화를 보면서 평생교육자로서 끽긴하게 살아왔던 것을 아주 다행스럽게 생각했다. 정치와 사업에 발을 들였더라면 어김없이 실패했을 것이다. 나 같이 너무 깐깐하여 너그러운 맛이 없는 바자위와 소심하고 작은 것에 만족하는 성격으로서 정치와 사업은 비록 시작할 자유는 있을지라도 결과필패임이 눈앞에 훤히 보이기 때문이다. 정치든 사업이든 대인관계가 서근서근하고 원만해야 하고 때로는 상대를 내 곁으로 끌어들일만한 정치적 사업적 권모술수가 능숙해야 할 테니 말이다. 나의 옹졸하고 고지식하고 꽃자리 좁은 사고로는 눈앞이 캄캄할 뿐이다. 비록 3선의 서울시장으로 우여곡절 끝에 당선된 변종구 같은 인물은 우리 선거판에서 더 이상 나타나지 않기를 바라는 마음은 어찌 나 혼자만의 기구祈求일까. 언론에서는 우리나라 경제규모가 세계 11위라고 곧잘 자랑한다. 하지만 하루 11시간 일하고 월 150만 원이란 최저임금 이하인 노동자들이 6명 중 1명이란 '한국노동사회연구소'의 통계는 우리 서민들의 마음을 아프게 조인다.

내 70평생 이제까지 대선에서는 반드시 찍어야 할 후보자가 분명했는데 이번만은 투표장의 발걸음이 무거울 것만 같다. 문재인 후보를 찍자니 이명박 전 대통령의 BBK 사건과 4대강 및 방산비리, 그리고 자원외교 등을 천착할 것 같아 마음은 가는데, 전교조와 민주노총 기 살리는 꼬락서니가 섬찍지근하다. 안철수를 찍자니 우리 전라북도 국회의원들이 국민의당에 올인 하고 있어 다행인데, 김미경 부인의 갑질과 두리뭉실한 공약들이 손에 잡히지 않는다. 홍준표 후보를 찍자니 전교조와 민주노총은 확실히 잡도리할 것 같은데, 이명박근혜 문제를 국민정서와 동떨어진 각도에서 지싯지싯 다룰 것 같아 불쾌하다. 심상정 정의당 후보는 우리 고장 정읍시 농소동의 며느리로서 재원이나 정치적 편력이 좀 껄끄럽다.

그래도 역설적이나마 박·순실 국정농단으로 대통령이 파면 당하는 과정에서 우리의 촛불민심을 통해 민주시민의식을 전 세계에 각인시켜 줌으로써 국격상승의 계기가 되었음은 참으로 천만다행이 아닐 수 없다. 부디 19대 대통령은 누가 되든 대성하는 대통령이 되기를 바라는 마음, 온 국민의 간절한 소망이 아니겠는가.

이 무렵, 나는 한승원의 장편 『다산』(전 2권)을 읽고 있었다. 이 기회에 다산의 헌헌장부의 정치철학을 지금의 정치인들이 조금만이라도 답습한다면 우리 서민들의 입에서 '헬조선'이나 '노오력'이란 주전부리는 사라질 것이다. 정조 임금은 노론의 참언으로 조정의 승지 다산을 종6품이 가야할 찰방 자리로 좌천시킨다. 이에 다산은 사은숙배하며 길을 떠나 홍주지방의 아전과 역졸들에게 다음과 같이 특권을 내려놓는 한가족의식을 천명한다. 멸공봉사滅公奉私에 민감한 오늘의 정치인에게 좋은 가르침을 주고 있다.

> 나는 한양에서 높은 벼슬살이를 했지만 결코 여러분과 다른 사람이 아니다. 나도 세 끼 밥을 먹어야 하고 하루 한 차례씩 측간을 가야하고 물을 마시지 않고숨을 쉬지 않고 잠을 자지 않으면 죽는 사람이다. 그대들과 내가 함께 일을 하는 동안 나는 여러분을 나의 친자식이나 아우처럼 대하기로 하고 여러분은 나를 여러분의 형제 같이 대하기로 하자.

님아, 그 강을 건너지 마오

어느 해가 살맛나는 세월이었던가. 기억이 가물가물하다. 더군다나 지난해는 하늘에서 땅에서 바다에서 사회 구석구석에서 살쾡이에게 생선을 빼앗기듯 수많은 목숨과 삶의 기본인 원칙·신뢰·질서·믿음이 사라져 버렸다.

그래도 겨울은 눈이 내리고 새해도 밝았다. 다행인 것은 세밑을 훈훈하게 마무리한 영화「님아, 그 강을 건너지마오」의 산촌 풍광과 같은 눈꽃이 만개한 송오영미送午迎未를 맞이하여, 이일기 시인의 눈빛(眼)이 눈빛(雪)으로 빛나 백설세상으로 가득했다.

> 〈전략〉 오늘, 눈은/ 어둠의도시를/ 새벽처럼 하얗게/ 비워가며 내린다/ 한 때의 잘못이 엎질러놓은/ 아픈 발자국까지도/ 눈은 말없이 지우며 내린다 〈후략〉

하늘도 땅도 하얗게 덮인 강원도 산골에서 할머니와 할아버지의 눈싸움은 진경산수의 명품, 겸재 정선의 '금강내산'의 화폭보다 더 아름답다. 계절의 변화에 따른 자연의 생동감을 첨단 촬영 기법에 덧입힌 화면 속 풍광은 그야말로 장관이다. 미국의 철학자 대니얼 클라인은 마음이 흔들리고 방황하는 청년보다 항구에 정박한 배처럼 느긋한 노년을 예찬했다. 노인은 숨 가쁜 야망에 휘둘릴 필요가 없으며 대가 없는 우정을 나누기 좋은 인생의 황금기라고 했는데 마치 「님아, 그 강을 건너지 마오」(감독 진모영)의 화면 속 노부부를 두고 이르는 말이 아니겠는가.

이 영화는 다큐멘터리라고는 하지만 그래도 화면 속의 이야기이므로 적당한 긴장감이 필요했는데 조금은 밋밋했고 노부부의 다정다감을 나타내는 소꿉장난이 너무 작위적인 느낌이 들었으나, 산천의 배경만큼이나 자연스러운 연기가 명품이었다. 할아버지는 처가살이 6년을 출발점으로 열둘의 자녀를 두었으나 절반은 죽고 지금은 6남매가 살고 있다. 공교롭게도 공짜로 얻은 강아지 공순이가 어느덧 새끼를 낳았는데 암수 각각 세 마리씩이 노부부의 3남 3녀와 우연의 일치를 이뤘다.

할아버지의 생신날, 할아버지의 건강이 몹시 걱정스러울 정도로 좋지 않아 보였으나 모처럼 온가족이 모여 다복한 모습인 듯하더니, 맏딸이 맏아들 오빠에게 돌직구를 던진다. "오빤 왜 부모님 안 모셔, 아빠 병원에 모시고 가봤어, 난 지금까지 시부모님 모시고 있는데!" 홧김에 던진 말씨가 육두문자와 주먹까지 번지기 직전에 가까스로 진화되긴 했지만… 백약이 무효이니 집에서 편안히 보살피라는 병원의 최후진단을 받은 할아버지 앞에 큰아들은 무릎을 꿇는다. "아버지 미안해요, 죄송해요, 지금까지 잘 모시지도 못해서, 앞으로는 잘 할게요." 자식의 말을 듣는 둥 마는 둥 할아버지는 대답할 기운조차 없는 듯 '나가라'고 손목을 내젓는다.

할머니는 할아버지의 헌옷을 아궁이에 태우며 이별을 준비한다. "먼저 가서 좋은 데 자리 잡고 데려와요. 그러면 손잡고 같이 갑시다." 죽음의 이별조차 사랑이 넘친다. 이 노부부에게 다시 태어나도 또다시 결혼하겠냐고 묻는다면, 이 얼마나 어리석은 질문이겠는가. 나는 이 비익조比翼鳥 부분이 영화의 본심이라 생각된다. 다시 태어나도 지금의 짝과 결혼하겠다고 생각하는 부부는 얼마나 행복할까. 나도 생각은해 보았지만 마음이 흔들리니 하는 말이다.

이 무렵, 세밑 극장가는「인터스텔라」「엑소더스」「퓨리」「호빗」 등의 할리우드 대작들이 젊은이들을 유혹하는데도 이 노부부의 사랑에 발길이 모아짐으로써 남녀노소란 생물학적 신분차이 없이 관람하게 되어 우리 부부는 덩달아 가슴이 뿌듯했다. 76년 동안의 연인으로서 동반자인 주인공 98세의 조병만 할아버지는 촬영 도중 뜻밖에 임종에 이른다. 죽음은 사계절의 변화와도 같은 것, 너무 놀랍거나 슬퍼할 것이 아님에도 89세 강계열 할머니는 "할아버지와 이 영화를 같이 보고 갔으면 좋았을 텐데…."하며 아쉬움을 남긴다.

"엄마, 이혼은 절대 허락하지 말고, 아빠처럼 엄마도 새 애인을 갖는 거라구요. 내 말이 어때요?" 조정래의 장편『정글만리』에서 사업에 성공한 남편이 바람을 피우며 이혼까지 요구하자

어려운 입장에 놓인 엄마에게 딸(리옌링)의 제안이다.

> ~ 한 가정의 일상적 밝은 분위기로 시작하여 대학진학 때문에 큰 도시로 유학을 떠나는 딸의 짐 싸는 모습이 확대된다. 부부는 딸이 대학생활에서 누릴 즐거운 활동에 대해 조언한다. 딸을 배웅하고 공항 주차장을 빠져 나오자 운전 중인 부인에게 잠깐 차를 세우라고 남편이 청한다. 우리 이혼합시다! 남편은 딸이 대학 진학할 때까지 기다려왔다며 짐을 꾸려 놓으면 사람을 시켜 가져가겠다는 말을 남기고 차에서 멀어진다."

이혼청구는 대부분 여자 쪽인데 위 작품에서는 남편이 먼저 꺼냈다는 것이 낯설다. 영화 속 닭살 노부부의 선연선과善緣善果는 늘어만 가는 황혼이혼으로 노년의 고독을 분탕질하는 막장극의 주인공과 같은 이들에겐 무언의 회초리가 되리라. 김치 맛은 곰삭은 젓갈 맛이 좌우한다. 이 부부가 살아생전 같은 색의 한복과 신발을 맞춰 신고 손을 꼭 잡은 채 불렀던 노래는 바로 자연의 소리요, 사랑의 교향곡으로 우리들 가슴을 울린다.

부부란 멀리서 보면 평화, 가까이에서 보면 전쟁이라는 말도 있지만, 이 노부부는 옥오지애屋烏之愛란 말이 가리키듯 지붕에 앉아 있는 까마귀조차도 사랑스럽게 보이는 장면이 화면에 백설과 함께 그득그득 넘친다. 일생 동안 존경하고 사모하며 우러르는 이 노부부의 이야기가 우리 모두의 일반 가정의 모습이라면 얼마나 옴팡질까.

임병래 중위와 홍시욱 하사

임병래 중위는 부산 출생으로 6·25가 발발하자 8월22일 인천 앞바다의 영흥도에 잠입하여 첩보를 수집, 해군본부와 맥아더사령부에 제공하는 이른바 X-Ray 작전을 활발히 수행하던 중 북한군에 포위되자 자결(29세)한다. 홍시욱 하사 역시, 1948년 해군 신병 10기로 입대하여 해군특수공작임무를 수행하던 중 북한군에 체포되자 '대한민국 만세'를 부르고 임병래 중위와 함께 스스로 목숨(22세, 당시 이등병)을 끊는다.

북한군의 기습남침으로 우리 국군은 낙동강까지 밀린 망징패조의 위기에서 3개월 보름 만에 인천상륙작전을 성공적으로 수행할 수 있었던 요체는 임병래 중위와 홍시욱 하사와 함께 중·고등학생 772명의 고귀한 무명학도의 희생과 훌륭한 작전을 지휘한 맥아더 장군 등의 숭고한 업적 등이 있었기에 가능했으리라. 꿈같은 소망일지라도 맥아더 장군의 뜻대로 만주를 공격할 수 있도록 해리S 트루먼 미대통령이 적극 도와주고 3~40여 만 명으로 추정되는 중공군이 개입만 하지 않았더라면 오늘날 '통일한국'은 세계에 우뚝 빛나는 선진강국이 되었을 텐데, 그 절통함이 절절하다.

공교롭게도 중공군의 30여 만 명의 숫자는 644년 당태종이 친히 30만 대군을 이끌고 고구려의 안시성을 침략한 숫자와도 엇비슷하다. 이때 안시성의 성주 양만춘 수비대장 등이 이를 막은 승전보가 인천상륙작전에까지 전이된 것은 비약이 아닌 필연의 결과가 아니겠는가.

한편, 일제강점기 때 내선일체란 치욕마저 잊히고 있는 요즈음, 작가 최명희의 대하소설 『혼불』(전 10권)은 꺼져가는 민족의 불꽃을 살리는 잿불로써 우리 민속사의 기념비적 작품이 아닐 수 없다. 때마침 6·25가 남의 일처럼 모르쇠로 치닫고 있는 안보 장애 상태에서 영화 「인천상륙작전」(감독 이재한, 2016.7)이 우리 곁에 성큼 다가왔다. 인천상륙작전의 성공적인 신화를 남긴 임병래 중위와 홍시욱 하사를 영화 속 장학수(이정재)란 인물을 통해서나마 재탄생시킴으로써 나라사랑의 혼불을 재우치는 계기가 될 것으로 기대된다.

그러나 두 실존인물보다 영화 속의 장학수란 허상이 강조된다든지, 국제연합군 최고사령관 맥아더로 분장한 리엄 니슨 배우의 아우라 넘치는 파이프 담뱃대에 화제가 모아지는 것이 우울하다. 이 또한 좋은 영화를 예술적으로 승화시키는데 국민적 관심이 모아져도 버거운 판에 일부 정치인들이 이 영화를 관람하는 모습이 뉴스에 오르내림으로써 정부의 홍보성 짙은 영화로 인식되고 있음이 조금은 안타깝다.

오이 밭에서는 신을 고쳐 신지 말고 오얏나무 아래에서는 갓끈을 고쳐 매지 마라 하지 않았던가. KBS가 30억 원을 투자한 사실이 알려지고 홍보성 보도를 거부한 두기자에 대한 징계 회부와 KBS 〈뉴스9〉에서 세 차례나 이 영화를 소개함으로써 혹여, 정권 말 누수현상을 제어하는 수단으로 기획된 영화라는 의심마저 그럴듯하다. 사실이라면 이는 시대적 착각일 뿐만 아니라 조국을 지킨 우리 선인들의 고귀한 희생을 모독한 그야말로 불손한 군상들의 야차夜叉가 아닐 수 없다.

부디 이 영화를 통해 잊혀지는 6,25의 참독함을 거울삼아 오입진경誤入眞景의 교훈으로 삼는 계기가 되어야 할 것이다. 그러나 이명박 시절의 군무기현대화 과정에서 비롯된 부조리 등으로 각 군 참모총장들이 줄줄이 포승줄에 엮어진 꼬락서니들이 이 영화를 흐리게 하고 있다. 소갈머리 없는 생각일지라도 이 땅에 전쟁이 다시 일어난다면 일부 장성급 금수저들은 전투에 미치기보다는 자기 가족들을 해외로 빼돌리는데 온 정신이 함몰되어 작전수행마저 제대로 할 것인가 하는 의구심이 들지 않을 수 없다. 이를 부정하고 싶지만 자꾸만 이들의 방산비리가 욱신거리기 때문이다. 최명희 대하소설 『혼불10』에서 전주고보 심진학 선생의 말이 우리 가슴을 때린다.

"백성이 지키고 싶은 나라만이 진정한 힘을 가진 나라이다."

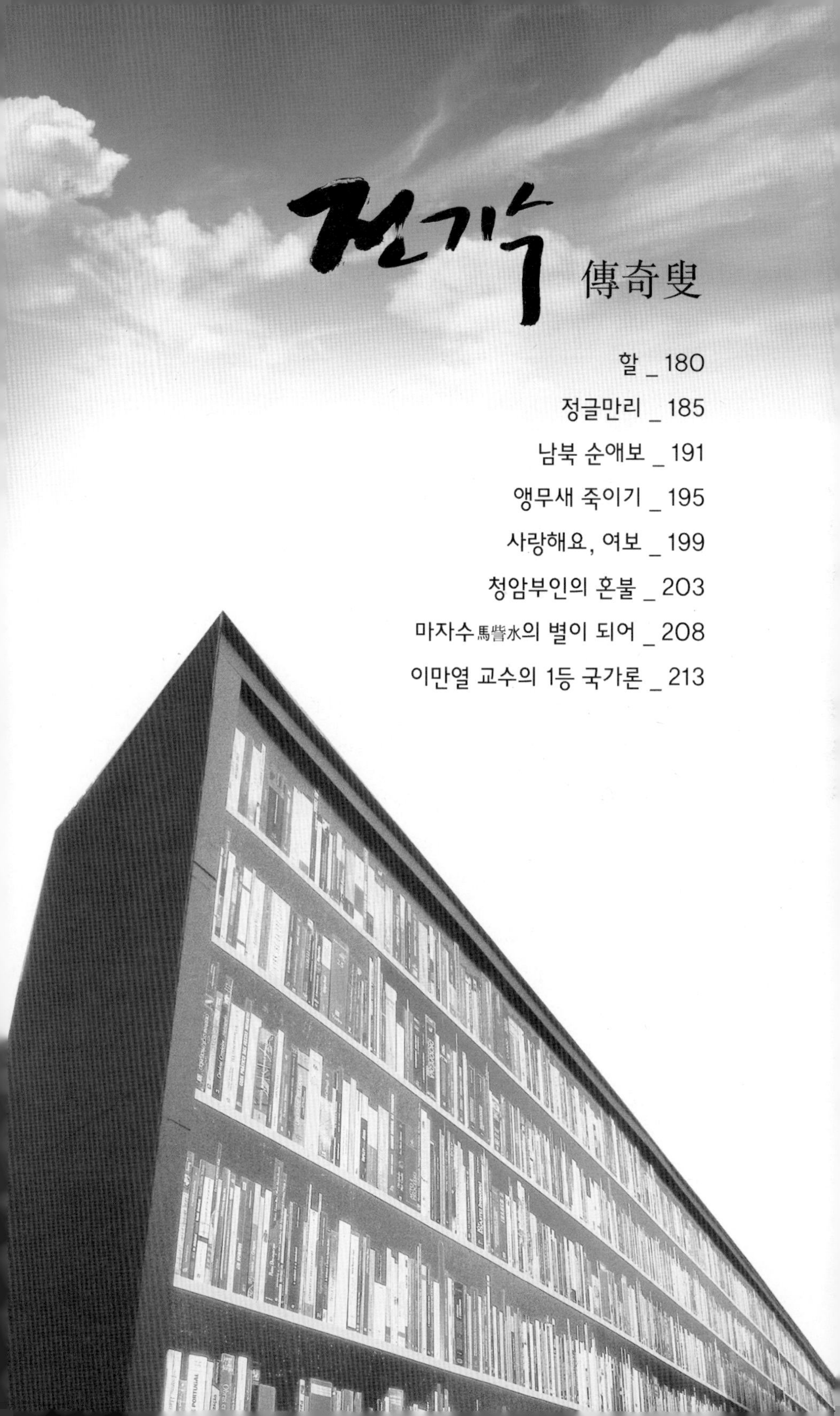

전기수 傳奇叟

할

나는 한 달에 두 차례 전북도청도서관을 찾는다. 한 차례 도서를 빌리면 2주의 독서기간이 주어지는데 두서너 권 정도는 거뜬하다. 읽고 그 내용을 요약하고 단물곤물은 이미 마련된 내 컴퓨터 데이터베이스에 옮긴다. 그때마다 지식부자가 되어가는 마음이 즐겁다.

이번에는 도올 김용옥의 『노자와 21세기』 전3집과 최인호 장편 『할』 등 4권을 손에 들었다. 도올은 노자의 『도덕경』을 주석하면서 그의 주관적인 생각까지 거침없이 곁들었다. 첫 장에서부터 "많은 사람들이 종교를 좋은 것이라고 생각하는데 실상은 모든 종교는 나쁘다. 종교는 선이 아니라 악이다."라고 선언문 쓰듯이 단언했다. 그러면서 『노자도덕경』 운운하는 것은 종교가 미치는 인류적 폐해(전쟁의 90%? 이상이 종교전)를 이해 못하는 것은 아니지만, 유학자들의 입은 잘 닦아주면서 다른 입들은 주둥이로 표현하는 것 같아 지나친 편견이 아닌가 하는 생각도 조심스럽게 들었다.

그런데 우연찮게 같은 손에 도올의 종교에 대한 부정적 인식과 최인호의 『할』을 통해 불심을 동시에 경험할 수 있었다. 특히나, 최인호의 장편 『할』에서의 작중인물 경허스님과 그의 법제자 수월·혜월·만공 선사들의 행적은 실존인물로서 마치 이들의 전기문을 보는 듯했다. 한편, 조선후기에 꺼져가는 불교의 불꽃을 다시 살려 일으킨 전주 출신 경허鏡虛의 기이한 행적과 그의 세 제자 중, 정읍·태인 출신 만공(법명 月面)스님의 뛰어난 선화禪話를 중심으로 붓끝을 달구고자 한다.

경허(1849-1912)가 해인사 방장으로 있을 때의 어느 겨울, 눈길에서 죽어가는 여인을 업고 퇴설당으로 들어가는 모습을 본 사람은 오직 경허의 수법제자 만공 한 사람뿐이었다. 그 무렵 돌림병(나병)으로 온몸의 뼈와 살이 썩어 코가 떨어져 나가고 눈썹은커녕 입마저 헐어버린 비렁뱅이 여인의 고름을 경허는 혀로 핥으면서 그녀를 부둥켜안고 방 안에서 열흘 이상 뒹굴고 있었다. 그런데 이러한 소문이 절밖에 나면 들면, 스승을 엽기적 변태적인 사람이라고 중구삭금衆口鑠金할까봐 만공은 어찌할 바를 몰랐다.

마침내 끈질긴 만공의 권유로 여자를 겨우 절 밖으로 보내긴 하였으나 그만 스승 경허에게도 나병 비슷한 피부병이 옮게 되었다. 이 병을 고치기 위해서는 닭똥으로 소주를 달여 개고기와 곁들여 먹으라는 의원의 처방대로 실천할 수밖에…. 이런 식습관을 계속하다보니 잡상스런 육화된 맛에 젖어 경허의 바랑 속에는 술병과 개다리가 언제나 가득했다. 이 길로 경허라는 법호를 버리고 어느 것에도 얽매이지 않는 무애인無碍人이 되어 박

난주朴蘭舟라는 이름으로 파계의 길을 걷게 된 때가 세수 52세였다. 제자 만공이 말하기를 스승은 그 여인에게서 법신을 보았고, 자기는 다만 하나의 형상과 색을 보았을 뿐이라고 했다. 그 까닭은 다음과 같은 스승의 술회에서 잘 나타나 있다.

"그 여인이 거렁뱅이가 된 것은 전생에 고대광실의 왕비였기 때문이다. 그 여인이 미쳐버린 것은 전생에 지나치게 총명했기 때문이며, 그 여인이 나병에 걸린 것은 지나친 미모로 뭇사람들을 미혹시켰기 때문이며, 그 여인의 몸에서 흘러내린 고름은 전생에 온몸에 발랐던 화장수이며, 그 여인의 몸에서 풍겨오는 악취는 전생에 온몸에 바르던 향수에서 풍겨 나오던 아름다운 향내였다." 마치 『노자도덕경』에 보이는 모든 사물은 극과 강성함에 달하면 다시 원위치로 되돌거나 노쇠해진다는 물극즉반物極則反·물장즉노物壯則老라는 자연 순환 사상을 역설함으로써 연기론과 하나라는 생각을 들게 하였다. 한편, 경허와 만공이 승려가 되었음에도 속세의 어머니를 모시고 살아간 두 사람의 효행은 우리 고장 전주와 정읍의 멋을 실천함으로써 후학들에게 밝은 거울로 길이 비쳐질 것이다.

수덕사에서 만공과 일엽스님과의 일화도 재밌다. 24세에 「新女子」란 잡지를 창간, 여성해방운동가 출신의 시인 김원주는 결혼에 실패한 후, 수덕사에 휴양 왔다가 만공스님을 만나 불가에 입문하게 되었고 '일엽一葉'이란 법명까지 얻었다. 어느 날, 만공스님은 일엽과 불전에 정좌하여 불상을 바라보더니 "부처님의 젖통이 저렇게도 크시니 올 겨울 수좌들 양식 걱정은 없겠구나." 이에 어마지두 놀란 일엽이 무심코 입을 열었다. "무슨 복으로 부처님의 젖을 얻어먹을 수 있겠습니까?" 이에 만공이 큰 소리로 꾸짖어 말했다. "너는 부처님을 건드리기만 하고 젖은 얻어먹지도 못하는구나."

우리 인간들은 태어나 어머니의 젖을 통해 생명을 보존하고 살아가듯이, 불자들은 부처의 젖통을 통해 생명의 진리인 불법의 젖을 얻어먹을 수 있어야만 영혼에 생기를 얻을 수 있다는 만공의 설법이다. 이처럼 불법의 진리를 부처의 젖으로 표현한 그의 선풍에 일엽은 감탄하지 않을 수 없었다. 뿐만 아니라, 만공은 덕숭산 꼭대기에 위치한 정혜사 뜨락에 발우형 석조 수조를 '불유각佛乳閣'이라 명명했다. 직역하면 '부처님의 젖이 나오는 정자'인데 이는 곧, 부처님의 말씀을 부처님의 젖으로 비유한 그의 신기를 다시 엿볼 수 있는 대목이다.

"저 산의 딱따구리는/ 생나무 구멍도 잘 뚫는데/ 우리 집 멍텅구리는/ 뚫린 구멍도 못 뚫는구나!" 이 노래는 수덕사 사하촌에서 그 당시 나무꾼들에 의해 곧잘 불려졌다. 만공은 만고불역의 핵심 법문이 이 노래에 깃들여 있다고 생각했다. 어느 꽃피는 봄날, 왕가의 상궁들과 나인들이 수덕사를 찾아 만공스님에게 법문을 주문하니, 보통사람들에게는 한갓 패설가로 들릴 수 있는 이 '딱따구리 노래'를 부르도록 했다고 한다. 아무리 범부라 할지라도 부처의 뚫린 불성을 누구나 갖추고 태어났음에도 뚫린 구멍마저도 못 뚫는(법문의 이치를 제대로 깨우치지 못하는) 사람은 딱따구리보다도 못한 멍텅구리라는 스님의 선화가 우리들의 귀불을 당긴다. 어쩌면 최명희의 『혼불2』에서 "인간이 한 펭상, 구녁으서 나와 갖꼬 구녁 속을 들락날락허다가 구녁 속에 파묻히는 거이여."라던 작중인물 옹구네의 말이 설핏하다.

나무아미타불 관세음보살! 진리는 이처럼 가까운 데 있음에도 뚫린 구멍도 못 뚫으면서 막힌 구멍 찾으려 먼 곳을 헤매는 법제자들에게 스승 경허의 야단치는 고함소리가 산하를 울린다.

할! 喝! 할!

정글만리

중국은 2013년, 국내총생산(GDP)이 미국에 이어 세계 2위가 되었다. 이듬해 우리 정부는 한·중 FTA 체결로 세계에서 가장 빠르게 성장하는 중국의 거대시장을 넘보았다. 문제는 중국 경제의존이 심화되고 있다는 것이다. 세계 교역량 5분의 1을 이미 중국에 의존하는 상태에서 앞으로 중국이 감기 들면 한국이 몸살을 앓는 일이 벌어짐은 물론, 우리만의 독자적인 경제운용도 매우 어려워진다는 것이다. 이를 통해 '13억(14억?) 명의 빗장을 열었다'는 것인지 아니면, '그들에게 빗장이 열렸다'는 것인지는 앞으로 두고 볼 일이나 아마도 후자가 정답이 아닐까 우려되는 무렵, 나는 조정래의 소설 『정글만리』 전3권을 손에 들었다. 1,207쪽을 재밌게 읽고 그 내용을 9포인트 9쪽으로 압축, 정리한 내용을 수필로 재구성한답시고 욕심을 부려보았지만 글재주마저 태부족하여 작가 조정래 선생의 뜻이 제대로 전달될 수 있을지 불안하다. 선생은 이 소설을 쓰기 위해 현장취재와 박학다식을 동원, 독자로 하여금 피곤하지 않고 편안하게 글을 읽을 수 있도록 힘쓴 흔적이 군데군데 엿보였다. 이 작품은 소설이라기보다 중국진출에 관심 있는 비즈니스들에게 '지피지기면 백전불태'란 교훈과 함께 안내서로도 훌륭했다.

선생의 70여 편 작품 가운데 독자들에게 가장 각인된 작품은 아마도 1989년에 출간된 대하소설 『태백산맥』이 으뜸이리라. 노벨문학상 수상작품으로도 충분했으나 우리 국격이 낮고 국제심사위원들의 한국적 정서가 무딘 탓으로 선정되지 못했겠지만, 레프 톨스토이·마르셀 프루스트·제임스 조이스, 그리고 프란츠 카프카 같은 세계문학사의 찬란한 별들도 받지 못한 것에 심리적 보상으로 만족해야겠다. 한편, 『태백산맥』은 입체적·다원적 관점을 떠나 평면적 관점에서 바라본다면, 이념의 문제제기라기보다는 민초들의 급박한 생존문제를 다룬 작품이다. 빨갱이든 흰둥이든 초근목피 하는 이들의 머릿속에는 어느 줄에 서야 목구멍을 채울 수 있는가에 온 신경이 집중되었던 호롱불도 아까웠던 궁핍한 시절의 삶이었기 때문이다.

이 『정글만리』를 『태백산맥』에 비유한다는 것은 존속상해에 해당하므로 언급하고 싶지 않다. 다만, 『태백산맥』이 으뜸이라면 『정글만리』는 그 다음이라 해도 높이 평가한 것이다. 나는 바로 앞서 황석영의 『강남몽』을 읽고 엄청 실망했던 터라, 이에 비하면 『정글만리』는 수작이 아닐 수 없다. 그러나 중국이란 정글을 독자에게 알리고자 애는 썼으나 전개 자체가 그렇게 치밀하지 못했고 작중인물들의 캐릭터도 마땅찮았다. 특히, 『태백산맥』처럼 독자들에게 각인될 만한 부분도 희미했다. 『태백산맥』에서는 독자마다 생각이 다르겠지만, 아마 남성들은 벌교바닥을 휩쓰는 염상구와 빨치산 강동식의 아내 외서댁과의 쫄깃쫄깃한 속살의 맛 잔치, 그리고 입산 빨치산 하대치와 과부 장터댁과의 살방아 찧기 등을 잊을 수 없을 테니 말이다.

욕심 같아선 『정글만리』에서도 황홀한 정사장면 한두 번쯤은 기대했는데 의식적으로 피했는지, 조금은 군실거렸다. 얼나이(첩)를 끼고 미국으로 도피한 샹신원의 이혼녀 천웨이와 전대광 부장이 밤놀이의 나신을 보일만도 했는데 그냥 지나쳤다. 골드그룹 회장 미혼녀 왕링링은 20여 명의 사장 중에서 '앤디 박'에 대해 연정을 품고 있음에도 쫀득쫀득한 육체적 최상의 소통행위마저 얽지 않았다. 중국 베이징대 유학생 송재형은 같은 학과의 리옌링과 결혼을 약속하고 동침도 여러 차례 했음에도 『태백산맥』의 작가답지 않게 펠라티오마저 그냥 외면해 버림으로써 독자들에게 맹물만 마시게 했다. 일부 여성독자는 수컷들의 음탐이라고 힐난할지라도 중국 여고생들의 3분의 2가 성경험을 했고, 두서너 차례의 동거 끝에 결혼한다고 작가가 밝혔기에 조금 노닥거려 본 것이다. 화제를 바꿔 중국이 '정글만리'인 까닭을 다음과 같은 문장을 통해 살펴 볼 수 있었다.

> 중국이라는 나라는 새로운 사실들로 가득한 수천 페이지 백과사전을 한 장 한 장 넘겨가는 나라다. 살아갈수록 끝도 없이 새로운 것이 나타나는 나라, 그래서 살아갈수록 그 실체가 알쏭달쏭 모호해지는 대상, 그래서 중국 생활 6개월이면 중국 전체에 대해서 아는 척하고, 1년이면 자기 분야에 대해서만 아는 척하고, 10년이 넘으면 아무 말도 안 한다는 말이 생겨났는지도

모른다. — 종합상사 전대광 부장

내가 중국에서 15년 세월을 보내고 떠나면서 중국에 대해서 얼마나 아는가를 곰곰이 생각해 봤소. 그리고 내린 결론은 이렇소. 중국에 대해서 안다고 하는 것은 더욱 어리석은 일임을 깨달았소.

— 유 지사장

정말이지 중국은 상상이 안 되는 나라요. 외국 사람은 중국에 평생 살아도 중국을 이해하지 못 할거여. 모두가 의문투성이니까.

— 사업가 자크 카방이 통역에게

이제 중국도 청년실업이 사회문제로 된 것은 한두 해가 아니었다. 개혁개방과 함께 무한정 필요했던 고급인력이 언제부턴가 공급과인으로 바뀐 필연적 문제점이었다. 이것은 각 개인이 해결해야 할 개인문제 곧, 자유경쟁이었다. 오로지 능력 있는 자만이 살아남는 양육강식, 적자생존의 처절한 정글게임이었다.

— 작가의 지문에서

한편, 중국진출에 많은 비즈니스들이 사업에 성공도 하고 실패도 했겠지만 종합상사 전대광 부장과 같은 경우는 성공적인 사례로 현실적 역동성이 넘친다. 이 소설 전체의 중심 이야기를 이끌어가고 있는 3인칭 전지적 시점의 화자인 그의 입을 통해 중국이 자본주의보다 더 자본주의임을 강조하고 있다. 중국이 앞으로 G1이 될 것이라는 전망에 대해 작중인물 강정규가 묻고 전대광 부장이 대답한다.

"IMF에서는 2016년으로 점쳤으니 이 말이 사실이라면 유일

초강대국 미국의 마지막 대통령은 오바마가 될 것이나, 다른 연구소에서는 2020년쯤이라고 했소. 그럼 그 둘 더하기 나누기 2를 하면 그 시기가 나오지 않겠소?" 그리고 그는 덧붙였다. "예수가 탄생한 이후, 그러니까 서기 2,000년 동안 중국은 약 2세기 정도만 빼고는 1,800년 동안 GDP가 세계 1위였어요."

1962년 펄벅은 "그들은 빛의 속도로 산업화하고 근대화할 수 있다는 것을 믿는다."라고 했는데 우리나라가 오늘날 같이 발전한 것이 70년대부터 40년이 걸렸지만, 중국은 80년대부터 시작해 30년 만에 우리나라 수준이 되었다. "만약 중국인들이 하루 동안 일본상품을 구매하지 않으면 일본의 수많은 회사가 문을 닫는다고 한다. 또 중국인들이 6개월 동안 일본상품을 사지 않으면 일본인구의 절반이 실직을 당하게 된다는 것이다. 그렇다면 중국인들이 1년 동안 일본 물건을 사지 않는다면 일본 경제는 결국 붕괴하고 만다는 이론이다." 이 글은 중국의 리즈쥔이 쓴 『혼자병법』에 나온다. 그리고 중국은 '세계의 공장'에서 '세계의 시장'으로 대전환을 꾀하고 있다. 일대일로一帶一路 즉, 유라시아 대륙을 관통하는 육상전통과 남방바다를 통한 해상실크로 전통을 무기로 세계경영에 나서고 있다.

한편, 나와 무관한 남의 일에는 잔인할 정도로 무관심과 만만디(慢慢的, 느림)지만 나와 돈, 첨단무기와 우주개발 등과 관련된 일은 콰이콰이(快快, 빨리빨리)라는 문화가 체질화 되었다는 점도 우리는 놓쳐서는 안 될 것이다. 내수시장의 활성화에 발맞추어 중국여성 7억 중에 5억이 바야흐로 자본주의적 소비에 익숙해짐과 동시에 멋 부리기에 불이 붙고 있다. 충동구매의 98%가 명품 옷과 핸드백·화장품·액세서리라고 여론조사 통계들은 말해주고 있다.

서울 사대문 안의 거리는 셀카봉을 든 젊은 남녀와 뒤엉킨 유커(중국인 관광객)들로 북새통을 이룬다. 일본인 관광객의 수는 2009년에 3만 명을 넘어선 이후부터 주춤하였으나, 중국 관광객은 이때부터 134만 명, 2013년에는 392만 명으로 세 배가 증가했다. 이런 추이라면 2020년쯤은 '유커 천만시대'가 도래, 내수시상에 화색이 돌 것으로 각 언론들은 내다보고 있다. 그러나 우리는 여기에서 안주해서는 안 된다. '정글만리'에 대한 꾸준한 연구와 궁책을 통해 그들보다 더 자본주의다운 자본이익과 항구적인 한반도평화에 도움이 되는 양수겸장兩手兼將의 지혜를 모아야겠다. 그러나 안타까운 것은 사드 배치가 확정적이어서 앞으로 한·중 관계가 걱정스럽다.

남북 순애보

이병천 장편『북쪽 녀자』를 읽고 40일 동안의 열애 끝에 변함없는 사랑을 영원히 나눌 남쪽 남자, 북쪽 여자에게「남북 순애보」란 이름으로 에디톨로지한 것이다.

남쪽 조장 백산서는 2008년 7월, 금강산 관광사업에 처음 투입된 29세 때, 림채하 동무를 만난다. 림채하 동무는 금강산 구룡연 코스 북쪽 안내원이었다. "~ 남남북녀, 명말 북쪽에는 직녀별이 있고 남쪽에는 견우별이 있디요. 우리 민족이 남과 북으로 갈라진 비극을 밤하늘 역시 저리도 마냥 서럽게 보여주고 있단 말입네다."

'견우직녀'와 '나뭇꾼과 선녀' 사이를 오락가락하며 마치 자신들의 운명적 만남과 비극적 헤어짐을 적확히 예언한 말이 되어버렸다. 림채하는 청진에서 나고 자랐으며 장성택 동지가 그녀의 외숙이었던 관계로 비교적 부유한 환경인 평양에서 학교를 다녔다. 이들의 만남에서 열애까지는 정확하게 2008년 7월3일부터 8월11일까지 40일이었다. 이 불행은 김제출신 박왕자 씨가 북한의 피격으로 사망한 사건이 빌미가 되어 금강산 관광이 갑자기 중단되었기 때문이다. 미인박명 재사단명이라 했던가.

백산서는 림채하를 탈북 시키기 위해 중국 국경의 난핑촌 강변 마을의 한 작은 식당에서 하숙을 하면서 기회를 기다리고 있었다. 2011년 1월 중순, 안전하게 림채하를 데리고 오는 조건으로 중국 돈 일만 위안을 브로커에게 주었다. 그러나 브로커는 나타나지 않았다. 그는 림채하에 대한 사랑의 정성지지精誠之至를 다음과 같이 표현했다. "사랑하고, 사랑하고, 또 사랑해요…. 이젠 전 이 사랑을 지키기 위해 목숨을 걸 겁니다. 앞으로 그걸 반드시 증명해드릴 게요. 그러라고 반드시 명령해 줘요." 그래서 그랬던가. 백산서는 림채하의 고향 청진을 향해 두만강을 건너고 말았다.

림채하 아버지(림용진 교수)가 근무하는 대학교를 찾아 연구실 문을 두드렸으나 이미 자기를 찾아 림채하는 탈북을 위해 두만강을 건넜다는 비보를 듣는다. 점심 전까지는 조중 국경을 넘도록 백산서에게 당부한 림채하 아버지는 그가 다녀갔다는 신고를 점심 두 시간 후로 하기로 약속한다. 그러나 국경경비대에 발각되어 청진 보위대로 압송될 수밖에. 그 후 청진시 수성동에 위치한 수성교화소에서 4년간의 수형생활 중에 림채하의 어머니와 절망적인 만남도 겪어야 했던 그는 교화소를 탈출하는 과정에서 인민군의 총부리를 끝내 피할 수 없었다.

임채하 역시, 금강산 안내원 역할을 할 수 없게 되자 청진에서 인민학교 아이들에게 음악을 가르쳐왔다. 백산서와 헤어진 후 노루잠을 견디다 못해 수면제를 다량 삼켰던 것이 화근이 되어 뱃속의 아이까지 잃게 되었다. 그리고 관광이 중단된 지 만3년 하루가 지나 두만강을 건넜다. 부모님은 좀 기다렸다가 안전하게 유학을 떠난 후에 가도록 했으나 더 이상 기다릴 수가 없었다. 청진에서부터 강을 건너 난핑촌까지, 허룽에서 베이징까지, 그리고 한국영사관을 거쳐 백산서의 고향집 전주 한옥마을에 재우쳐 도착했다. "나는 백병천, 산서 어머니는 조미숙, 우리는 너를 우리 딸로 여길 것이다. 아니 산서 몫까지 합해서 대할 거야."

사도 바울은 「고린도서」에서 어떤 난관이 있어도 참고 견디는 것만이 '참사랑'이라 했다. 그러나 림채하는 백산서와 헤어지고 난 후의 참황을 다음과 같이 고백한다. "홀로 남은 저로서는 온몸을 가득 채운 배신감과 고독감을 어찌할 수 없답니다. 마치 제 몸을 이루는 모든 구성인자가 외로움뿐인 듯 했어요. 뼈도 외로움·살도 외로움·피도 외로움·눈과 귀와 코와 머리칼과 손톱과 손마디와 손목까지가 모두 외로움 덩어리 같다는 느낌이었죠."

이렇듯 세속적인 보통 사람들의 수준에서는 막연한 기다림이란 얼마나 견디기 힘든 자반뒤집기요, 큰 형벌인가를 잘 노출시켜 주고 있다. 결과적으로 소설 속 화자들처럼 남북탈출이 서로 엇갈리다 보니 사도 바울의 말씀은 천하의 명언이 되어 버렸다. 조금만 더 기다렸더라면 이들의 사랑은 행복한 만남으로 엮어졌을 텐데. 그렇다면 작가로서는 아예 창작 모티브를 상실했겠지만….

사람 세상에 어찌 결과론적으로만 살아갈 수 있을까, 성공하든 실패하든 삶의 과정에서 최선이 으뜸이라 하지 않았던가. 나는 이 무렵 두 작중화자의 용기 있는 행동에 마음이 끌리면서 「실천궁행의 섭리」란 시를 만지작거렸다.

할까 말까는/ 실천궁행의 의제로써/ 생각이 깊고 거듭될수록

허약해진다//
실천 이후의 후회는 잔잔하나/ 포기 이후의 상처는/
악성 바이러스에 쉽게 감염된다//
닭알이 알닭보다는 자연스럽듯이/ 할까는 말까보다 우선이기에
실천은 개기는 것보다 자연스럽다//
꿈을 꾸는 것으로 끝나면 잠꼬대가 되나/
앞으로의 새로운 문법을 위해/ 용기 있게 실천하면 장르가 탄생된다//
철학적 지식만으로는 진정한 철학이 아니듯/ 동사처럼 실천할 때 비로소 창의와 상상력/
그리고 윤리와 예술적 영감이 솟는다//
억지가 논 서마지기보다 낫다는 옛말은/ 안 하는 것보다 억지라도 하는 게 좋다는/ 실천의 뒷맛이 정갈하다//
눈 딱 감고 한 발짝만 앞으로 더/ 머뭇거리지 말고 앞으로 나아갈 수만 있다면/ 행동에 옮겨야 한다 다음은 너무 늦다.

〈이제길 시 「실천궁행의 섭리」〉

나 역시, 사도 바울 선생한테는 야단맞을지라도 위 소설의 주인공처럼 사랑을 위해 실천한 용기가 아름답기에 순정적 열정적인 순애보라 믿고 싶다. 마광수의 장편 『광마잡담』에서 "사랑에는 과거도 미래도 없다. 오직 현재만 있을 뿐이다."라고 했음은 관능적·전기적·페티시즘으로써 '내로남불'에 해당한 시쳇말에 불과하다.

이 기회에 선소리라 할지라도, 소설 속 북쪽 림채하나 남쪽 백산서와 같은 작중화자의 사랑은 21세기의 순애보가 되어 요즘 젊은이들에게 새롭게 조명되는 작은 거울로서의 역할을 기대해 본다.

앵무새 죽이기

장편 중의 대장편인 539쪽의 『앵무새 죽이기』는 전2부 중에서 전반부를 다 읽기까지 재미를 느끼지 못했다. 이 작품에 대한 기시감既視感은 머릿속을 맴돌았으나 어린 남매의 시시콜콜한 가정생활 중심의 성장소설로 이야기가 전개되어 그만 덮어버릴까도 생각했다. 더군다나 책을 끝까지 읽어야 한다는 독서에 관한 편견과 압박에서 벗어나야 한다고 메이지대학교 사이토 다카시 교수는 강조까지 했는데 독서생활의 잘못된 습관이 두려워 그러지 못했다. 그런데 제2부에 들어서자 아내를 일찍 여윈 아버지와 자녀간의 사랑스런 대화 · 배려, 그리고 흑인인권 등에 이르기까지 가정적·교육적·인간적인 이야기가 전개됨으로써 눈을 크게 곧추세울 수 있었다.

연보에 따르면 작가 넬 하퍼 리는 1926년 미국 앨라배마주 버틀러군에서 1남3녀의 막내딸로 태어났다. 그녀의 아버지는 1915년부터 먼로빌에서 변호사와 주의회 의원으로 활동했다. 그곳은 마틴 루터 킹 목사가 미국의 양심으로 처음 그 이름을 떨친 곳이다. 1931년 그곳 화물차 안에서의 흑백다툼으로 인해 흑인청년들이 백인여성을 강간했다는 거짓 주장으로 무려 20년을 끈 재판에서 흑인 청년 여덟 명이 큰 고통을 받았던 실화가 이 소설의 주요 스토리텔링이 되었다. 그러니까 이 소설은 1960년에 첫 출간했으나 시대적으로는 1930년대 경제대공황과 작가의 고향이 공간적 배경이 되어 실화를 재구성한 것이다. 소설에서도 아버지는 역시 버틀러군에서 변호사로 활동하는 애티커스 핀치가 주인공으로 등장하고, 초등학교 입학 직전의 여섯 살에서 2학년까지 3년 동안의 사건을 어른이 된 딸 루이즈 핀치(어릴 때 별명, 스카웃)가 화자가 되어 이야기를 이끌어간다.

> 아빠(애티커스 핀치 변호사)가 백인여인을 강간했다는 흑인의 억울한 누명에 대한 변호를 맡음으로써 아이들은 마을에서나 학교에서나 '네 아빠는 깜둥이 애인'이라는 놀림을 받는다. 그러나 아빠를 결코 원망하지 않는다. 심지어 할머니(듀보스)마저 아빠가 쓰레기 같은 깜둥이를 변호한다며 깜둥이보다 나을 게 없다고 몹시 못마땅하게 여긴다. 이에 작중화자인 딸(스카웃)이 "아빤 정말로 깜둥이 애인이 아니지요."라고 묻자 아빠의 대답은 단호하다. "깜둥이가 아닌 흑인 애인이란다. 난 모든 사람을 사랑하려고 최선을 다하고 있어, 그러니 할머니가 뭐라 하시든 실망할 필요 없어." 그 후 엄마가 돌아가시고 할머니마저 돌아가시자 가정부(캘퍼니아) 아줌마가 살림을 도맡는다. 나중에 아빠의 누이동생인 고모(알렉산드라)도 한 가족이 됨으로써 요즘과 같은 핵가족시대에 지난 시절의 추억이 함초롬히 다가온다.
>
> 다음은 재판에서 가해자로 몰린 흑인 톰 로빈슨의 증언이다.

"아가씨가 다가와 제 뺨에 키스하고는 어른과 한 번도 키스를 해 본 적이 없다며 깜둥아, 어서 내게 키스해줘 했지라우." 그리고 나는 "이 빌어먹을 갈보년, 죽여버릴 테다 하고 말했지라우." "그런데 왜 달아났습니까?" "너무 겁이 났지라우." "왜 겁이 났습니까?" "변호사님도 저처럼 깜둥이였다면 겁이 났을 거구만유."

아빠의 변론이다. "그녀는 한 흑인을 유혹했습니다. 나이 많은 삼촌에게 키스한 게 아니라, 건강하고 젊은 흑인에게 한 겁니다. 그녀의 어머니도 그것을 보았고, 피고는 그의 말을 증언했습니다." 당시 앨라배마주에서는 주지사가 감형해 주지 않으면 강간은 사형감이다. 그러나 테일러 판사는 배심원들의 평결을 읽어 내려갔다. "유죄·유죄·유죄…." 아빠는 아직 상고가 남았으니 끝나지 않았다고 했다. 그러나 불행하게도 강간범으로 몰린 톰은 탈옥을 시도하다가 그의 몸에 열일곱 발의 탄환을 꽂은 보초병들에 의해 목숨을 잃는다. 아빠는 초등학교 6학년인 아들(젬 핀치)에게 다음과 같이 말한다.

"이 세상에는 사람들이 이성을 잃는 경우가 종종 있단다. 우리 법정에서 백인의 말과 흑인의 말이 서로 엇갈리면 이기는 쪽은 언제나 백인 쪽이지, 비열하지만 그게 현실인 걸 어쩌니. ~ 하지만 너에게 말해주고 싶은 게 있다. 흑인을 속이는 백인은 그 백인이 누구이건 아무리 돈이 많은 사람이건 아무리 명문 출신이건 쓰레기 같은 인간이야. 흑인의 무지를 이용하는 저질 백인보다 구역질나게 하는 건 없단다. 넌 절대로 바보 같은 짓을 해서는 안 된다."

그러기에 다음의 칭찬이 아직도 선연하다. 2009년에 발표한 미국의 게일 포먼의 장편 『네가 있어 준다면』에서 작중화자 '미아'가 『앵무새 죽이기』를 제일 좋아한 소설이라고 감동적으로 소개한 점이다. 한편, 타이완 출신의 장쉰의 단편 「열 받아 죽은 앵무새」란 이야기도 재밌다. 한 의과대학 여학생이 자신의 노교수에게 매료되었으나 부도덕하기 때문에 받아들일 수 없다는 고뇌를 전개해 나가는 과정에서 인간의 언어를 배운 앵무새가 열 받아 죽는다는 픽션이 아슴아슴하다.

우리의 현실은 어떤가. 그의 아들(초등학교 6학년, 젬 핀치)이 우리나라에서 살게 된다면, 甲과 乙이 상충될 때 당연히 이길 수밖에 없는 갑의 일그러진 모습을 보게 될 것이다. 그러기에 갑에 대한 규제가 절대적으로 필요한데 권력자들은 신자본주의 수호자들이기에 그럴 수도 없을 테니, 백인여인의 거짓증언보다 더 구역질나는 갑의 횡포에 까무러질 수밖에… 앵무새는 강간범으로 누명을 쓴 작중인물 톰 로빈슨을 비롯하여 2014년 8월, 미주리주 퍼거슨에서 백인 경찰관의 총에 숨진 흑인 마이클 브라운(당시 18세)과 같은 실존 인물이나 우리의 경우는 갑질의 야료에 질기게 견뎌야 하는 乙에 비견된다. 소설에서 아빠는 아들에게 말한다.

> 앵무새는 사람들의 채소밭에서 무엇을 따먹지도 않고 옥수수 창고에 둥지를 틀지도 않고 다만, 사람들을 위해 노래를 부를 뿐인데…. 그래서 앵무새를 죽이는 건 죄가 되는 거야.

사랑해요, 여보

나의 첫 번째 결혼은 내가 서른 살, 아내가 22세였으나 10년을 사는 동안 아내는 난소암으로 세상을 떠났다. 병상에서 남긴 마지막 한 마디는 "사랑해요, 여보!"였다. 두 번째는 2년 후 34세의 이혼녀와 결혼해 5년을 살았는데 악몽이었다. 거짓말을 죄의식도 없이 밥 먹듯이 했다. 아뿔싸, 애써 모은 돈을 모두 털어 도망가고 말았다. 세 번째는 3년 후, 50세 때 열 살 어린 처녀와 결혼했다. 그러나 1년도 못되어 물거품이 되고 말았다. 그녀는 사이비 종교에 빠져 섹스 후에는 어김없이 주님께 기도했고, 욕정을 제어하지 못한 우리 부부의 죄를 용서해 달라고 빌었다. 결국 우리 부부는 섹스피어가 되고 말았다. 나는 협의이혼을 요구했으나 이혼은 죄악이라며 동의조차 해 주지 않아 어쩔 수 없이 재판으로 헤어졌다. 그 후 58세 때 나보다 39세나 어린 열아홉 살 고등학교 3학년 학생과 네 번째 결혼했다. 사연은 이렇다.

우리 집에 이틀에 한 번씩 들리는 파출부는 남편과 사별하고 딸 하나를 키우는 40대 후반의 폐암말기 환자였다. 그녀는 죽음을 앞두고 홀로 남겨진 딸을 '부탁 한다'는 과제를 나에게 남겼다. 그 어머니가 입원한 후, 나는 딸과 오롯이 한 방에서 자연스럽게 몸을 섞게 되었다. 딸은 적극적으로 나와의 결혼을 원했다. 결혼식을 올린 일주일 후, 그녀의 어머니는 숨을 거뒀다. 어린 아내는 서양화가가 되고 싶다며 프랑스 유학을 희망했다. 나는 아내의 뜻을 좇아 프랑스로 꼬박꼬박 생활비와 학비를 보내주었다. 세월이 흘러 나는 아내의 대학졸업에 맞춰 프랑스를 방문했다. 아뿔싸, 아내는 흑인남자와 동거하면서 까만 피부의 어린 아기까지 두었다. 나는 지금, 캠핑카에 의지하여 떠돌이 홀몸으로 부산의 달맞이 언덕의 안개가 자욱한 '죄와 벌'의 카페를 드나들며 죽음을 찾고 있다. 첫 부인이 병상에서 남겼던 마지막 한 마디, "사랑해요, 여보!"가 아직도 내 귓불을 땅긴다.

위 이야기는 김성종의 연작소설 『달맞이 언덕의 안개』(2015)에서 작중화자 노준기 화가가 겪은 네 번의 결혼이력을 간략히 소개한 것이다. 에잇, 소설이니까 그렇지, 설마 현실에서야 뭐! 하고 픽션과 팩트를 흑백논리로 구분하는 독자가 있다면 우리의 현실은 소설보다 더 허구적임을 알아야 할 것이다. 조선조 제21대 영조의 계비였던 정순왕후 김씨는 15세의 어린 나이에 66세에 이른 왕의 배필로 간택되었다. 배우 유퉁은 여덟 번 결혼했다. 비선국정농단의 모태 최순실의 아버지 최태민은 박정희 시절 '대한구국선교회' 총재까지 지냈으며 여섯 번이나 결혼했고, 최순실은 다섯 번째 부인인 임선이(2003년 사망)의 소생임은 천하가 다 알고 있지 않은가. 롯데의 신격호 전 회장은 배우 서미경씨와 40살 연하와의 사실혼 관계에 있으며, 미국의 트럼프 대통령도 24세 연하의 모델 출신 멜라니아 트럼프와 세 번째 결혼이니 언제까지 단란하게 살 것인가는 지그시 지켜 볼 일이다.

우리 큰 외숙부님은 세 번 결혼하여 외사촌 형제들의 어머니가 각각 다르다. 어린 시절, 외가에 자주 들렀을 때는 세 번째 숙모님이 집안일을 알뜰살뜰 잘 꾸렸던 것으로 기억된다. 두 번째 숙모님은 외사촌 동생이 익산에서 자취할 때 잠깐 뵌 일이 있으나 첫째 숙모님은 한 번도 본 일이 없다. 집안 당숙도 다섯 번이나 여자와 동거했으며 슬하에는 첫 번째에서 4남1녀, 마지막 다섯 번째의 당숙모한테 딸 하나를 늦둥이로 두었다. 당숙의 바람 내력을 소개하자면 소설 한 권쯤은 너끈하다. 위 소설에서 작중 화자 노준기의 네 번째 결혼 이야기는 그래도 설득적이나 현실 속의 다중결혼이나 동거 이야기들은 소설보다 더 허구적이요 파격적이다.

지인이 나에게 카톡으로 다음과 같은 동영상을 보내왔다. 어느 교수가 강의시간에 여학생에게 가족·친구·이웃의 가까운 이름 20명을 칠판에 적도록 했다. 다 적고 나니 교수는 학생에게 덜 필요한 사람을 하나씩 지우라고 했다. 마지막 남은 이름은 부모·아이·남편이었다. 학생이 망설이자 교수는 다그쳤다. 학생은 눈물을 흘리며 부모와 아이 이름을 지웠다. 그러나 남편의 이름은 지우지 못했다. 그 이유를 묻자, 부모와 아이는 언젠가 내 곁을 떠나겠지만 남편은 끝까지 나와 함께 갈 것이라는 믿음이 있기 때문이라고 했다. 그렇다! 누구나 여학생과 같이 순박한 믿음으로 배우자를 선택할 것이다. 실제 결혼생활은 김성종의 장편 『달맞이 언덕의 안개』 속 같을 텐데….

이승을 떠날 문턱의 노부부에게 다시 결혼한다고 묻는다면 지금의 아내를, 남편을 택하겠느냐고 할 때 이구합창으로 '그렇다'라고 답한다면 그 부부는 성공적인 삶을 살아왔다고 믿어도 될 것이다. 그러나 대부분의 경우, 남자는 대체로 긍정적이나 여자 쪽에서 부정적인 경우가 많다. 나는 아내에게 한 번도 그런 질문을 던지지 않았다. 던진다면 내 생각과 엉뚱한 응답이 입 밖으로 튀어 나올 것이 두렵기 때문이다. 나는 아마 다시 태어나도 지금의 아내를 택하겠다고 답하겠다. 아내에 대하여 완전히는 몰라도 대충은 파악했기에 적절히 대처한다면 또 한 세상 거뜬히 살 수 있을 것 같은 생각이 들기 때문이다. 좀 더 숙부드럽고 아기자기한 여성의 따뜻한 사랑을 간절히 바라는 욕심에서 다른 여자를 택할 경우, 김성종의 『달맞이 언덕의 안개』에서 작중화자 노준기가 만난 엉뚱한 여자들을 만나지나 않을까 뜨악하기 때문이다. 아마도 우리는 다 자기의 감정·이성·환경·경험, 그리고 이데올로기 등의 프레임에 갇혀 얼뜬 착각 속에서 살고 있다. 루화난은 『인생의 레몬차』에서 "결혼은 도박판에 건 큰돈이다. 건 돈을 모두 잃을 수 있다 해도 후회하지 않을 완전한 믿음이 있어야 한다. 그러기에 사랑 이외의 다른 어떤 이유 때문에 결혼하지 마라.~"

나에게 마지막 희망이 있다면, 내가 아내보다 먼저 병상에 누워 아내로부터 다음과 같은 한 마디를 듣고 싶다. "사랑해요, 여보!"

청암부인의 혼불

올 여름은 22년만의 지글지글한 혹서로 모두들 못 살겠다고 아우성인데 나는 배드민턴과 탁구, 그리고 최명희의 대작『혼불』(전10권, 한길사, 1996) 속에서 이열치열 재밌게 놀다보니 반지빠르게 청량한 낙엽소리가 창가를 넘나든다.

『혼불』은 최명희의 대하소설이지만 작품 속에서는 청암부인의 '혼불'이다. '대하예술소설'이라 명명한『혼불』은 내가 읽은 바로는 '한국전통민속자료총서'나 '언어문화재'라 이름하고 싶다. 고유민속 및 순우리말의 천착, 그리고 한문학에도 조예 깊은 문장들이 작가의 나이에 걸맞지 않게 즐비하다. 전10권에 나오는 한자어는 고사하고라도 우리말의 경우 내가 적기한 단어만 150여개로 사전에도 나오지 않은 단어가 대부분이었다.

대숨치마·꼰지발·물들은들·놉·사발옷·두루치·담살이…. 그러기에 이 작품이 명작 반열에 오른다할지라도 노벨문학상은 절대 수상할 수 없을 것이라는 생각이 든다. 번역 문제가 난공불락이기 때문이다. 순우리말 및 전라도 방언과 한자·한문의 진액을 어떤 방법으로 영역할 수 있겠는가.

중심 스토리는 청암부인의 고난 속 여공女功과 독자종손 강모와 사촌누이(강실)와의 불륜, 그리고 완고한 구한말 반상班常사회에서 일제강점기 동안 몰락해가는 남원매안 이씨(落南派) 가문의 며느리 3대(청암부인-율촌댁-효원)에 걸친 가족사 등을 섬섬옥수 여성적 감성의 펜으로 예리하게 그려냈다. 그러나 복선도 아닌 언저리가 지나치게 난삽한 췌언으로 엮어져 많은 지면을 차지함으로써 소설적 재미와는 소원하다. 그렇지만, 젊은이들이 읽는다면 시뜻할지라도 작가와 비스름한 연륜은 민속박물관을 찾은 듯 잊혀가는 선인들의 삶을 다시 경험함으로써 요요한 추억여행이 아닐 수 없다. 작품을 읽노라면 작가 최명희가 아닌 민속학자 최명희로서 전통풍속에 대한 현장 르포라이터와 언어학자 최명희로서 우리말의 옹골찬 진기津氣에 대한 향음, 그리고 우리 민족의 정체성 확립에 크게 기여한 작품이라 생각된다.

한편, 20세기 늙수레한 지식인 정도나 토해낼 수 있는 콘텐츠를 34세 이전의 꽃 같은 작가가 구상했다는 점에 놀라지 않을 수 없다. 다음의 연보가 이를 뒷받침해주고 있다. 최명희는 전주에서 1947년에 태어나 1980년 중앙일보 신춘문예 소설부문에 단편 「쓰러지는 빛」이 당선되고, 그 이듬해인 1981년 동아일보 창간 60주년 장편소설 공모에 『혼불』 제1부가 당선되었다. 이후 1996년 12월까지 만 17년간 오로지 이 작품 하나에 투혼, 총 5부 전10권이 완간된 2년 후인 51세에 안타깝게도 요절했다. 정약용 다산 선생이 돌부처처럼 앉아 저술에만 힘쓰다 방바닥에 닿은 복사뼈에 세 번이나 구멍이 뚫려 고통 받았다는 과골삼천踝骨三穿의 바이러스가 최명희까지 전이된 것이다.

그러기에 무리하게 대하소설(10권)에 집착하여 몸마저 쇠삭으로 이끌 것이 아니라, 주제 중심으로 곁가지 없이 한두 권으로 긴축했더라면 만인의 손에서 애지중지 먼 훗날 우리 문학의 전범典範으로 『혼불』은 자리매김했으리라. 그래도 다행인 것은 선인들의 빼곡한 생활상이 뒤안길 장독에 묻혀가고 있는 요즘, 이 『혼불』에서의 서사가 매개되어 다시 불꽃을 살리는 잿불이 되었다는 점은 우리 세시풍속사의 기념비적 업적이 아닐 수 없다.

전10권을 읽어야 하는 부담감도 부담감이려니와 1.2권을 읽을 때만 해도 눈꺼풀이 무거워 나머지 8권을 포기할까 했는데 3권을 다시 펼치니 끝까지 악물고 읽어야겠다는 욕심이 났다. 창씨개명과 반상의 신분차이, 사회주의에 오염된 아들 강태와 아버지 이기표와의 갈등, 그리고 작중화자 청암부인의 혼불에 대한 서술이 이제까지의 지루했던 스토리 전개에서 벗어나 생동감을 느낄 수 있었다.

내 우매한 천견으로 『혼불』은 사회적으로 반상신분의 몰락사요, 국가적으로는 조선왕조의 패망사다. 그리고 "그다지 쾌청한 날씨는 아니었다."(제1권)라는 첫 문장으로 시작, "효원은 등을 구부리고 기도하듯 강실이를 부른다. 그 온몸에 눈물이 차 오른다."(제10권)로 끝남으로써 해결해야 할 과제들을 놓쳐버린 것 같아 대하소설로서는 미완성 작품이라 진단된다.

인월댁과 손주며느리 효원은 종가의 지붕 위로 훌렁 떠오르는 청암부인의 혼불을 보았다. 사람의 육신에서 혼불이 나가면 사흘 안에 아니면 오래 가야 석 달 안에 초상이 난다고 알려졌다. 혼불은 크기가 종발만 하여 살 없는 빛으로 별 색같이 맑고 포르스름한데, 다른 사람들의 눈에도 선히 보이는 것이었다. 여자의 것은 둥글고 남자의 것은 긴 꼬리가 있다.

이 혼불은 비명에 횡사를 한 원통한 사람의 넋은 미처 몸속에서 빠져나가지 못한 채 거리 중천에서 방황하나, 제 목숨을 다 채운 고종명考終命의 경우는 그처럼 미리 나가 들판 너머로 강 너머로 어디 더 먼 산 너머로 날아간다. 그렇게 날아서 다음에 태어난 자리를 찾아가는 것이라고 한다.

> ~ 나 죽은 다음에는 동네 사람들을 후히 먹이라. 제사 때를 당하면 아무 음식도 아끼지 말고, 술도 빚고, 떡도 허고, 돼지도 잡아서 온 동네 사람이 재미나고 풍족하게 먹도록 해 주어라. 나는 생전에도 사람을 좋아했으니. 〈제3권〉

죽어서도 살아 있는 듯 종갓집의 기둥으로 끝까지 자리매김하는 청암碃菴부인(경주김씨)은 대종가의 종손인 남편 준의가 나이 15세에 결혼한 후, 단 사흘 만에 저 세상으로 떠나자 부인은 열아홉의 청상과부가 되었다. 남편의 아우(병의)가 낳은 3형제 중 장자 기채를 큰어머니 청암부인(25세)은 양자로 삼았다.

청암부인이 시집올 때만 해도 종가의 형상은 참담했다. 대문은 바서지고 댓돌은 잡초에 묻힌 채 흙먼지 자욱한데 기와는 군데군데 떨어져나가 마치 험하게 두드려 잡은 고기비늘 같았다. 거기다가 거북의 등짝처럼 이러 저리 갈라져 금간 벽이라니, 그

삭막 황량한 집안에 의지할 곳 없던 19세의 부인은 "내 홀로 내 뼈를 일으키리라." 그리고 오늘에 이르러, 그 뜻을 이룬 부인은 일흔 셋에 숨을 거둔다. 세상 사람들은 부인을 '청암대신'이란 별호와 여중군자·여중호걸 등으로도 불렀다. 나는 청암부인을 한국의 꽃심이라 덧붙이고 싶다.

조선시대 금수저 출신 이단아 허균은 스스로 만든 서자 홍길동을 붙좇다가 목숨을 잃었다. 『혼불』에서도 남원매안 이씨의 금수저 출신 청암부인의 손자(강모·강호·강태)들이 양반가계의 맥을 버리고 신분을 초월하는 사회주의적 성향으로 돌아선 스토리가 어쩌면 똑 닮았다.

8월의 작열하는 햇살을 피해 전북대학교 둘레길(건지산)을 산책하다 묘 봉두에 올라 삐쭉삐쭉 솟은 풀잎을 머리깎기로 손질하는 두 여대생(?)을 만났다. 내가 누구의 묘냐고 물으니, 최명희 선생의 묘라고 한다. 나는 청암부인의 묘라고 하니 이들은 곰살궂게 웃는다.

마자수馬訾水의 별이 되어

일본의 아베 정권은 2014년 7월1일, 69년 만에 패전의 멍에를 씻고 전쟁을 다시 할 수 있는 군국주의 부활을 미국의 뒷심에 힘입어 만방에 알렸다. 집단적 자위권을 공식 인정함으로써 헌법 제9조 전수방어專守防禦 원칙에서 벗어나 호전성을 드러낸 것이다. 이에 정부 관계자는 우리 요청이 없는 한, 집단자위권 행사는 한반도에서 결코 이뤄질 수 없다고 했다. 그 순박함은 조선시대나 지금이나 어쩌면 그렇게 닮았는지… 임란이나 일제침탈이 우리의 의지에 따라 이루어졌던가. 그때와 지금은 다르다고 할지라도 국익 앞에서는 시·공을 초월함이 진실이 아니던가.

때마침 그 이틀 후, 시진핑 중국주석은 우리나라를 찾았다. 우리와 중국 정상은 일본의 헌법 재해석과 위안부 강제동원을 비롯하여 고노담화 훼손 등을 우려했다. 시 주석은 서울대 특강에서 한·중 양국은 역사적으로 항상 서로 도와주면서 위태로운 상황을 극복했다며 임진왜란 때 양국 국민의 유대를 암팡지게 강조했다.

이 무렵 나는 신간 『만수지락을 이웃과 함께』를 정창근 소설가님께 보내드렸더니 당신의 장편 『마자수의 별이 되어』(2014년)로 답례하셨다. 허기진 참에 밥숟갈 들듯 나는 맛있게 읽었다. 임진왜란 때 우리 민족이 겪었던 너울성 파도를 역관 홍순언의 외교와 이순신 장군의 해전의 힘, 그리고 명나라의 지원으로 가까스로 일본을 저지한 역사적 콘텐츠를 허구로 재구성한 작품이었다. 마자수는 중국의 옛 문헌에 나오는 압록강을 가리키며, 염난수鹽難水와 패수浿水 등의 이름으로도 불린다. 너무 명작이기에 나 혼자만 욕심낼 수 없어 여기에 요약한다.

> 선조13년(1580년) 동지사 일행으로 명나라로 건너간 역관 홍순언은 퉁저우(通州) 홍등가에서 '술 한 잔에 금 천 냥!'이란 문구에 발길이 멈춘다. 스무 살 안팎의 처자가 옥에 갇힌 아버지의 속전(贖錢, 죗값으로 바치는 돈)을 갚기 위해 자기 몸을 3천 냥에 내놓았다며 술잔을 받으라는 것이다. 홍순언은 조선에 심청이가 있다면 명나라에는 이 처자가 있다고 생각했다. 사연을 이렇다.
>
> 처자의 부친 명나라 호부시랑 유기모는 평소 정직한 관리로 신임이 두터웠다. 그런데 친구의 감언에 속아 자신이 관리하던 공금을 빌려준 것이 그만 공금포흠으로 체포되어 목숨이 경각에 달렸다는 것이다. 처자는 이 몸을 대인께 봉사하겠으며 조선으로 데려가 노비로 삼아도 좋다는 것이다. 홍순언은 심청 같은 그 효성에 마음이 움직이기 시작, 동지부사에게 국고금을 빌려 처자의 일을 해결한다. 그로인해 인신매매란 오해도 받았지만 처자는 그를 아버지로 섬기겠다고 다짐한다. 귀국하여 홍역관 역시, 공금포흠으로 하옥되고 딸마저 파혼 당하였으나 신분

을 초월, 종복 천대길과 딸(소저)은 가시버시의 연을 맺는다.

한편, 선조17년, 옥중의 홍순언은 화급하게 사신의 일행이 되어 마자수를 건너고 있었으나 자신마저 그 까닭을 전혀 알지 못했고 다만, 명나라 예부시랑이 자기를 찾는다는 미리아리 정도였다. 체류 두어 달이 지난 후에야 지난날 3천 냥으로 풀려난 처자(유랑자)의 남편 石星이 바로 예부시랑이라는 사실에 놀랄 수밖에…. 이러한 보은관계로 역관 홍순언은 명나라의 절대적인 지원군을 받을 수 있게 된다. 더군다나 태조 건국 이래, 2백여 년이 지나도록 명나라 대명회전에 종묘사직이 제대로 기록되지 않았던 것을 바로 잡도록 하는데 지대한 역할을 다한다. 이후, 역관 홍순언은 선조로부터 가장 사랑받는 신하로서 종2품 당릉군에 봉작되고 광국2등 공신으로 우대되어 노비와 공신전까지 하사받는다. 그러나 노비는 양민으로 환속시키고 공신전은 그들에게 나눠주는 등의 선행을 베푼다. 그리고 1591년 명나라 성도 항주항에서 왜국 무역선의 위조금괴 판매사건에 우리 선원이 주범으로 몰려 붙잡히자 홍순언의 노력과 절강선 성장 송주宋朱의 배려로 이들이 풀려난다. 이때 성장으로부터 받은 화약 3백 근을 홍순언은 이순신 장군에게 넘긴다. 장군은 정읍 현감으로 있을 때 홍순언을 만난 적은 있었으나 이 일로 인해 이들은 우국충정을 함께 나눈다.

홍순언은 아들 건이에게 염전을 정리하여 이순신 장군의 병참을 도와 수군의 선봉에 서도록 하고, 사위 대길에게도 축재한 것이 있으면 의병활동에 적극적으로 출연하여 나라에 보답하라고 당부한다. 그 후 사위 천대길은 임실 관촌과 전주 쪽의 협곡에 본거지를 둔 의병지대장이 되었으나 그의 아들 영태와 함께 왜적의 조총에 맞아 숨을 거둔다. 아들 건이는 수군간부로서 이순신 장군 휘하에서 나라를 구하는데 헌신한다. 역관 홍순언은 먼저 떠난 부인의 뒤를 이어 향년 69세의 나이로 지병인 천식과 간염으로 생을 마친다. 임진년으로부터 7년, 도요토미 히데요시의 죽음으로 임진왜란은 이로써 끝이 난다.

오늘날 우리들의 배부름이 넘칠지라도 임진왜란 때 겪었던 국난을 사막의 모래, 한 알만큼이라도 잊지 않았다면 여객선 세월호 침몰도 국회 청문회에 불려나온 일그러진 몰골도 나타나지 않을 것이다. 한편, 임진왜란 때 우리를 도왔던 명나라 장수 편갈송 장군을 따라 귀화한 이여송의 손자·마귀 일척·진린 손자·두자충 등의 후손들은 은혜의 대갚음을 통해 이 땅에서 평강대길의 삶을 이어가고 있으리라 믿는다. 특히나 시진핑 국가주석이 서울대 강연에서도 밝혔듯이 명나라 통수 진린陳璘의 후예가 조선에서 뿌리를 내렸다고 했는데, 전남 해남군 산이면 황조마을이 곧, 광동진씨廣東陳氏의 집성촌이다. 진린은 노량해전 때 이순신 장군의 시신을 수습해 사당을 짓고 백일 동안이나 장례를 성스럽게 치른 분이기도 하다. 후회막급이지만, 율곡 선생의 십만 양병설을 믿었더라면, 동·서인의 당파싸움이 없었더라면 영화 「명량」 마지막 장면에서 해졸들의 입에서 '이런 개고생'이란 말은 나오지 않았을 것이다.

내가 소설가 정창근 선생을 처음 뵌 것은 「전북수필」 제77호 출판기념식장이었다. 회식 자리에서 지난날과는 다르게 웬만하면 술을 피하는 분위기인데 선생은 80대 중반임에도 가장 오래 자리를 지키며 권주불사 애주가였다. 나는 선생과 한 살 연배인 체코슬로바키아 출신의 소설가 밀란 쿤데라를 만난 듯 반가웠다. 그날 선생의 장편 『슬픈 제국의 딸·데이신다이』도 만날 수 있었다. 감사한 마음으로 집에 돌아오자마자 소설 속에 빠졌는데 마치, 조정래의 『태백산맥』을 다시 읽는 듯 했다. 아직도 작중인물 '가을이'의 모습이 아련히 잊히지 않는다. 한편, 작품에 담겨진 순우리말은 젊은이들에게는 너스래미일지라도 나에게는 고색창연한 아름다움을 보는 듯했다. 곰살갑다·가시버시·시르죽다·애면글면·소드락질·투레질·옹글다·보추 없다 등…

선생은 역사는 나선형으로 발전한다고 했다. 더군다나 중국은 세계 두 번째 무역대국이자 우리 수출의 26%를 차지하는 최대 교역국으로서 미국이나 유럽연합국을 앞지르고 있다. 그러기에, 우리의 안보는 미·일과 동맹일지라도 중국을 외면할 수 없고 경제는 중국이 우선일지라도 미·일을 무시할 수 없다는 것이 우리의 지정학적 숙명이다. 선생은 '작가의 말'에서 우리 강토와 육속돼 있는 중국은 누가 뭐래도 만년 이웃이고 우리와 불과분의 관계라고 했다.

나도 덧붙이고 싶다. 미워도 싫어도 북한은 우리의 동족이요, 얄밉고 깝신거려도 일본은 지리적으로나 알파벳순(J·K)으로나 우리 이웃이니 죽이든 밥이든 살랑살랑할 수밖에….

이만열 교수의 1등 국가론

미국 테네시주 내슈빌에서 1964년에 출생한 임마누엘 페스트라이쉬, 한국명은 이만열이다. 하버드대 동아시아 언어문화학 박사학위를 취득하여 조지 워싱톤대 역사학과 겸임교수와 우송대 솔브릿지 국제경영학부 교수, 그리고 외교통상부가 운영하는 싱크탱크인 주미한국대사관 홍보원 이사를 역임했다. 지금은 경희대 국제대학 교수 겸 아시아 인스티튜트 소장으로 재직하면서 중앙의 각 일간지 필진으로도 활동하고 있다. 주요 저서로는『세계석학들 한국 미래를 말하다』를 비롯하여『인생은 속도가 아니라 방향이다: 하버드 박사의 한국 포류기』『연암 박지원 단편소설』등이 있다.

나는 이 교수가 한국어로 직필, 2013년에 출간한『한국인만 모르는 다른 대한민국』을 통해 그를 만났다. 평소 한 달에 10권 안팎의 책을 읽는 나로서 이처럼 감동 깊게 읽은 적은 없었다. 껌을 씹듯 읽고 주요내용을 A4 21쪽(11포인트)에 압축하여 정리하고 보니 나만 간직하기엔 너무도 소중한 자료들이었다. 교육기관에서 이 책을 교재로 채택한다면 얼마나 좋을까. 그리고 한국인의 정체성 발견을 위해 대한민국 필독서로 선정, 복권 수준의 상금을 통해 많은 사람들이 참여할 수 있는 독서잔치를 펼친다면 우리나라에 대한 좋지 못했던 생각들을 잡도리할 수 있으리라 생각된다.

내 나름대로 주요 내용(목차가 아님)을 추스르면, 우리는 1등 국가임에도 우리 자신만 모르는 점, 우리가 반성해야 할 점, 국가홍보를 위해 세계의 석학이나 작가들에게 발전된 한국에 관한 작품쓰기, 한류굴기韓流掘起, 선비정신, 한국인들의 새우 콤플렉스, 노벨문학상과 한국문학, 코리아 디스카운트, 우리의 유기농법, 미국·독일 등이 바라보는 한국에 대한 관심도, 외국에서의 한국어 교육, 세계적 나비효과의 진원지로서 최적국가, 그리고 미국과 중국 사이의 외교는 고려시대의 외교를 반면교사 등 학자들의 형이상학적 입술강의가 아니라 서구인의 시각에서 우리의 속사정을 알알이 연구한 한국학자의 눈에 비친 살아 움직이는 내용들이 너무도 금과옥조로 엮어졌다. 중국이 머지않아 경제적으로 미국을 추월한다고는 하지만 우리 세대에서는 미국이 지구 곳간의 지위임에는 흔들림 없다. 친미라고 힐난할지라도 냉정한 입장에서 아직까지는 미국의 여론이 세계의 여론이요, 미국의 힘이 세계의 올돌한 힘임에는 부정할 수 없지 않은가.

2013년 기준, 미국에 유학 중인 우리 학생수는 중국과 인도에 이어 3위를 자리매김하고 있다. 그러나 인구비율로 따지면 우리가 중국보다 7.8배, 인도보다 17.5배 많다. 심지어 경희대 김종영 교수가 쓴『지배받는 지배자』에서 이들 유학생들은 미국 유학 중에 열등생으로 지배받는 자들이었으나 이들이 우리 사회에서는 헤게모니를 가진 중간자적 입장이라는 뜻의 '트랜스내셔널 미들맨 지식인'이라고 했다. 그럼에도 미국인들의 한국에 관한 관심이 현실과 왜곡되었거나 축소되어 인식되는 것에 대해 이만열 교수의『한국인만 모르는 다른 대한민국』에서는 다음과 같이 적확히 지적했다.

국제사회에 널리 존재하는 한국의 이미지는 전형적인 약소국가로 나타난다. 한국은 중국과 일본, 또는 미국과 중국이라는 강대국의 틈바구니에 끼여 끊임없이 고통당하는 형편없는 약소국의 이미지를 갖고 있다. 이는 일제강점기 때 일본인들이 의도적으로 왜곡된 한국을 이렇게 소개했던 것이 지금까지 전 세계로 펴져나갔다. 이처럼 일본이 한국을 미개발이라고 폄훼한 한국은 실제적으로는 세계에서도 전례 없는 아름다운 전통을 가진 나라이다. 그럼에도 현재까지도 외국 지식인이 한국에 대한 정보를 파악하기 위해 자료를 찾을 때 어려움을 겪는다.

그러므로 한국에 필요한 것은 '독도는 우리 땅'이 아니라 한국역사를 시적으로 응축해 표현하는 능력이다. 반도체를 개발하기 위해 천억 원을 투입하는 것보다 더욱 중요한 일은 아름다운 언어로 한국을 세계에 알리는 홍보이다. 이를 위해 문학적 감각이 있는 외국 지식인을 초빙하여 한국을 여행시키고 그 내용을 글로 쓰도록 유도하면 효과적일 것이다.

김종영 교수가 명명한 '트랜스내셔널 미들맨 지식인'들은 국내에 들어와 권력과 재벌 트랙만 빙빙 돌지 말고 고등실력을 동원, 영어로 직필하여 미국사회는 물론 전 세계에 우리의 발전된 진상眞相을 널리 알릴 수 있는 전도사적 사명감과 국가정책이 목마르다. 끝으로, 이만열 교수의 『한국인만 모르는 다른 대한민국』에서 외롭게 일갈하는 농축액을 여기에 다시 인용한다.

> 30여 년이 지난 지금 세상은 이제 아시아에서 또 다른 1등 국가의 부상을 바라보고 있다. 많은 사람은 중국을 떠올릴 것이다. 그렇지만 중국은 아직 아니다. 중국은 국가 전체로 보면 미국에 필적할 잠재력을 지닌 거대국가로 분류되지만 개인 소득이나 복지시스템을 살펴보면 선진국으로 분류될 수 없고 아직 가야 할 길이 멀다. 아시아에서 등장한 또 다른 1등 국가는 바로 한국이다.

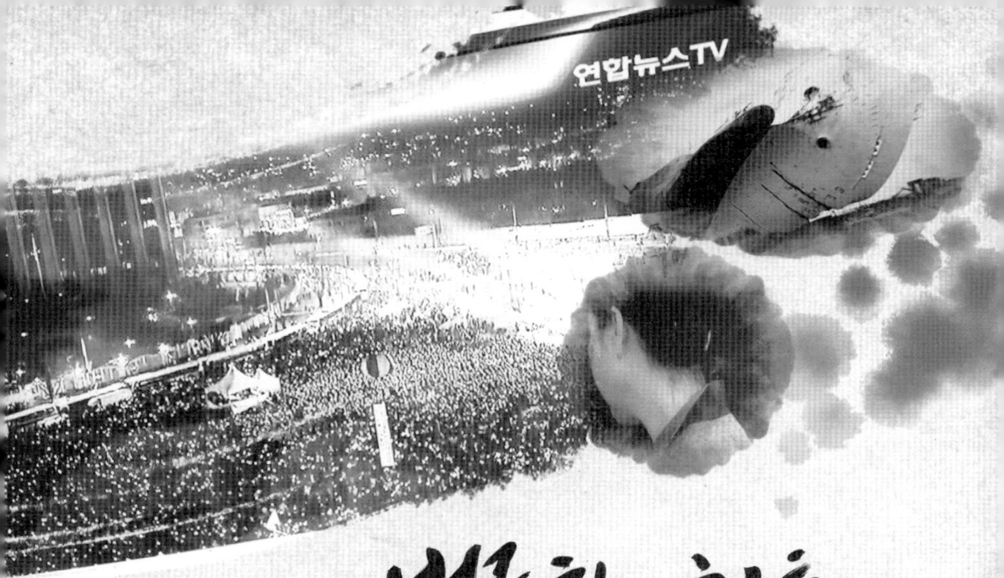

버름한 창틀

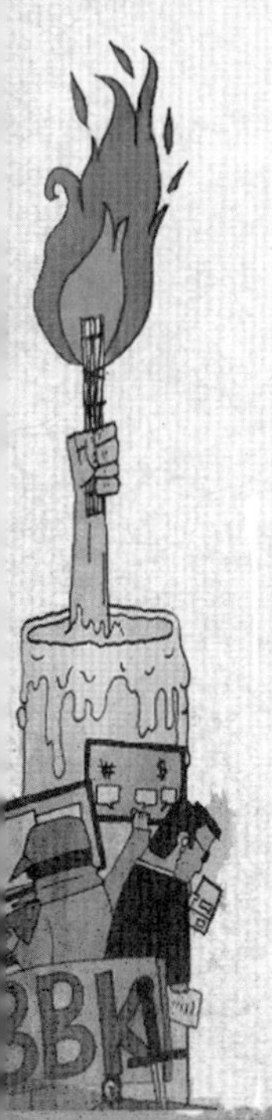

비比의 시대

비比란 한자는 우리네 삶의 모습을 전형적으로 보여 주는 글자다. 글자를 보면 두 사람이 한 방향을 나란히 바라보고 있다. 그래서 이 글자는 함께 손잡고 나란히 걸어갈 比도 되고 서로서로 도울 比도 된다. 이 比와 상대적인 글자에 배北가 있다. 좌우 두 사람이 서로 등지고 있는 형상이다. 그래서 北는 달아나다. 배신하다의 뜻을 가지고 있다. 나 혼자 살기 위해서 동지를 내박치고 돌아서 도망가는 꼬락서니를 패배敗北라고 우리는 곧잘 쓴다. 比는 한 방향으로 손을 잡고 잘 나아가고 있으니 좋아 보이나 문제는 나와 손잡고 있는 이에게만 너무 빠져든다는 것이다. 나와 손잡지 않은 이는 적으로 간주하여 내친다. 그래서 자기들끼리만 똘똘 뭉치는 패거리 성향이 보인다. 요즘 우리 정치문화가 그렇다. 대표적인 사례로 1992년 부산 초원복국집에서 김기춘이 당시 민자당 김영삼 대통령후보를 당선시키기 위해 지역감정을 부추긴 "우리가 남이가"란 말은 비의 진수를 보여줌으로써 두고두고 그의 아킬레스건이 되었다.

돌이켜보면, 지난 왕조시대의 당쟁은 바로 비 때문이라 해도 과언은 아니다. 공자는 "군자란 두루두루 다 통하며 패거리를 만들지 않는다.(君子, 周耳不比)"고 했다. 공자가 말한 군자는 무리를 이루되 당黨을 짓지 않아야 한다는 뜻으로 패거리를 만들지 말라는 것이다. 조직폭력배처럼 패거리를 짓게 되면 싸움이 일어날 수밖에 없다. 오늘날 정치권에서의 계파싸움이 그렇다. 특히, 선진국에서는 개인의 능력을 중시하지만 후진국에서는 혈연·지연·학연 등 인간관계가 중시된다. 인간관계를 중시하는 나라에서는 인간관계가 없으면 아무 것도 할 수 없는 구조적 적폐가 상존하고 있다. 개인의 능력은 뒷전이다. 그래서 모두들 관계를 맺기 위해 매일 술집과 식당에서 흥청망청한다. 비의 주요 메뉴다.

지난 이명박 시절, 고소영(고려대·소망교회·영남출신) 내각이란 '비의 시대'가 국민을 우롱하며 교만의 극치로 순간을 누볐으나, 퇴임 이후에는 각종 의혹으로 마음이 불편하지 않은가. 박근혜 시절엔 최순실을 으뜸으로 국정농단의 문고리 3인방(이재만·정호성·안봉근)이 흔천동지하다가 수갑 차는 수모를 겪어야 했다. 혹여 이들은 "좋은 행동을 해 놓고도 나쁜 소리를 듣는 것이 군주들의 운명이다."라는 안티스테네스의 말을 착각하여 스스로 위로 받을까 겁난다. 『주역』에서 비룡재천飛龍在天은 항룡유회亢龍有悔라 했던가.

이수광의 장편 『발해를 꿈꾸며』에 나오는 이야기다. 발해의 인선황제 곁에서 정신을 흐리게 한 요부 임소홍을 멀리 하라는 내시 진림이 죽임을 당하면서까지 진언한 그의 충언을 받아들였더라면, 발해의 역사는 오늘날 주권국으로 우뚝 섰을지도 모를 일이다. 이를 뒷받침하는 말이 뒤를 잇는다. 당태종의 주요 언행을 역사가 오긍吳兢이 기록한 『정관정요貞觀政要』에 의하면, "신하가 군주를 섬기면서 군주의 뜻에 따르기는 매우 쉽지만, 군주의 감정을 거슬리면서까지 진실을 간언하는 일은 아주 어렵다."고했다. 우리의 미혹한 정치현실에 대한 정곡을 찌른다. 한편, 구중심처에서 공주역할에 심취하다 탄핵당한 박근혜 전 대통령도 이 같은 지극히 당연한 원리를 조금만이라도 깨우쳤더라면 '신판 박타령'은 생산되지 않았을 것이다. 입가심으로 「흥보가」 중 세 번째 박타령(중모리)을 먼저 들어보자.

> 시리렁 실겅 당겨주소. 시르렁 시르렁 실겅 실겅실겅 당겨주소. 이 박 속에서 나오는 보화는 김제 만경 오배미뜰을 억십만금을 주고 사자. 충청도 소재뜰을 수만 금을 주고 사면 부익부가 될 것이오. 시리렁 실겅 당겨주소. 시르렁 시르렁 실겅 실겅 실겅 당겨주소.

신판 박타령

원박/ 탈박/ 구박/ 멀박/ 친박/ 복박/ 돌박/ 영박/ 견박/ 균박/ 신박/ 범친박/ 월박/ 짤박/ 옹박/ 용박/ 오박/ 옆박/ 절박/ 타박/ 희박/ 면박/ 대박/ 척박/ 종박/ 탈박 / 신친박 / 참박(眞朴)/ 진친박/ 가박/ 홀박/ 짐박/ 박·박전쟁/ 잡박/ 빠박/ 남매박·누님박/ 박적박/ 낀박/ 찍박/ 겁박/ 떼박….

그래서 나도 '새판 박타령'을 불러보았다.

이래저래 절박한 심정으로 타박하며 통박 재다 피박 쓰고 핍박 받으면 단호박이든 조롱박이든 박살나는 쪽은 쪽박인가, 조심해 바~ㄱ!

20대 총선 막장 공천을 비박과 친박 끼리 쌈박(질)하다 16년 만에 다시 여소야대로 피박 쓰고 쪽박 찼으니 이를 어이 할꼬. 옳은 말한 유승민 미워하다 당은 쪽박되어 급기야는 탄핵으로 천박 살이, 정치하는 주변은 용박을, 정치인은 정치를 먹박으로, 세상을 어지럽게 하는 比의 정치는 이 같은 비운의 역사적 치욕을 맛볼 수밖에… 이처럼 구중중한 모습을 거울삼아 부디 문재인 정부만은 꼭 성공하기를 기대한다. 인재를 기용할 때는 중국 춘추전국시대 제나라의 제한공齊桓公의 고사에서 보듯이 집무실 밖, 뜰에 횃불을 밝혀놓고 신분을 초월하여 널리 인재가 찾아오기를 기다렸다는 '정료지광庭燎之光'의 교훈을 거울삼아 널리 구하기를 진정으로 바란다. 제한공이 바라는 인재는 성인이 아닌 대인이다. 성인은 도덕적인 수양과 학문은 높을지라도 사람을 구할 수 없고 책임을 질 줄 모른다. 그러나 대인은 일에 대한 책임을 질 줄 알고 어려움을 구할 줄 아는 사람이다.

구시렁거린다 할지라도, 지난 72주년 광복절 행사에 앞서 문재인 대통령은 백범 김구와 삼의사 묘역을 찾아 방명록에 "선열들이 이룬 광복, 정의로운 대한민국으로 보답하겠다."고 썼다. 부디 심정적 표현으로만 그치지 말고 방명록 내용과 같이 '비의 시대'를 걷어내고 정의로운 나라 세우기에 혼신의 열정을 간원한다.

요즘 아이들

스마트폰이 없으면 노모포비아 증세가 나타나고, 치마는 자꾸 짧아지고, 머리는 염색하고, 담배마저 버젓이 피고, 수업시간에는 엎드려 자고… 우리 땐 안 그랬는데, 옳은 말이다. 요즘 아이들의 행동을 두남두고 싶지는 않다. 일단 야단치고 회초리를 들고 태질까지 하고도 싶다. 그러나 요즘 아이들의 문제는 잠시 접어두고 요즘 어른들의 모습은 어떤가. 특히, 요즘 학생인권이 하늘 높다보니 교사들은 교육적 책무를 포기한 지는 오래되었다. 그럼에도 학생들이 가장 선호하는 직업을 10여 년 넘게 '교사'를 선택했다. 그들의 눈에 비치는 교사는 큰 어려움 없이 안정된 직업적 가치가 크기 때문이 아니겠는가. 교사들의 책무가 힘에 겹다면 아마 회피코자 하는 직업군의 첫째가 되었을 것이다. 다시 말해 교사의 교육적 사명감을 앞세우다가는 크게 다치기 십상이니 그저 쉽게 근무하고 쉽게 아이들을 포기해 버리는 요즘 교육현장의 실상이다.존경스런 어르신도 많겠지만 우리 주위에서 쉽게 발견되는 어른들의 일그러진 모습들을 요즘 이모티콘 세대들과 비교한다는 자체가 우스꽝스럽다.

J.콘래드의 장편소설 『로드짐』의 이야기다. 젊은 항해사 짐은 배가 충돌할 위험에 빠지자 자기도 모르게 승객들을 버려두고 바다에 뛰어들었으나 배는 다행히 침몰을 면한다. 짐은 치욕감에서 벗어나고자 배를 떠나 말레이 반도의 원주민 마을에 들어가 지배자가 되었으나 결국 백인 악당에게 속아 비명의 죽음을 당하게 된다는 줄거리이다. 이로부터 100여 년이 지난 우리의 허구 아닌, 팩트는 어떤가.

여객선 세월호의 참사에서 보았듯이, 여유롭게 탈출한 15명의 승무원들에겐 304명의 생때같은 생명들은 자신들의 구명에 장애가 될 뿐이었다. 그럼에도 요즘 아이들은 무책임한 그들의 '가만히 있어라'는 방송을 끝까지 지킴으로써 목숨을 옴나위도 없이 잃어야만 했다. 한편, 그들은 그 급박했던 순간에도 친구를 위해 구명조끼를 벗어줬고 어린아이를 먼저 들어 올렸고 부모님께 사랑한다는 문자까지 남겼다. 이런 아이들을 미생지신이라 어른들은 어리석다 여길지라도 이들은 배운 대로 행동했을 뿐이다. 우리 어른들은 이들을 물속에 가둬놓고 텔레비전 앞에서 아등바등만 했다. 이들은 인당수 심청이도 아닌데 온갖 부조리와 추악한 세상의 업보를 어른 대신, 한 순간에 속죄양이 되어버렸다.

세월호의 선장은 누구인가. 요즘 아이들이 아니라, 우리 어른들 모두가 선장이다. 가정·학교·직장·사업체·정치권 등 사회 구석구석에서 기본과 양심이 마비된 선장들이 우글거리고 있다. 산업재해로 불구가 되었거나 생명을 잃은 근로자·부당해고나 일자리를 잃어 가정이 파괴된 노동자·가난과 질환으로 곤혹의 길을 헤집는 빈곤층, 그리고 안전 불감증으로 인한 각종 사건·사고의 피해자가 속출하는 것도 요즘 아이들 때문이 아니라 양식이 마비된 어른들 때문이다. 세월호의 실제 소유주라는 유병언 전 세모그룹회장 일가는 종교라는 외투를 입고 돈과 권력을 생산했다. 이처럼 비리백화점을 차리기까지 권력층과 관계기관과의 유착 등으로 이번 참사는 노아의 방주方舟마저 보이지 않았다.

이 뿐만이 아니다. 요즘 아이들은 학자금과 생활비 등으로 부모의 등골탑이 에려 아르바이트를 한답시고 이리저리 기웃거리지만 이마저 갈취하는 사악한 어른들이 많다고 한다. 최고 학부를 나온다고 일할 곳이 기다리는 것도 아니다. 성호 이익은 관직은 적은데 관리되고자 하는 사람은 많아 당쟁이 발생한다고 했다. 이처럼 열악한 사회 환경은 지금이라고 달라진 것이 없다. 구멍가게는 대형마트 때문에, 소상공인은 큰 기업의 갑질로, 직장에서는 비정규직 장그래가 넘친다. 그러기에 대기업이나 공기업 혹은, 공직에 입문하기를 갈구하고 있으나 그 경쟁은 하늘을 치솟고 있다. 어렵사리 대졸 신입사원으로 취업했더라도 1년 내 퇴사자가 25%라니 얼마나 근무여건이 열악한가를 짐작할 수 있다. 개천에서 용 난다는 말은 옛말이요, 요즘은 개천의 지렁이마저 사라진 지 오래다.

이 모든 사회생태계가 파괴된 원인은 돈과 권세에 대한 탐욕이다. 돈은 권세를 생산하고 권세는 돈으로부터 나온다는 깨달음은 요즘 아이들이 아니라 어른들의 세상경험에서 비롯되었다. 대프니 듀 모리에의 장편 『레베카』에서도 지적했다. "어른이 되고 나면 양심의 동요 없이 즐거운 표정으로 능히 거짓말을 하게 되지만, 어린 시절에는 작은 속임수 하나에도 입술의 마비되어 스스로를 벼랑 끝에 몰아넣고 만다" 하나님 사업이랍시고 돈과 권력만 챙기면 인생은 저절로 행복해 질 것이라는 망상에 함몰된 유병언과 같은 사례는 빙산의 일각에 불과하다. 교사는 학교 이야기를, 정치인은 정치 이야기를 가장 듣기 싫어하는 세상에서 아무리 아이는 부모의 종교라 하지만 어찌, 요즘 아이들만 탓할 수 있겠는가.

조창인의 장편 『길』에서 8살 연희와 13살 승우를 버리고 가출한 사람은 어머니라는 어른이요, 어머니를 찾아 길을 헤매며 온갖 고생을 하는 쪽은 병약한 이 어린 남매의 몫이었다. 전경린의 장편 『엄마의 집』에서 화자 호은이는 어른들은 정말 너무 한다고 한탄한다. 엄마의 애인인 아저씨, 엄마의 전남편인 아빠, 아빠의 새로운 딸 승지… 팩트는 허구보다 더 복잡다기한 우리 이웃들이 수두룩하다. 우리 고장 전주에서도 허구 아닌 실화가 2017년 세밑을 우울하게 했다. 아직도 기억에서 생생한 고준희 양(5세)이 친부의 폭행과 새엄마의 학대에 그만 사망에 이르게 되자 군산 야산에 유기한 혐의로 구속된 인면수심이 어찌 하나 둘이던가.

인간이 듣는 최초의 소리는 엄마의 심장소리다. 그래서 엄마의 가슴으로 아기를 안아주면 아기는 편안함을 느낀다. 이것도 사춘기 이전의 상황이다. 요즘 아이들은 엄마의 소리는 잔소리요, 엄마에게 아이의 소리는 짜증으로 들린다. 그러나 길지 않은 이 통과제의 과정이 지나면 요즘 아이들은 부모를 섬기는 가정의 주춧돌로, 나라의 기둥으로서 미래를 이끄는 동량재의 몫을 다한다. 프랑스의 근대 시인이자 철학자였던 G.바슐라르는 『몽상의 사학』에서, "새 세대가 옛 세대를 깨우고 옛 세대는 새 세대

속에 다시 살아난다."고 했다. 어린이 인권운동가 방정환 선생 역시, "어른이 어린이(젊은이)를 내리 누르지 말자. 삼사십년 뒤진 옛사람들이 삼사십년 앞사람을 잡아끌지 말자."고 하지 않았던가.

인간사회는 믿음이 곧, 생명이다. 믿음이 없다면 약속도 공약도 허풍선일 뿐이다. 어른이 어린아이를 보살피고 젊은이가 늙은이를 돌보고 건강한 사람이 장애인을 돌보고 배운 사람이 배우지 못한 사람을 가르치는 것은 자연의 이치요 신의 섭리가 아니겠는가. 그럼에도 요즘 어른들은 요즘 아이들보다 훨씬 무식한 사람들이 우리들의 삶을 갉아먹는다. 특히나, 사회지도층의 말 말 말들은 중천금의 가치가 있다. 왜냐하면, 그 말에 대해 실천할 수 있는 능력과 힘이 있기 때문이다. 아이들 세계에서도 한두 번의 거짓말은 진실인 양 착각으로 위장될지라도 습관적인 거짓말은 양치기 소년으로 따돌림 당한다. 특히나, 특권을 가진 정치인이나 최고통치자의 말은 법보다 더 강력한 믿음이란 효소가 있다. 그럼에도 뽕으로 누에를 먹인다고 해도 믿지 않은 현실이니, 지진계와 같이 예민한 요즘 아이들이 이들에게서 무엇을 배울 것인가. 상추쌈에 고추장이 빠질까. 어른들의 큰 잘못은 덤불 속에 감춰두고 요즘 아이들의 투정만을 놓고 말세 운운하며 탄식하는 어른들의 속내가 가증스럽다. 4·19묘지를 방문했던 어느 교수의 탄식을 고 신영전 교수가 전한 말이 귓속을 괴롭힌다.

> 이렇게 많은 학생들의 묘지 속에 어떻게 교수 한 명의 묘지도 없단 말인가!

입속 나들이

식생활 도구 중 젓가락보다 숟가락이 먼저 쓰였지만 만두나 국수 같은 밀가루음식이 널리 퍼지면서 중국 전국시대부터는 젓가락이 주로 많이 사용되었다. 더군다나 당나라 때 불교의 영향으로 젓가락이 중국 밖으로 전파되기 시작하면서부터 오늘날 15억 명이 넘는 사람이 사용하고 있다.

1970년대부터 이시키 하치로 같은 일본 음식사가들과 1980년대 미국의 역사학자린 화이트는 전 세계에 세 종류의 식습관이 존재한다고 했다. 손으로 먹는 습관, 포크와 나이프로 먹는 습관, 젓가락으로 먹는 습관으로 구분했다. 손 식습관은 세계인구의 약 40%로 남아시아와 동남아시아, 중동과 근동지역 및 아프리카가 있다. 두 번째 음식문화권은 유럽과 남북 아메리카 사람들이며, 젓가락 식습관문화권은 두 번째와 함께 세계인구의 각각 약 30%로써 중국인·일본인·한국인·베트남인들이 있다. 예로부터 중국의 소수민족들은 젓가락을 인기 있는 결혼선물로 쓰일 뿐 아니라 결혼예식에서 많이 사용한다.

한반도에서 발견된 젓가락 중 가장 오래된 것은 삼국시대인

6세기 초의 청동기 젓가락이다. 이는 501년에서 523년까지 백제를 통치했던 무열왕의 무덤에서 출토되었다. 아마 중국의 영향을 받은 식습관이라는 증거는 이 젓가락들의 디자인이 당시 중국의 젓가락과 비슷하다는 것이다.

이상은 중국출신 에드워드 왕이 쓴 『젓가락』을 김병순이 2017년에 번역한 책을 에디톨로지 한 것이다.

우리가 매일 사용하는 젓가락 중 움직이는 쪽은 양이고, 고정하는 쪽은 음이다. 두 개 모두를 고정시키거나 함께 움직이면 쓸 수가 없다. 이는 '일음일양一陰一陽'이란 『주역』에서 일컫는 태극의 원리 즉, 음양의 조화를 잘 반영하기 때문이다. 중국의 쩡스창이 쓴 『운이 스스로 돕게 하라』라는 책을 보면, 젓가락을 잡는 자세를 보고 그 사람의 성격을 짐작할 수 있다고 했다. "젓가락질이 서투른 경우는 젓가락의 아랫부분을 잡는데 불안할 수밖에 없고 매사에 자신이 없는 성격이다. 반대로 너무 위쪽을 잡는 사람은 자신이 잘 났다고 으스대는 성격에 가깝다." 그리고 '젓가락 문화권'이란 용어를 만들어낸 일본 작가 이시키 하치로는 젓가락을 씀으로써 두뇌와 손이 서로 조화를 잘 이루어내 궁극적으로 두뇌 발달, 특히 어린이의 지능 향상에 큰 도움을 준다고 했다. 동양에서 주로 쓰이는 젓가락은 서양의 나이프나 포크와는 다르다. 젓가락은 음식을 베거나 찌르거나 난도질하거나 잘라내는 등의 폭력성이나 공격성을 지니지 않았다. 다만, 음식물을 분류하고 뒤집고 옮길 뿐이다.

반갑게도 우리의 젓가락문화를 연구하고 전 세계에 보급하고자 충북 청주시는 청원구 내덕동 옛 연초제조청에 있는 첨단문화산업단지 2층에 '젓가락연구소'가 2017년 8월16일 문을 열었다. 이 연구소의 첫 사업은 올바른 젓가락질과 식사예절 등이 담긴 밥상머리 교재를 발간하는 일이다. 명예소장으로는 초대 문화부장관을 지낸 이어령 박사, 이시형 세로토닌문화원장, 박진선 샘표식품 대표이사가 위촉됐다. 첨단문화산업과 젓가락문화가 공존함으로써 우리의 과거와 현재, 그리고 미래가 어울리는 공간으로써의 역할을 다하리라 믿는다.

씨잘데기 없는 소리라 할지라도, 음식은 여럿이 나눠 먹을 때 숟가락 대신 젓가락을 사용하는 것은 다른 사람들과 친해지고 싶은 바람과 식품오염에 대한 걱정을 적절히 고려한 관습이다. 젓가락은 숟가락에 비해 크기가 작다. 음식을 집는 쪽의 끝이 뾰족해서 음식물을 한 접시에 담긴 다른 음식물을 건드리지 않고 적확하게 집어낼 수 있다. 이것이 바로 한국인의 좋은 식사관습이다. 그러나 몰지각한 일부 고루한 친구들은 삼겹살 등 고기를 구울 때 입속에 넣었던 젓가락으로 이리저리 헤집는 비위생적 짓거리를 자주 보인다. 따로 준비된 위생집게를 사용하면 좋을 텐데. 제집 드나들 듯 제 입속 드나들던 젓가락으로 함께 먹는 음식을 이리저리 뒤집는 볼썽사나운 친구들의 몰골을 볼라치면 그저 느끼하다. 이들의 집구석은 어떨까. 청결은 보나마나 난파선의 잔해더미일 것이다. 신발장은 시체가 나뒹구는 전쟁터보다 더 지저분하고 어수선할 테고, 옷장은 피난 직전의 황량한 상태일 테고, 침실 주위는 헌옷가게의 문 닫기 직전 소란스러움 그대로일 것이다. 이규태 선생이 1991년에 출간한 『한국인의 버릇 2』를 보면 다음과 같은 이야기가 소개된다.

> 여자가 시집을 가서 며느리가 되고 아내가 되고 시어미가 되면 부婦가 따라 붙는다. 부란 글자 속에는 빗자루나 걸레(帚 비추)를 들고 있는 女란 모둠글씨임을 볼 수 있다. 처妻도 정갈스럽게 다듬고 쓸고 닦는다는 뭇이 여자임을 잘 나타내 주고 있다.

그래서 그랬을까, 며느리 마음은 부엌이 거울이라는 우리 속담이 있지 않은가. 부엌의 정돈 상태나 솥뚜껑의 윤기나 밥상 밥그릇의 청결도로 며느리의 마음을 거울 보듯 들여다 볼 수 있다는 것이다.

그렇다고 모옌의 장편 『열세 걸음』에서 작중인물 '리위찬'의 청결벽처럼 집에 발을 들여놓자마자 이맛살을 찌푸리며 마치 경찰견처럼 여기저기 냄새부터 맡아보라는 것은 아니다. 최소한의 비위생적인 헤뜨림만은 삼가자는 것이다. 꼼바르다할지라도 입속나들이한 젓가락으로 음식상을 이리저리 휘젓지 않는다면 그 만남의 기쁨은 크리라.

멍청한 바보

나쁜 남자와 사귀다 헤어진 여자들이 또 다른 나쁜 남자에게 빠지는 경우를 우리는 종종 본다. 왜 그럴까. 그 여자는 한 치 앞도 내다보지 못하는 바보이기 때문이다. 독일 미하엘 엔데의 동화소설 『모모』에 나오는 거북이(카시오페이아)는 반시간 앞의 일을 꿰뚫고 있다. 아마 이 여자에게도 이런 눈을 가지고 있다면 두 번씩이나 나쁜 남자를 만나는 그냥 바보도 아닌 멍청한 바보가 되지는 않았을 것이다. 하긴 한 쪽 말만 믿고 송사 못한다고 상대 남자의 말을 들어보면 그 역시, 나쁜 여자 만나 손해 보았다고 할는지 모르겠지만…

그러기에 현명한 사람은 과거를 보고 배운다고 하지 않던가. 반면교사反面教師·징전비후懲前毖後·전거복철前車覆轍 등의 고사가 우리에게 교훈을 주고 있다. 그런데도 멍청한 바보들은 과거를 통해 딱 한 가지만 배운다. 과거를 통해 아무것도 배우지 못하거나 배우지 않는다는 사실이다. 다시 말해 복수할 줄도 모른다는 것이다. 복수의 최선의 방법은 그 위법행위를 본받지 않는 것인데… 이와 같은 멍청한 바보의 사례는 비단 남녀관계뿐만 아니다. 우리 정치권이나 대재벌을 비롯한 힘 있는 자들의 주변에서 더 많이 목격된다.

여객선 '세월호'의 선령연장에 따른 규제완화로 생때같은 304명의 귀중한 생명을 앗아간 인재형 참사가 아직도 생생하다. 그런데도 화재예방과 안전대책은 나몰라하고 그린벨트 내 캠핑장 설치에 관한 규제마저 확 풀어버린 지난 정부는 강원도 강화캠핑장 화재로 7명의 사상자를 내고야 말았다. 이들과 같은 정치지도자의 멍청한 바보들의 행진을 지켜보노라니 마치, 설국열차와 함께 돌진하는 기분이다.

위衛나라 출생으로 이름은 앙鞅이라는 상군商君은 형명가刑名家로 불리는 인물이다. 법을 가혹하게 시행하여 하루에 700여 명에게 사형을 집행했다. 진秦나라의 태자까지 처벌할 정도였으니 기득권으로부터 많은 원한을 사기도 했다. 진나라가 천하를 통일할 수 있었던 것은 이처럼 엄격한 법치주의로 인한 왕가의 안정에서 비롯되었다. 우리의 현실은 어떤가. 많은 정치인들이 부정부패로 구속될지라도 불과 1~2년 지나지 않아 석방되거나 사면 복권됨으로써 국민들의 분노를 사는 것과는 대조적이다.

조선 중기의 문신 홍언필洪彦弼의 겸손한 삶에서도 본받을 점이 많다. 대사헌을 여섯 차례, 이조·형조·호조·병조판서를 거쳐 또 한 번의 호조판서를 지냈다. 그뿐만 아니라 우의정·좌의정·영의정에 올랐고 다시 좌의정과 영의정을 지냈다. 이처럼 영달을 누렸지만 겸손하고 조심하여 처세에 허물이 없도록 주의를 다했던 염근리廉謹吏 중의 한 사람이었다. 이처럼 되기까지는 갑자사화 때 전라도 진도로 귀향 갔다가 풀려나온 일이라든지, 기묘사화 때 죽을 뻔 했다가 살아나온 일을 항시 교훈 삼았기 때문이었다.

한편, 이 나라 재벌들은 어떤가. 막강한 권력이 저지른 4대강·방산·자원·해운·행정비리 등으로 수 조원 국고를 날리는 과정에 어부바하며 달려든 당시 포스코건설 · 경남기업 · 일광그룹, 그리고 공군 장수들의 추풍낙엽을 보노라니 이들 역시, 멍청한 바보들의 군상임에는 틀림없다. 유병언 전 세모그룹회장의 행태와 꼭 닮았다. 이들의 기본메뉴인 정경유착으로 국고를 갉아먹는 일에 크고 작은 죗값이 다르겠는가.

이 멍청한 바보들이 죽으면 과연 천국으로 갈까, 지옥으로 갈까?

천국과 지옥이 과학적 사실로 증명되어 천국이 존재한다면, 교회나 사찰 등의 종교시설물은 도시의 고층아파트 가구 수보다 더 많을 것이다. 정치적 포퓰리즘을 비롯한 비리와 부패는 말할 것도 없고, 법도 사실상 존재 의미가 없을 것이다. 순간의 잘못된 선택으로 영생을 버리는 멍청한 바보는 더 이상 없을 테니까.

그런데 반대의 경우라면, 지금과 같은 종교세상이 될 수 있을까. 무신자들이야 별 볼일 없겠지만 이쪽 분야에 평생을 투자한 목사님·신부님·수녀님·스님 등은 아마 많이 열 받을 것이다. 그냥 바보가 아닌 아주 엄청난 멍청한 바보가 되는 순간을 맞이하니까 말이다. 그러기에, 멍청한 바보들은 절대 천국과 지옥이 없다고 확신하는 무신론자들일 것이다. 아니다. 신앙생활에 열공하는 멍청한 바보들이 더 많으니 정말로 헷갈린다. 나는 천국도 지옥도 아닌 부모님 곁에 묻힐 것을 생각하니 멍청한 바보는 겨우 면할 수 있겠지만…

이처럼 다른 사람보다 태생적으로 모자라는 경우가 그냥 바보라면, 개체적 훌륭한 인물됨을 갖추었으면서 지난날 잘못의 교훈을 깨닫지 못하고 오리새끼가 어미 뒤를 따르듯 또박또박 그 잘못을 밟는 것은 미련 곰탱이 같은 멍청한 바보만이 할 수 있다. 2015년 미국의 경제지 「포천」이 선정한 세계 최고 지도자를 발표했다. 1위는 애플 최고경영자 팀 쿡, 2위는 마리오 드라기 유럽중앙은행총재, 3위는 시진핑 중국주석, 4위는 프란치스코 교황… 그런데 우리나라는 50인 가운데 한 명도 끼지 못했다. 역시, 멍청한 바보들의 공화국답다.

남산 아래 바보가 있었는데 남들이 욕해도 따지지도 않고 오직 책 읽는 것에 즐거움으로 삼아 춥고 덥고 배고픔을 전혀 알지 못했다. 사람들이 그를 책만 읽는 바보 간서치看書痴라 해도 웃으며 받아들였다. 그가 바로 조선후기 실학파 이덕무였다. 멍청한 바보들도 이 간서치 같은 스승 밑에서 공부 좀하고 사업을 하여 많은 돈을 번다든가, 훌륭한 지도자가 되어 정치를 한다면 지금보다 더 좋은 세상을 만들 수 있을 텐데….

김만복스럽다

대원위 대감이 물러나고 민씨 집안의 외척 세도정치가 시작되자 '강화도조약'으로 일본에게 부산과 원산, 그리고 인천의 항구를 열어주던 때였다. 만취하여 코를 골던 군인별장 김만복은 서일수에게 말했다.

"조정의 기둥뿌리가 썩었으니 아예 허물어버리든가 할 작정이우. 일 년이 넘도록 곡식 한 톨 주지 않다가 식구들의 굶주림을 애걸하였더니 겨우 한 달 급료를 이제 주면서 그것 또한 도적질하였다니 이런 군대가 어디 있느냐? 위로는 영상과 병조판서 선혜청 당상부터 모조리 쳐 죽여야 될 놈들이다. 이에 분노하여 선혜청 당상과 병조판서 겸직인 민겸호와 그 수하 하인들을 거의 죽도록 때려주었소. 창고의 안쪽으로 들어가니 상등미가 산더미처럼 쌓여 있는 걸 보고 우리는 병사들에게 그것을 알아서 나누어가도록 했소."

그 후, 우리는 병조판서 민겸호 집안 곳곳을 뒤져 재물을 쌓아 기름을 끼얹고 불을 질렀다. 비단·주옥·패물, 등 호화로운 집물이 타오르는 불꽃에서는 오색이 영롱했고 인삼·녹용·사향이 타면서 풍기는 향기는 수리 밖에서도 맡을 수 있었다. 민겸호는 김보현과 함께 오라에 묶여 대원군에게 애걸하였으나 "내 어찌 그대를 살릴 수가 있겠소." 라는 말이 떨어지기가 무섭게 군병들은 그를 사정없이 총창으로 찌르고 환도로 베어버렸다.

그러나 마건충이 이끄는 병력 사천오백여 명이 인천에 상륙하여 대원군을 청국에 억류시키자 조선 조정은 다시 청국의 보호아래 민씨 척족이 재집권하게 되었다. 이에 무예별감은 김만복의 아내와 두 아이를 붙잡아 오도록 하여 그가 자수하지 않으면 가족을 처단하겠다하니 김만복은 할 수 없이 자수할 수밖에. 그는 청군에 의해 효수되어 이름 아래 죄목을 적은 종이쪽이 바람에 팔락이었다.

김만복은 이렇게 사분이 아닌 공분公憤으로써의 장렬한 최후를 맞았다. 이 어찌 김만복스럽지 않은가. 이상은 황석영의 장편 『여울물 소리』에서 소개된 이야기다. 동명이인 김만복 전 국정원장은 서울대 법대를 졸업하고 노무현 정부에서 국정원장을 지낸 1974년 중앙정보부에 입사해 유신 절정기에는 서울대 학원사찰 요원으로 활동했다. 그랬던 그가 박근혜 정부에서는 사사건건 대립하거나 충돌하는 등 친노인맥의 핵심으로 행세해 왔던 것은 당연했다.

그런 그가 새누리당(현 자유한국당)에 입당원서를 2015년 8월에 제출하여 세상을 놀라게 했다. 이에 박지원 당시 새정치민주연합 원내대표는 "김만복스럽다"고 했다. 그러나 김무성 새누리당 전 대표는 "우리 당에 희망이 있다는 의미"라고 비호했고, 황진하 전 사무총장은 "새누리당이 신뢰할 수 있는 정당이라고 판단해 전향한 것"이라고 확대해석까지 했다. 이에 신동호 경향신문 논설위원은 한 칼럼에서 "새누리당스럽다고 해야 할까"라고 여운을 남겼다.

그랬던 그가 당시 전 새정치민주연합(현 더불어 민주당) 시의원을 방문해 지지활동을 하자, 당시 새누리당은 해당행위라며 제명처분을 내렸다. 이에 그는 서울남부지법에 새누리당을 상대로 낸 제명처분 효력정지가처분 소송을 냈으나 기각 당하고 말았다. 황석영의 장편 『여울물 소리』에서의 김만복은 공분에 분노한 민중을 대변한 여울물 소리라면, 전 국정원장 김만복의 앙버팀은 개념 없는 지식인을 대변한 여울물 소리로 들린다. 어찌 김만복뿐이겠는가. 안홍욱 경향신문 정치부차장은 「2년 뒤 '박근혜스럽다'」란 제명의 칼럼을 썼다.

> ~국가정보원의 대선개입 사건 등 정치현안에는 침묵하거나 '나는 모르는 일'이라며 거리를 뒀다. 대통령의 입장을 요구해도 '국회에서 논의할 일'이라고 모르쇠로 일관했다. 그랬던 그는 경제·안보 위기상황에서 야당이 도와주지 않는다며 심판해 달라고 한다. 언제부터인지 화내고 짜증내고 분개하는 모습이 잦다. 급기야는 박근혜 정부가 출범한 3주년을 맞아 '성과자료집'을 내놓으며 나를 도와주면 될 텐데 발목만 잡는다는 식으로 노기를 띠며 손으로 책상을 10여 차례나 내리쳤다고한다. 전 한나라당의 윤리위원장을 역임한 인명진 목사에게 정부의 3년 평가를 묻자, "솔직히 무서웠다고 했다.

미국에서 '케네디스럽다'는 극찬의 말이라 한다. 한편, 당신은 성격이 시원스럽다는 의미로는 미국 전 대통령 오바마 같다고 표현한다. 뚝심 있는 리더십으로 널리 알려져 있는 독일의 앙겔라 메르켈 총리를 가리켜 '메르켈리즘'이라 한다. 앙겔라 메르켈 독일총리는 다른 유명 여성 정치인과 달리 수수한 옷차림으로 더욱 유명하다. 밝고 화사한 색상이 같은 튜닉 블라우스를 입고 1996년·2002년·2014년 잘츠부르크 페스티벌에 참석한 사진 3장을 독일 언론 빌트가 공개했다. '자신에게 충실한 메르켈, 아름답다.'라는 제목처럼 18년 동안 같은 옷을 입고 있는 그녀의 모습은 마치 이웃집 할머니의 모습이었다. 그래서 멋있는 정치가로서의 명성이 높다. 우리 여성 지도자들도 이를 귀로 듣고 눈으로 보고 느낄 것은 느껴야겠다.

그렇다면 박근혜 전 대통령의 옷차림은 우리 서민들의 눈에 어떻게 비춰질까 궁금하다. 이웃집 할머니 같은 차림일까 아니면, 녹의홍상과 청옥잠두의 호사스런 공주차림일까. 황석영의 장편『여울물 소리』에서 소개된 김만복이 아닌, 전 국정원장 '김만복스럽다'와 같은 맥락에서 '박근혜스럽다'라고 국민들에게 각인됨으로써 마침내 최순실 국정농단으로 헌정사상 최초로 대통령 파면까지 당하지 않았던가.

홈런보다 안타

경제 성장세가 더디고 소득도 제자리를 맴도는 저성장 시대에는 재테크 방법도 바뀌어야 할 것이다. 아파트 한 채로 매매차익을 챙기는 부동산 폭등이나 주식투자로 대박을 터뜨리는 시대는 지났다. 이럴 때일수록 수익률에 대한 눈높이를 낮추고 위험관리에 중점을 두는 것이 어쩌면 현명하지 않겠는가. 지금의 상황으로는 투기는 말할 것도 없고 투자마저도 리스크에 갇힐 수밖에. 그러기에 일정한 소득을 얻고 싶다면 젊을수록 개인연금저축상품 정도가 최적이라 생각된다.

이처럼 경제적으로 옹색한 시기에 박근혜 전 대통령은 2014년 1월 연두기자회견에서 뜬금없이 '통일은 대박'이라고 했다. 말로는 세계도 우주도 모두 내 것이다. 말뿐이 아닌 진정한 내 것을 만들려면 과정이 필요하다. 연인이 되기 위해서도 썸 타는 과정이 필요하듯이, 통일을 이루기 위해서는 신뢰의 정책적 과정이 절대적이다. 그럼에도 통일대박이 미다스의 손인 양, 국민들을 환상의 도가니로 밀어 넣고 있다. 정치는 '개그 콘서트'가 아니다. 큰 기교는 서툰 것만 못하다는 대교약졸大巧若拙이란 『도덕경』의 가르침을 되새겨두고 싶다.

로또 당첨의 대박이 성공적인 삶으로 이어졌던가. 결과는 낙극애생樂極哀生의 교훈을 넘지 못했음을 우리는 잘 알고 있다. 아무리 소설이라 하지만 프랑스 그레구아르 들라쿠르의 『내 욕망의 리스트』의 이야기는 47세의 평범한 주부 조슬린은 270억의 복권이 당첨된다. 그러나 남편은 그 돈을 훔쳐 모두 탕진하고 비참한 죽음을 맞게 됨으로써 부인 조슬린의 삶을 송두리째 흔들어 놓는다. 역시, 땀으로 뿌린 씨앗만이 단물곤물의 결실을 거둠으로써 쾌족한 삶을 살아갈 수 있다는 것이 진리임을 우리에게 강하게 시사해 주고 있다.

궁금하다. 박 전 대통령은 조정래 선생의 대하소설 『태백산맥』을 읽어봤는지. 해방 이후 분단과 함께 제주 4·3항쟁과 여순사건을 거쳐 6·25 전쟁에서 오늘에 이르기까지 통일대박이란 한탕주의로는 감불생심임을 우리는 체험했다. 특히나 평화통일은 결과가 아니라 과정이 중요하다. 벽돌 하나하나 쌓는 신뢰의 과정을 바탕으로 국민적 합의를 모으는 일이 선결과제다. 군사독재시대에서나 있을 법한 설익은 구호정치는 이제 역사의 유물일 수밖에 없다.

작열하는 태양빛을 받으면서 우리는 먼 거리도 걸어봤다. 햇볕을 가릴 수 있는 양산도 없이, 목을 축일 수 있는 물 한 방울도 없이, 그러나 신발 속의 모래 한 알이 가장 큰 고통이었다는 것쯤은 이미 겪어봤다. 보슬비는 흙을 적시는 것만으로, 큰 노력과 압박감 없이도 새 생명을 돕는다.

평생 뇌성마비를 앓다 간경화로 10여 년 전에 세상을 떠난 이선관 시인은, "씨알 한 톨/ 흙 알갱이 하나/ 물 한 방울/ 공기한 모금/ 햇빛 한 뼘"의 소중함을 시로 쓰면서 설령, 우리가 치매에 걸리더라도 이 작은 '하나'를 잊어서는 안 된다는 말을 남겼다. 마르쿠스 아우렐리우스 안토니오스의『명상록』에 보이는 말이다.

> 유럽과 아시아의 거대한 대륙도 우주의 한 귀퉁이에 지나지 않는다. 대양은 물 한 방울에 지나지 않는다. 아토스 산은 이 우주에 비하면 곡식 한 톨에 지나지 않는다. 그리고 지금 이 순간은 영원에서 점 하나에 지나지 않는다.

한편, 옛사람들은 일상의 잗다란 일을 소절小節이라고 불렀다. 조선 후기 실학자 이덕무는 이처럼 사소한 일이라도 소홀히 대해선 안 된다며 작은 일들은 곧, 모두가 사람을 제대로 만드는 기본이라고 강조했다. 삶이란 시시하고 하찮으며 가치 없는 일들의 축적이기에 좋은 삶이란 비로소 소절을 살피며 조심하는 데서 시작된다는 뜻이리라. 불교에 빈자일등貧者一燈이라는 우화가 전한다. 왕과 장자들이 석가모니에게 바친 만 개의 등보다 가난한 여인의 정성 어린 등 한 개가 훨씬 더 잘 타올랐다는 것이다. 석가모니도 "이 등불은 약하지만 여인의 큰 불심이 담겨 있어 바닷물을 쏟아도 꺼지지 않을 것"이라며 작은 정성의 소중함을 강조했다.

가게문을 널빈지로 썼던 그땐 그랬다. 선생님이 학생들에게 장래희망을 물으면, 대통령이나 국회의원, 장관이나 판·검사, 아니면 의사가 되겠다는 것이 공식적인 반응이었다. 그러나 지금은 많이 변했다. 몇 해 전, 우리나라에서 만족도가 가장 높은 직업은 초등학교 교장인 것으로 조사되었다. 일반적으로 고소득의 전문직은 상대적으로 낮았다. 이는 마치, 샐린저의 장편 『호밀밭의 파수꾼』에서 작중인물 14살 홀든의 이야기를 다시 듣는 듯하다. 그는 호밀밭의 파수꾼이 되고 싶은 게 꿈이었다. 어린 애들이 넓은 호밀밭에서 뛰어놀다가 절벽 밑으로 떨어지는 것을 막아주는 파수꾼이 아주 매력적인 대상이라 생각했기 때문이다.

빌 게이츠가 말했다. "당신이 이 세상에 태어나기 전의 부모님 모습은 지금과 달랐을 것이다. 그들은 당신의 뒷바라지를 하다가 지금처럼 변한 것이다." 그러므로 세상을 바꾸기 전에 당신 방부터 청소하라."

이처럼 모진 세월의 옹이에서 보듯이, 커다란 나무도 작은 씨앗에서부터 비롯되었다. 안개 속에 있으면 옷 젖는 줄 모른다. 둑이 무너지는 것은 아주 작은 구멍에서부터 시작된다. 나날이 일주일이 되고 한 달이 일 년이 되고 다시 세월이 흘러 한 세대가 성큼 지나는 것이 우리네 인생이 아니던가. 그러기에 큰 것보다 작은 것이, 홈런보다 안타가 암팡지다.

깔때기와 빨대

배움과 환경이 비슷한 직장인들에게 똑같은 업무가 주어질 때 어떤 사람은 제대로 알아듣고 일을 매끄럽게 잘 정리하는가 하면, 어떤 사람은 아주 불편하고 엉성하게 처리하는 경우가 많다. 왜 그럴까. 그것은 깔때기와 빨대의 차이다. 똑같은 양의 정보가 주어질 때 깔때기는 입구가 넓어 많이 받아들일 수 있지만, 빨대는 입구가 좁아 극히 미량만이 흡수되기 때문이다.

비근한 예로 학생들의 수업장면을 지켜보면 쉽게 판단된다. 맨 앞이나 선생님과 눈이 잘 마주치는 자리의 학생은 선생님의 가르침을 하나도 놓치지 않으려는 듯 눈빛이 빛난다. 맨 뒷자리나 창가, 아니면 먼 산이 잘 보이는 자리에 앉은 학생은 수업보다는 다른 생각에 젖어있다. 이 경우 전자는 깔때기요, 후자는 빨대에 속한다.

이처럼 긍정적으로 하나라도 놓치지 않고 받아들이려는 태도는 깔때기요, 부정적인 마인드로 수용의 한계를 보이는 경우는 빨대다. 깔때기는 공책정리를 잘 하고 웃기는 말을 하면 깔때기 모양처럼 환하게 잘 웃지만, 빨대는 공책 자체가 없고 속으로 웃을지라도 삐쭉거리는 표정은 빨대와 같다. 선생님이 질문을 하면 깔때기는 틀릴지라도 바로 대답하지만, 빨대는 '저요'하고 일단 확인부터 한다.

깔때기 자녀는 아빠가 퇴근하여 집에 들어오면 반갑게 달려와 인사부터 한다. 그러나 빨대 자녀는 인사는커녕, 방에서 나오지도 않고 컴퓨터나 스마트폰에 빠져 있다. 학교에서 일어난 일을 엄마의 턱밑에서 미주알고주알 어부바하는 자녀는 깔때기고, 만사가 귀찮다는 듯 퉁명스러운 표정은 빨대다. 이밖에 개미·꿀벌·흥부·콩쥐 등이 깔때기라면, 베짱이·말벌·놀부·팥쥐 등은 빨대에 속하는 부류다.

글 쓰는 경우도 마찬가지다. 깔때기는 독서를 통해 많은 지혜를 얻음으로써 좋은 작품을 위해 노력한다. 빨대는 자기기만의 신변잡기·시정잡화·일기체·곰팡스러울 정도의 서정적 넌더리 등에서 벗어날 줄을 모른다. 보이는 대로 생각하고 느끼는 대로 글을 쓰기 때문이다. 깔때기는 그 모양새가 그렇듯이 꾸준한 독서생활로 많은 것을 받아들이고 얻을 수 있기에 풍부한 경험을 바탕으로 글을 쓸 수 있어 독자들에게 감동을 준다.

유머작가 신상훈은 빨대와 깔때기를 다음과 같이 비교했다. 빨대는 영어로 스트로(Straw)인데, 깔때기는 퍼넬(Funnel)로써 재미·즐거움이라는 펀(Fun)이 담겨있음을 찾아냈다. 그의 밝은 눈빛이 부럽다. 재미·즐거움이 인생의 꽃이기에 그 가치는 깊고 넉넉하다. 똑똑한 자는 열심인 자를 못 따라가고, 열심인자는 즐기는 자를 못 따라간다. 뛰는 놈 위에 나는 놈 있고, 나는 놈 위에 노는 놈 있듯이… 운동 경기에서 꼴찌한 팀에게 물어보면 고개 숙인 채 열심히 뛰었다고 대답한다. 그러나 1등을 한 팀은 하나같이 재밌게 뛰었다며 깔때기와 같이 웃는 표정을 짓는다. 미국인으로서 최초로 노벨물리학상을 받은 앨버트 바이컬슨은 많은 시간을 쏟아 부어 아주 정밀하게 빛의 속도를 측정하는 방법을 고안했다. 나이가 든 그에게 누군가 왜 그 일을 했느냐고 물었다. 그러자 그는 스스럼없이 "너무 재미있었거든!"

독일 미하엘 엔데의 동화소설 『모모』에서 화자 '모모'의 이야기다. 원형극장 옛터에서 마을 사람들은 어디서 왔는지 모르는 말라깽이 소녀 모모를 발견하고 그녀에게 삶의 터전을 마련해 주었다. 모모는 남의 말을 잘 듣는 능력을 지닌 소녀였다. 마을 사람들은 모모에게 자신의 얘기를 함으로써 스스로를 뒤돌아보고 용기를 얻고 기쁨과 신념을 얻었다. 모모는 남의 이야기를 잘 들어주는 깔때기요, 모모가 가장 두려워하는 작중인물 회색신사는 빨대에 비유된다.

그렇다고 듣기를 잘 한다고 모두 깔때기는 아니다. 귀로 듣는 방식에도 두 가지가 있다. 하나는 수동적인 듣기(hearing)이고 다른 하나는 능동적인 듣기(listening)이다. 전자는 귀에 들려오는 소리를 듣되 무심하게 흘려 보내는 것이요, 후자는 의식을 집중하여 소리 정보를 모으고 그것을 분석하여 뇌로 보낸다. 라디오에서 흘러나오는 아름다운 음악을 즐기는 사람은 능동적인 듣기에 몰입하는 경우이고, 그 음악이 성가시거나 지루하고 미욱하게 느껴지는 사람은 수동적으로 듣는 경우다. 깔때기는 능동적인 듣기를 즐기고, 빨대는 수동적인 듣기를 선택한다.

빨대가 장차 사회의 지도자가 될 경우, 자기 잇속을 위해서라면 빨대로 쪽쪽 빨아들여 소드락질하고 경기가 좋지 않다고 판단되면 가차 없이 사람이든 시스템이든 다 버린다. 안전을 지키는 좋은 규제마저 암 덩어리라며 도려낸다. 빨대만이 할 수 있다. 청와대와 비선실세가 배후로 의심받고 있는 미르재단 및 K스포츠재단 창립총회 때, 기업헌금 774억 원을 출연케 하고 그것도 모자라 다시 K스포츠재단에 80억 원의 투자를 요구한 경우는 빨대만이 할 수 있는 일이다. 대기업들이 중소기업들에 대한 갑질 역시, 농익은 빨대의 행위다.

그러나 기초생계비에도 미치지 못하는 벌이에도 인생을 아름답게 살아가는 보통사람들은 깔때기의 품성을 지녔기에 언제나 연비어약鳶飛魚躍처럼 삶을 즐겁게 보낸다.

지상 최대의 병기

나는 70년대 초, 후방에서 소대장 임무를 마치고, 서부전선 일반전초(GOP) 근무병력들의 보급을 담당한 1사단 대대보급관에서 군복무를 마쳤다. 그런데 공교롭게도 전역하던 날, 두 명의 간첩이 철책선을 뚫고 침투하여 군단 병력이 동원되는 바람에 사단장에게 전역신고도 못하고 병영을 떠날 수밖에 없었던 아픈 옹이가 아직도 잊히지 않는다.

그로부터 40여 년이 지난 2014년 4월, 양주의 28사단에서 집단구타와 가혹행위로 윤모 일병이 목숨을 잃었다. 학교에서의 왕따는 군대라도 갈 수 있지만, 군대에서의 폭력 피해자는 죽음으로 가는 길밖에 없음을 윤 일병은 보여주었다. 이런 형태로 연 100여 명의 병사가 목숨을 잃지만 군수사당국은 자살로 손쉽게 처리하고 있으니, 그 진실은 죽은 자와 사건 은폐자만이 알 일이다.

이로부터 두 달 후, 육군 22사단 관할 GOP에서 적과의 싸움이 아닌 동료를 향한 총기난사사고가 평소 우울증을 가진 '관심병사

A급'(중점관리대상)에 의해 저질러졌다. 사고를 낸 임병사는 GOP 근무병력이 부족하다는 이유로 A급에서 B급으로 기준을 완화하여 투입시켰다. 그 결과 5명이 사망하고 7명이 큰 피해를 당한 참사였다. 3년이 지난 2017년 7월, 선임병으로부터 가혹행위를 당해온 ㄱ일병이 자살한 사건이 육군 22사단에서 또 발생했다. 나는 어느 글에선가 다음과 같은 단상을 소개한 바 있다. 군대 다녀온 자식과 아버지가 오랜만에 마주 앉았다.

> 군대 가서 똥 빠지게 고생한 것 생각하면 자다가도 눈이 번쩍 떠져요.
>
> 잘난 애비 만났으면 넌 군대도 못 갔다. 젊어서 고생은 사서라도 한다고 하지 않 더냐. 고생 끝에 낙이 온단다. 그런데 이 녀석이!
>
> 아빠, 자식한테 미안하다는 말이 그렇게도 힘들어요!

이명박 전 대통령은 기관지 확장증이란 구실로 군대를 피했을 뿐만 아니라, 천안함과 연평도 포격사건이 터졌을 때, 청와대 지하벙커에 모여든 대통령·국정원장·국무총리·여당대표 등이 모조리 병역면제자로서 블랙 코미디의 진수를 보여주었던 이 같은 역사가 되풀이되어서는 안 될 것이다. 일본의 우익은 사무라이 정신을 통해 일본이 거듭나야 한다고 주장하지만, 한국 사회에서는 군대 갔다 와야 사람 된다는 믿음을 이 졸부들은 헌신짝처럼 내던져 버렸다.

육군 22사단에서는 이전에도 전방초소(GP)에 근무하던 조춘희 일병이 내무반에 수류탄을 투척(1984년 6월), 소대원 12명을 죽이고 월북했다. 그로부터 4년 후 모 이병은 내무반에 수류탄을 또 다시 던져 2명이 사망했다. 2009년에는 예비역 병장이 관할구역 철책을 절단 월북했고, 2012년에는 소위 '노크귀순' 사건 등 우연인지 필연인지 이 부대는 크고 작은 사고가 끊이지 않았다. 그래서 '뇌종부대'를 '율곡부대'로 이름까지 바꿨으나 백약이 무효였다.

이 무렵, 전역 후 외국계 방산업체에 취업한 장교들이 현역 장교들과 결탁해 군사기밀을 거래하며 매달 수백만 원씩 받은 일종의 군피아들이 세상을 조롱하고 있었다. 이처럼 국가의 보루인 병영에서조차 일반화되다시피 한 사건·사고는 곳곳이 싱크홀이다.

병영 바깥쪽은 어떤가. 유비의 비육지탄髀肉之嘆이 우리를 위협하고 있다. 히로시마의 원폭과 체르노빌, 그리고 후쿠시마의 참상이 원전 마피아들의 잔칫상에 버려진 술병처럼 우리는 잊혀가고 있다. 원전의 짝퉁부품 납품과 시험성적서 조작, 그리고 원전 수명연장을 밥상에 숟가락 놓듯 하고 있으니 말이다.

이를 치유해야 할 당시의 정치수준은 어떠 했던가. 한국전쟁 이후 최대의 참사인 여객선 세월호 침몰로 정홍원 전 국무총리는 사의를 표명했다. 약속이나 한 듯, 이를 수용하겠다며 국가개조를 위해 박근혜 전 정부는 제2기 내각의 국무총리로 안대희와 문창극 씨를 지명했다. 그러나 전관예우와 역사관 논쟁으로 연달아 낙마함으로써 초기 내각 구성 당시, 김용준 씨까지 무려 세 차례나 인사 참사를 창조했다. 이를 두고 총리 하나 제대로 찾지 못하는 좁쌀정권이란 세간의 조롱마저 들어야 했다. 설상가상으로 그만 두겠다는 정홍원 총리를 연임시킴으로써 세월호로 흘렸던 대통령의 눈물은 '악어의 눈물'이요, 무능·무기력·무책임의 '3

무 정권'이요, 여론 탓·제도 탓·국민 탓의 '3탓 정치'란 더부룩한 말 등이 생산되었다. 그 후 이완구 전 총리는 재임 70일 만에 성완종 뇌물사건으로 물러나고, 병역미필과 전관예우 등의 각종 의혹쟁이 황교안 씨가 그 뒤를 이었던 것이다.

'크라우드소싱'이란 신조어가 시사하듯, 국민들에게 손을 내밀면 모든 문제는 쉽게 해결할 수 있는 지혜를 얻을 수 텐데, 좀스러운 정치에 농익다보니 악화가 양화를 구축하는 꼴이 좀스럽다. 사고와 안전은 백지 한 장 차이라고 한다. 사회일반의 법 감정으로는 초범은 병가상사라 하여 아무리 뒷북치기일망정 진정성만 보인다면 관용의 여지가 있지만, 재범부터는 아무리 가벼운 죄라도 밑창에 구멍 뚫린 배처럼 용서하는데 한계가 있다. 단 한 번의 망양보뢰亡羊補牢는 지상최대의 병기일지라도 재범부터는 병기가 아니라 흉기가 된다. 특히나, 사회지도층들이 이러한 흉기를 함부로 내두르는 만용은 국가개조를 위해 마땅히 척결되어야 할 것이다.

"괜찮다, 인간이 실수를 할 수도 있지. 다음부터는 절대로 이런 일이 없도록 하자. 그러나 똑같은 잘못으로 이런 소리를 세 번 이상 들었다면 그 다음 잘못부터는 몇 대 맞아도 할 말이 없다." 작가 이외수의 『아불류 시불류』에서의 경고다.

이죽거린다고 할지라도, 군대·원전, 그리고 정치조직은 국가의 심장이다. 그러기에 이 구성원들은 달이 대지를 사랑하듯 흉기 아닌 지상최대의 병기로서 오로지, 국리민복에 힘써야 할 책무만이 있을 뿐이다.

당연한 것 아니야

전국 열한 곳의 혁신도시 중, 우리 전북혁신도시는 기존 도시권과 가장 근접한 위치 등으로 생각보다 쉽게 조성될 수 있었고 주민들도 무척 밝은 표정이다. 우리 부부는 22년 살던 아파트에 빗물이 누수 되어 넓은 공간의 혁신도시를 택했다. 주위 수변공원 등 친환경녹색공간에 함몰되어 퇴직생활의 여유로움을 만끽할 수 있었다. 어쩌면 다마스커스의 들에 있었다는 에덴동산이나 중국 후난성에 있었다는 무릉도원이 이보다 더 아름다울 수 있을까, 검증할 수는 없을지라도 내 마음이 천국이면 천국이 아니겠는가.

장애우 제자를 우연히 만났다. 요즘같이 무더운 날 직장생활, 고생 많지. 불편하긴해도 그런대로 잘 지내고 있어요. 선생님은 혁신도시로 이사하셨다는데 시내에 나 오시려면 힘드시겠어요. 조금은 불편하지만, 살만 해!

나는 경상남도 진주에 있는 막내아들 때문에 가끔 그곳을 찾는다. 우리 전라북도 도민들은 LH본사(토지주택공사)를 유치하고자 손바닥에 피멍이 들 정도로 밧줄을 잡아당겨보았지만 당시 이명박 전 대통령의 처갓집 동네 진주에 빼앗기고 말았다. 이 무렵 전라북도청에서는 똥마려운 계집이 국거리 썰 듯 "새만금으로 삼성이 달려오고 있다."란 야기죽거리는 현수막으로 도민들의 눈과 입을 막고자 안달했지만, 이를 믿는 도민은 단 한 사람 김완주 전 도지사가 아니었겠는가. 아마 그 역시, 속마음은 까맣게 타 들어갔겠지만… 그 당시 진주시내의 어느 곳에도 'LH 유치 성공'을 축하하는 현수막이 눈에 띄지 않았다는 점이 우리와 대비되었다. 경상남도 진주시민은 이명박 전 대통령에게 감사한 마음이 손톱만큼도 없었던가 아니면 당연지사로 받아들인 것인가, 내 의구심은 좀처럼 풀리지 않았다. 그 후 아들의 아파트 구매 문제로 진주혁신도시를 잠깐 둘러볼 기회가 있었다. 시내권과 접근성이 우리 혁신도시와는 비교할 수 없을 정도로 먼 거리였지만 LH 본사건물의 위용은 매머드의 화석을 보는 듯했다.

우리 혁신도시에도 중앙 공공기관 열두 곳이 이주했다. 특히, 한국전기안전공사(KESCO)는 지역주민과 함께 하는 '새울림 음악회'를 혁신도시 본사 잔디구장에서 2015년 6월4일 개최되어 나는 가수 송대관·박상민·홍경민·김원준 등과 함께 두어시간 젊음을 공유할 수 있었다. 그런데 옥에 티가 바로 내 곁에서 일어났다. 식전에 이상권 공사사장·이상직 국회의원·완주군수·전주시의회의장 순으로 내빈소개와 함께 인사말이 이어졌다. 이상직 의원이 무대에 올랐다

“혁신도시 주민들의 안정된 거주를 위해 싸움 끝에 혁신파출소 예산을 따왔습니다.”라는 말이 떨어지기가 무섭게 내 바로 앞에 앉았던 주부가 고개를 돌리더니 ‘당연한 것 아니야!’라며 친구의 얼굴을 살핀다. 우릴 흑싸리 껍데기로 아는 것에 대한 그 주부의 뇌꼴스러운 표정이 얼마나 야무지던지 하마터면 “그렇지요!”라는 말이 내 입 밖으로 튀어나오려던 것을 용케도 참아냈다. 너무도 지극히 당연한 일을 무슨 싸움으로 얻어냈다니… 우리 정치수준이 아니, 우리 사회의 시스템은 아직도 비정상이 정상화 되어버린 사회 속에서, 나는 우리 자신마저 숙성되어가고 있다는 생각이 들었다.

그 주부의 당돌한 지적은 파출소 건립은 지역의 크기와 인구수에 따라 관련법규 대로 하면 될 텐데 굳이, 싸워서 예산을 따올 수밖에 없다는 불편한 진실에 대한 불만이 아니겠는가. 이는 국가예산 대부분이 중앙정부에 과다하게 편성되었다는 점과 지역편중 예산집행으로 인한 불공정에서 기인됨을 어찌 모르랴만, 이 같은 비정상화의 뒤틀린 사회적 메커니즘에 대하여 잿빛 하늘마저 땅거미에 마음을 빼앗긴 탓인지 아무 대답이 없다.

이명박 시절의 4대강 파기는 녹조와 큰빗이끼벌레의 준동으로 강은 죽어가고, 박근혜·최경환 전 경제팀의 경제 살리기는 부익부 빈익빈의 양산으로 서민들이 죽어가고, 이명박 정권의 공정사회는 토건사회로 죽어갔고, 박근혜 정권의 비정상의 정상화는 관피아·청피아·경피아·박피아 등의 암세포 창궐로 죽어가고, 청와대 입대 전의 신뢰와 원칙은 불신과 비정상화로 양자컴퓨터의 속도를 시샘한다. 그렇다면, 우리 사회에서 비정상의 정상화는 중머리 상투 보기보다 더 힘들다는 것인가. 아~아 어쩌면 좋나, 온갖 불신과 비정상화가 굳어가는 이 가엾은 시간을… 글을 마치려니 두문정치전략연구소 이철희 소장의 모 일간지 '정치시평'이 정곡을 찌른다.

> 정치하는 사람을 정치인이라고 할까, 아니면 정치인이 하는 것이 정치일까? 정치하는 사람이 정치인인 건 맞지만 그렇다고 이름만 정치인일 뿐 정치를 하는 건 아니다. ~ 이름만 정치인일 뿐, 실제 정치가 뭔지 모르거나 정치가 뒷전인 정치인이 많다. 우리 정치인의 문제 중 하나는 정치인이면서도 정작 정치를 하지 않는다는데 있다.

찰기이타察己利他

올림픽경기에서 썰매 종목 중 가장 빠르고 조종하기 힘들다는 루지의 경쟁은 천분의 일까지 측정한다고 한다. 마라톤의 경우도 0.001초 차이로 금·은·동 메달의 희비가 엇갈리긴 해도 모두가 이를 긍정적으로 받아들인다. 2018년 평창동계올림픽 스피드스케이팅 남자 500m에서 차민규 선수는 34초 42로 은메달을 땄다. 노르웨이의 하바드로렌첸에 0.01초 뒤져 아쉽게 금메달을 놓쳤지만 공정한 심판결과에 승복의 환호로 태극기를 흔들었다. 그런데 재밌는 현상은 동메달이 금메달보다 더 황감하다고 한다. 까닥 잘못 했더라면 노메달이었을 테니까. 이러한 상황에서 불공정한 심판이었다면 극단적인 앙버팀까지 할 테니 가장 최선의 방책은 공정한 심판결과로 차등을 인정하는 승복문화다.

최명희의 『혼불2』에서도 묘사됐듯이 선조 임금 때까지는 부모가 재산을 상속하기 위해 문서로 남길 때 출가한 딸이라 해도 조금도 차별을 두지 않았다. 그러나 그 이후 다른 형제보다는 장자에게, 시집간 딸보다는 남자에게 차별화 하다가 지금은 다시 남녀 형제 모두에게 공평하게 유산을 분배하도록 되어 있다. 미국의 존 롤스는 "능력위주 사회가 사회적 우연을 완전히 제거한다 한들 타고난 능력과 재능에 따라 부와 소득의 분배가 결정되는 상황은 여전히 허용된다."고 했다. 그렇다. 어떤 주자가 다른 주자에 비해 빠르다고 그 빠른 주자에게 납덩이 신발을 신길 수는 없지 않은가.

다만, 공평한 차등이 아닌 불공정한 차등화가 우리 사회를 병들게 하고 있다. '연봉 1억 넘는 근로자 1,400여 명, 소득세 0원'이란 모 일간지의 기사제목이다. 소득이 있는데도 세금을 내지 않는 사람들이 많아지는 것은 조세 형평성에 어긋나는 것은 물론, 과세 기반마저 취약해져 세수감소로 이어짐은 불보 듯하다. 조윤선 전 문화체육관광 장관 청문회에서 보았듯이 이 부부는 최근 3년8개월 동안의 생활비로 18억 원을 썼다는데 아마 이 돈을 쓰레기통에 다 버렸다 해도 쓰레기통이 아깝다는 생각마저 든다. 어디 이뿐이랴. 주식을 상납 받아 120억 원의 재산을 일군 진경준 전 검사장, 전관예우로 수백억 원을 벌어들인 홍만표 변호사, 처가 부동산의 특혜성 매각과 최순실 비선실세 국정농단의 중심에 우뚝 서 있는 우병우 청와대 전 민정수석 등이 언론을 달구고 있다. 옛날 같으면 덕석말이나 조리돌림을 당하고도 남았을 것이다. 모든 사람들은 검사를 두려워하지만 검사는 청와대사람 빼고는 어느 누구도 두렵지 않기에 '검찰공화국'이란 말이 나옴직하다.

서민들은 전세난으로 자살자가 속출하고 국민 10%는 한 달에 90만원으로 살아가야 하는 빠근한 세상에… 신자본주의자들은 이해할지 몰라도 우리 같은 무지랭이는 도대체 머리가 돌아가지 않는다. 이처럼 참람한 재산가나 오종종한 고위공직자가 어찌 한둘이겠는가. 고목의 언저리에서 저절로 버섯이 돋아나듯 가진 자의 그늘 속에서 살아야 하는 빽과 힘없는 서민들에게는 상식과 신뢰, 그리고 공정게임은 체에서 물 빠지듯 새나가고 밥을 먹어도 허기진 세상, 그저 어지럽고 혼돈스러워 맥이 다 흐물거린다.

지난해에 방영된 드라마 JTBC 12부작 「청년시대」(작가 박연선)가 오늘날 대학생들의 '헬조선'의 모습을 현실적으로 잘 그려냈다. 등록금 때문에 휴학을 반복하다가 겨우 28세에 졸업을 한 여대생의 꿈은 오로지 '평범한 회사원'이 되는 것이었다. 꿈이라기보다는 당연한 성장의 질서가 아니겠는가. 그럼에도 이 바람이 이루지기까지는 그저 순탄하지 않다. 이는 미국·일본·싱가포르와 더불어 우리나라에서는 상위소득 10%가 소득 집중도 40%를 차지한 것과도 무관치 않다.

1960년대 인류학자 콜린 턴불이 남긴 기록은 우리에게 많은 교훈을 주고 있다. 아프리카 콩고의 밀림에서 수렵·채집하는 음부티족은 고기를 잡으면 공평히 나누는 것이 부족의 철칙이다. 그런데 힘센 사냥꾼이 고기를 몰래 훔치자, "차라리 목을 찔러 자살하시오. 짐승이 아니고서야 어찌 감히 남의 고기를 훔친답니까?" 음부티족처럼 균등한 분배는 못할지라도 이유 있는 형평성만은 유지하는 것이 민주주의의 근본이다. 그런데 공정한 게임이 아닌 슈퍼갑질의 여러 양태가 우리 주변에 심심치 않게 회자되고 있다. 최명희 대하소설 『혼불1』에서 작중인물 춘복이가 공배에게 하는 말이다.

> 제엔장헐 놈의 시상. 다 똑같은 사람으로 났는디, 쎄 빠지게 일허는 놈은 죽어라 일만 허고, 할랑할랑 부채 들고 대청마루에 책상다리 앉었는 양반은 가만히 앉은 자리에서 눈만 몇 번 깜잭이먼 몇 천 석이니, 먼 놈의 시상이 이렁가아. 생각을 숫제 안해 부러야제. 생각만 조께 허먼 기양 속이 뒤집어징게….

풋고추 꽁지에 된장 찍어 보리밥그릇 비우고 입가심으로 찬물을 벌컥벌컥 들이마시던 그땐 그랬다. 그렇지만 세계경제 10위권에 든다는 오늘날 우리나라 서민들의 현실은 크게 달라지지 않으며, 불평등한 궁핍의 문제는 해결될 기미가 보이지 않는다. 달라진 것이 있다면, 그땐 절대적 빈곤이었고 오늘날에는 상대적 빈곤이라는 배부른 자의 넋두리일 뿐이다. 내가 머물고 있는 전주의 혁신도시 내 공공기관의 직원들은 수도권 거주자들에 비해 근무여건 등으로 불평이 많다고 들었다. 이들 공공기관 직원채용에 해당 지방출신 지원자에게 35%의 채용권고를 하고 있지만, 지난해는 13.3%에 불과했다. 부족한 실력 탓이라 하겠지만 수도권과 지방학생을 똑같은 입장에서 선발한다는 것 자체가 과연 공정한 게임일까. 권투구장에서 플라이급과 헤비급 선수를 조건 없이 링 위에 오르게 한다면 누가 승자가 될 것인가. 말벌과 꿀벌이 1:1로 싸운다면 누가 승리할 것인가는 불필재언이다. 그 지역출신에게 부여하는 할당량은 특혜가 아닌 형평성을 고려한 공정한 차등의 원칙에서 비롯된 사회적 약속이다.

맛있는 우물이 먼저 마르고, 쭉 뻗은 나무가 먼저 잘리며, 신령스러운 거북이 먼저 불에 지져진다고 했던가. 세상만사 새옹지마란 말이 있다. 나를 잊고 타인을 이롭게 하는 것이 자비의 극상이라 함은 부처님 말씀이다. 이렇듯 '망기이타妄己利他'란 부처님의 가르침에는 미치지 못할지라도, 나도 살피고 타인에게도 이롭게 하는 '찰기이타察己利他'만이라도 제대로 거둔다면 얼마나 공정하고 밝은 세상이 될까.

그곳에서 살고 싶다

초원 위의 그림 같은 집은 안전하고 포근한 디자인으로 지어졌기에 행복한 모습이다. 이재가 아닌 웰빙을 위한 한두 층의 단아한 삶의 공간이기에 자연과 함께 아우라가 넘친다. 하늘에 솟는 빌딩숲은 외롭고 메마른 회색빛이지만, 뭇 생명과 함께 호흡하는 맨땅의 작은 집은 초록빛이어서 더욱 아름답다.

이규태 선생은 큰 집을 '옥'이라 하고 작은 집을 '사'라고 했다. 屋자는 송장(尸)이 이른다(至)는 말이요, 舍자는 사람(人)이 길(吉)하다는 말이니 큰 집에 사는 사람은 화를 입게 되고 작은 집에 사는 사람은 복 받는다는 것이다. 그렇다. 큰 집은 우람한 건축물이요, 작고 순박한 집은 시골에서 흔히 볼 수 있는 우리 부모님들의 집이 아니겠는가. 20세기 후반 세계 물리학계를 이끈 이휘소 박사는 20여 년 이상을 미국에 살면서 가장 편안했던 집은 어린 시절의 고향집이라 했다. '작으나 나의 궁성, 외로우나 나의 옛집'이란 메모를 통해 고국의 어머니을 그리워했다.

돌이켜보면, 고대의 신전과 피라미드를 비롯한 궁전이나 기념탑 같은 큰 건축물들은 절대 권력의 영광을 칭송하는 도구로써 대중들을 압박하고자 했다. 히틀러는 '빛의 궁전'이란 건축물의 위용을 가장 잘 이용하고자 했던 독재자였다. 둥근 지붕의 높이가 무려 290m, 직경이 250m, 15만 명이 한꺼번에 수용할 수 있는 우람한 규모였으니 말이다.

청와대는 어떤 곳인가. 일제가 경복궁을 발 아래로 내려 보기 위한 총독관저의 옛터로써 우리의 자긍심을 짓밟은 곳이었다. 지금의 건축물은 전두환 때 지은 것으로 전통성 없는 통치자의 흔적과 겉모습은 목조건물을 흉내 낸 콘크리트 건물로써 알알이 속임수가 담겼다. 그래서 그랬을까. 이곳에서 생활했던 대통령들은 하나같이 국민들의 원성을 피하지 못했다. 이 기회에 런던의 다우닝가 관저나 워싱턴의 백악관이 시민의 눈높이에 세워진 깊은 뜻을 새겨보는 지혜가 아쉽다. 그러기에 좋은 집에 살면 좋은 삶이 되고, 나쁜 집에 살면 나쁘게 된다는 이치가 되새겨진다.

한편, 큰 건축물의 상징인 아파트까지도 '규제는 암 덩어리'란 맥거핀 효과를 노린 박근혜 전 정부에서는 수직증축을 허용했다. 여객선 '세월호'의 참사에서 보았듯이 수직증축의 불길함이 우리 마음을 어둡게 한다. 그야말로 '옥상옥'이 아닐 수 없다. 20여 년 전 수백 명의 인명을 앗아간 삼풍백화점의 교훈을 잊고 있다. 이뿐만이 아니다. 학교주변 호텔건축 허용을 비롯하여 산업단지 내 녹지를 없애고 공장용지를 쉽게 전환할 수 있는 규제완화와 푸드 트럭 개조를 위한 자동차관리법시행규칙개정안 역시, 이와 유사한 업종간의 편형성에 문제는 없는지 충분한 검토가 필요했다. 최태욱 교수는 시장과 사회에서의 포식자와 약탈자에 대한 규제는 민주정치가 살아있음을 보여 주는 착한 규제의 징표라고 했다. 강수돌 교수는 규제를 푼다는 것은 돈벌이 기업의 자유를 신장시키겠다는 것임을 모 언론지 칼럼에서 밝히고 있다.

'세월호' 사후 수습에서 보듯이 망치로 외양간 고치듯 뚝딱거리는 외과수술에 의존해서는 좋은 해결책이 나올 수 없다. 버락 오바마 전 대통령은 미육군사관학교 졸업연설에서, 우리가 제일 좋은 망치를 들고 있다고 세계의 모든 문제들을 못으로 봐서는 안 된다고 했다. 힘의 리더십이 최선의 구성요소가 아님을 비유한 것이다.

기존의 시스템이 왜 제대로 작동되지 않는지 진지한 검토와 이에 합당한 보완대책이 우선일 텐데, 포말처럼 사라져 갈 옥상옥부터 짓고 보자는 땜질식 컨벤션효과는 언제까지 챙겨야 할 적폐인가, 그저 안타깝다. 원자력발전소를 계속 늘리면서 노후 원전의 수명을 연장하면서, 그리고 각종 좋은 규제마저 여인네 머리 풀듯 마구 풀어버린다면 아무리 좋은 옥상옥인들 무슨 의미가 있겠는가. 그러기에 조선 바늘에 되놈 실 꿰듯 옥상옥의 미련에서 과감히 벗어나 본연의 임무에 충실한 평상심만이 어떤 제도혁파보다 우선이란 점을 각성할 필요가 있다.

'세월호'의 침몰 당시, 선장은 해경이 구조한 첫 생존자로 알려졌다. 안전사고 발생 시 최종 지휘관은 선장이다. 선장은 승객의 안전 여부가 확인되기 전에는 어떤 일이 있더라도 자리를 지켜야 한다는 것은 기본이다. 2012년 이탈리아 검찰은 유람선 침몰사고 당시 배를 버리고 도망친 선장에게 2,697년 형을 구형했던 교훈이 우리를 부끄럽게 한다. 고귀한 목숨을 한 순간에 잃은 304 명의 탑승객은 아무 죄 없는 우리 국민들이요, 학생들의 생명을 구하고자 헌신한 박지영과 같은 승무원은 워너비 스타 이상으로 추앙받아야 할 영웅이라면, 선장은 사회의 지도층에 속하는 일부 군집과 나라를 움직이는 최고의 권력자에 비유된다.

물살이 아무리 급하게 흘러도 그 위를 비추는 달빛은 풍랑에 흔들림 없이 제자리를 지킨다. 이러한 자연의 순리는 우리 인간 사회에서도 마찬가지다. 외화내빈의 옥상옥보다는 자연과 어우르며 안전하고 실팍한 작은 삶터를 우리 모두는 바란다.

그곳에 가고 싶다. 그곳에서 살고 싶다.

안식의 숲을 찾아서

아리스토텔레스는 자기를 지키기 위한 인간의 가장 자연스러운 감정의 힘 곧, 분노가 없다면 어떤 전쟁에서도 승리할 수 없다고 했다. 도스토예프스키는 『죄와 벌』에서 분노란 수치심이 잔인한 행동으로 느끼는 감정이라고 했고, 소설가 박범신은 『논산일기』에서 슬픔은 오랜 세월에 걸쳐 몸속 가시가 되고 분노는 짧은 시간 안에 병이 된다고 했다. 그러나 이러한 분노도 잘만 다스리면 긍정적 에너지로 얼마든지 전환할 수 있다는 실험을 2014년 EBS '다큐프라임'에서 학습하는 아이들을 통해 잘 보여주었다. 미하이 칙센트미하이 교수도 『몰입의 재발견』에서 부정적인 감정이라고 반드시 나쁘지만은 않다며 번개에 대한 분노 때문에 인간은 피뢰침을 발명했다고 했다.

호메로스의 서사시 『일리아스』는 분노를 슬픔으로 극복한 대표적인 사례다. 트로이 전쟁을 배경으로 하고 있지만 전쟁에 대한 묘사보다는 주인공 아킬레우스의 분노가 꼬리를 물고 이야기를 이끌어간다. 분노에 찬 아킬레우스가 친구의 원수를 갚고자 적장 헥토르를 찌르고, 그것도 모자라 시신을 마차에 매어달리는 대목은 분노의 극치를 보여준다. 그런데 후반부에서 반전이 일어난다. 하늘을 찌를 듯한 분노로 전장을 누비던 아킬레우스가 아들의 시신이라도 찾아달라며 애원하는 헥토르의 아버지 프리아무스 앞에서 눈물을 쏟아낸다. 이어 불구대천의 원수였던 두 사람은 서로 얼싸안으며 화해하는 것으로 작품은 대단원을 맺는다. 이처럼 분노로 시작해 슬픔으로 끝남으로써 슬픔이 분노보다 강하다는 교훈을 남겼다.

「고래가 그랬어」의 발행인 김규항은 "세월호 사건은 돈 귀신 들린 세상과 타협한 정치권력이 만들어 낸 필연적 비극이다."라고 정의했다. 그러기에 희생된 혼령들이 한결같이 '우리를 잊지 마세요'라고 하는 것은 돈 귀신에 물든 그들에게 '그렇게 살지 마세요.'라는 경구로 들릴 수밖에…. 의리의 배우 김보성 씨의 말이 가슴을 울린다. "사람으로서 마땅히 지켜야 할 도리가 '의리'인데 어른들이 세월호의 아이들을 살리지 못했으니 의리를 다하지 못했다. 그리고 의리는 다름 아닌 약속을 지키는 것이다."

세월호 이후에도 학교 등에서 발생되는 안전사고는 11%가 증가하고 있다니 징전비후懲前毖後는 고사하고 대한민국의 안전망은 누군가가 말했듯이 군용담요 수준이라는 말이 부끄럽기만 하다. 자식을 먼저 보낸 참척慘慽의 슬픔을 비롯해, 최근의 대형사고로 희생된 유가족들의 슬픔은 아직도 걷히지 않고 있다.

지난날, 성수대교 및 삼풍백화점 붕괴·씨랜드 참사·춘천 산사

태 및 태안 사설해병대캠프 참사·대구지하철 화재·천안함 침몰·장성노인요양병원 화재·판교 환기구 추락, 그리고 오룡호 침몰, 그리고 각종 대형 화재 사건 등은 한결 같이 기업형·인재형, 그리고 직무유기형 참사로 이윤중심의 천민자본주의의 결과물이다. 이에 개과천선한답시고 박근혜 전 정부는 '국민안전처'란 해괴한 시스템을 번갯불에 콩 볶듯 급조하더니만 그 역할을 보이지 않고 오로지 재벌대기업 특혜와 묻지 마 규제완화로 안전국가는 용오름 속으로 휘말려 들어가는 기분이다.

소설가 현기영은 망각은 저항의 대상이며 잊는다는 것은 불의에 굴복하는 것이라고 했다. 당연하다. 이 일련의 구조적 부조리로 인한 사회적 타살은 온갖 비리의 덩어리요, 엑기스요, 축소판이기에 더욱 그렇다. 이러한 환부를 말끔히 도려내지 않고서는 백약이 무효다.

문재인 정부는 이러한 공분公憤을 여과 없이 국민들이 이해할 수 있는 진실규명과 함께 이에 합당한 귀책과 후속책을 어리바리하지 말고 암 덩어리 도려내듯 대혁신의 기회로 삼아 제대로 풀어나가야겠다. 그리고 유가족들도 쉽지는 않겠지만, 자기억제를 통해 분노와 슬픔의 단장斷腸을 치유할 수 있는 안식의 숲을 찾아 일상적 삶으로 돌아가야 하지 않겠는가.

그러기에 나는 깨달았다

나는 조완선의 장편 『걸작의 탄생』과 송수경의 장편 『위험한 소설』을 읽고 '헬조선'에서의 구도자는 바로 부안 「정사암」과 인연이 닿은 영혼들이라는 생각으로 '그립다 그리워, 정사암의 영혼들이여'란 수필을 탈고했다. 이날은 공교롭게도 20대 총선이었다. 나는 투표를 끝내고 홀가분한 기분으로 원고를 다시 읽고 또 읽으면서 교정의 즐거움에 흠뻑 젖을 무렵, 투표마감 시간이 가까워지자 원고를 차갑게 밀쳐냈다. 목욕재계하고 거실에 마련된 포근한 이부자리를 벗 삼아 리모컨을 손에 꽉 쥔 채, 개표방송을 지켜보기 위한 야심찬 흥분의 도가니에 빠져들 만반의 준비를 다부지게 마쳤다.

투표가 끝나자마자 각 TV채널에서는 출구조사가 속속 떠져 나왔다. 호민들의 분노에 의해 오만한 정권을 꾸짖는 바루기 소리가 들릴 때마다 내 손바닥은 불이 나기 시작했다. 민본주의의 뿌리인 '경제민주화'란 초심을 내팽개치고 봉사멸공奉私滅公의 '친박나라'를 굳건히 다지고자 밀실 사천私薦했던 집권당의 몹쓸 짓을 질타한 투표혁명은 겹겹이 쌓인 암세포를 도려내는 명의의 몫을 다했다. 정치인들은 산수를 하고 유권자들은 수학을 했다는 한 야당지도자의 말이 설득력 있게 들린다. 제 눈의 들보는 외면한 채, 오만과 무책임의 극치를 질주하던 백척간두의 위험에서 이 얼마나 쾌재인가. 그러기에, 그 누구도 예상치 못했던 16년만의 '여소야대'란 쾌거는 비정상의 정상화와 민생경제를 선도할 골든타임의 실기에 대한 회초리 소리가 고막을 때렸다. 특히나, 헬조선에서 이생망(이십대 생은 망했다)으로 무력하게만 보였던 2030세대들의 분노가 투표율을 높여줌으로써 젊음이 살아 있음을 보여주었다. 내 이 나이까지 살아오면서 이처럼 황홀했던 밤은 결혼 첫날밤과 오늘밤이 아니겠는가.

내 관견으로는 이번에 분패한 후보도 없지 않았다. 경제통의 거목 더불어민주당 이용섭 후보(광주)와 같은 당의 여의도 모범생 김춘진 전 의원(김제·부안) 같은 경우이지만, 우리 전주에서 신승한 새누리당 정운천 당선자의 기쁨으로 위안을 삼을 수밖에. 종편TV에 주야장천 출연하면서 청와대를 향한 어부바로 야당을 공격하던 도사리들 가운데 총선결과를 예측한 경우는 단 한 사람도 없었다. 한편, 지난날에는 잘난 사람이 정치를 하고 못 배운 사람이 유권자인 경우가 대부분이었지만, 오늘날에는 못된 사람이 정치를 하고 배운 사람 모두가 유권자이고보니 인공지능 알파고마저 예측하지 못할 정도의 쾌답이 도출되었다. 그렇다 할지라도 선거란 원래 좋은 후보를 뽑는 것인데 지금은 차악의 정당과 후보를 뽑는다는 인식이 만연함은 정치꾼들의 공약空約과

식언에서 비롯된 것이 아니겠는가. 그러기에, 이번 총선이 차기 대권주자들의 씨름장으로 오해되지 않기를 바란다.

수선 피운다 할지라도, 아주 좋은 정치문화를 창조한 이번 총선은 완장 두른 절대 '갑질'의 횡포와 독선, 그리고 오만과 불통에 대한 응징으로 5060 세대의 절대 보수층 지지의 신화마저 무너진 선례가 되었다. 그리고 2030세대 청년층들의 트위터·페이스북·유튜브 같은 소셜네트워크서비스(SNS)를 통한 정보의 쏠림현상이 빠르게 확산, 적극적으로 투표참여로 이어진 유쾌·상쾌·통쾌한 반란이 약자들의 위대한 설욕으로 표출되었다. 한편, 철옹성의 서울강남·대구·부산과 경남은 물론, 새누리당(지금의 자유한국당) 일색의 경북까지도 야당 지지율이 생각보다 높게 나타났으며 호남에서도 이에 쬐끔은 응답했으니 이제까지의 굴곡된 정치문화는 아주 밝아질 것으로 전망된다.

지난날 개인의 영달을 위해 획책된 비뚤어진 정치꾼들의 지역감정이란 블랙홀 때문에 죄 없는 유권자들이 긴 세월 방황했지만, 이번 선거혁명으로 지역상생과 거버넌스(협치)의 정치문화는 머지않아 당차게 이루어지리라 믿었지만, 최순실 비선실세의 국정농단으로 기대조차 하지 못함을 안타깝게 생각한다.

미국인들은 존F.케네디가 암살당한 순간에 자기가 어디에 있었고 무엇을 했는지를 기억한다고 한다. 영국의 마이클 본드가 쓴 『타인의 영향력』에서는 이를 'JFK 순간'이라고 했다. 영국인 대다수도 1997년 8월31일 아침, 다이애나 왕세자비가 파리에서 자동차 사고로 사망했다는 뉴스를 접했을 때 'JFK 순간'을 기억하고 있다. 우리는 선거혁명을 이룬 2016년 20대 총선결과에 대한 국민들의 함성이 지축을 흔들었던 'JFK 순간'을 영원히 기억해야 할 것이다. 전 체코공화국 대통령 바츨라프 하벨은 정치를 '불가능성의 예술'이라고 했다. 아무리 불가능한 일일지라도 인간다운 양식의 사회를 실현하는 예술이 곧, 정치라는 사실을 이번 총선결과는 보여주리라 기대 한다.

그러기에 나는 깨달았다. 눈먼 머리가 몸통을 벼랑으로 이끈다는 말이 시사하듯, 잘못 뽑은 한 사람 때문에 대한민국을 탄핵이란 벼랑 끝까지 내몰렸던 전철을 거울삼아 헬조선의 구도자는 부안 '정사암'과 인연이 닿은 영혼들뿐만 아니라, 주권재민인 유권자들의 손가락 끝에도 있음을….

공·맹孔孟도 생각지 못한 말을 했을 뿐인데

먼 옛날에는 사서삼경 정도 읽어야 선비대접을 받았고, 지난날에는 소위 스카이(서울대·고대·연대) 정도 나와야 지식인으로 인정받았다. 요즈음은 K팝 가수들도 그렇듯이 보통교육부터 외국유학을 다녀와야 목에 힘을 주는 시대가 되어버렸다. 그 결과 국가지도층에서는 국리민복보다는 자기이익 챙기기에 너나없이 온갖 머리를 굴리다보니 신자본주의를 잉태하여 빈익빈 부익부를 낳음으로써 서민들의 빈곤탈출이 더욱 어렵게 되었다. 이는 기본적으로 최소한의 마음보다 머리 공부만을 빚어낸 던적스런 지식교육 탓이라 생각된다. 고려대 김문조 전 교수는 "예전에는 집단지성만 있으면 사회가 발전한다고 생각했지만, 이제는 집단감성도 중요한 시대가 됐다."고 했다. 나와 동갑내기 이외수 작가도 『절대강자』란 책에서 생각을 같이 했다.

머리 나쁜 것은 죄가 되지 않아도 마음 나쁜 것은 죄가 된다.

그런데도 가정에서나 학교에서나 마음공부는 시키지 않고 죽어라 하고 머리 공부만 시킨다. 삼사 십이, 삼오 십오, 삼육 십팔! ~ 초·중·고 학생들에 대한 체벌이 없어졌다. 앞으로 선생을 없애고 그 다음에 학교를 없애면 학생들은 행복해질 수 있을까. 사실 먼저 없애야 할 것은 인성교육 부재의 성적 올리기 학습방법 같은데…

김인국 옥청성당 주임신부님의 모 일간지 칼럼 모두의 글이다. "아이들을 얼마나 가르치면 될까? 사람 구실하는 데는 그다지 많은 배움이 필요치 않다. 있다·없다·좋다·나쁘다·맞다·틀리다·깨끗하다·더럽다 이 정도만 알아도 모자람이 없다."

소는 뿔이 있지만 물지 못하고, 호랑이는 날카로운 이가 있지만 뾰쪽한 뿔이 없다. 쥐를 잡는 데는 사자보다는 고양이가 제격이고 꿩을 잡는 데는 매가 제일이다. 박쥐는 정교한 음파탐지기가 있으나 시력은 형편없고 상어는 시각은 나쁘나 후각은 환상적으로 뛰어나다. 그러니까 세상 만물은 모두 저마다 타고난 재능이 있다. 그런데 우리 사회는 다람쥐의 재능을 가진 아이에게 사자의 재능을 요구하고 있다. 그냥 놓아주고 지켜봐주는 것이 진정한 관심이며 사랑인데 말이다.

특히, 한국 부모들은 개천에서 용을 키우는 것이 자녀에게 해줄 수 있는 최고의 능력이라 굳게 믿고 있다. 그 결과 자녀를 용(지식인)으로 키우는 데는 어렵사리 성공했을지라도 정작 바다(지혜)를 보여주지는 못했다. 그래서 비록, 강남의 큰 평수 아파트에서 살지라도 부모의 정신구조와 세상을 바라보는 시선은 미꾸라지에 그치고 있으니 그 아이가 자라는 곳은 강남이 아니라 미꾸라지가 사는 개천일뿐이다.

유태인과 한국인 부모의 교육열이 극성스럽다는 것쯤은 모두가 인정한다. 차이점이 있다면, 우리는 자녀의 미래를 결정짓는 힘을 부모가 갖고자 하나, 유태인 부모는 아이들과 의논해서 그들의 재능과 개성을 인정하고 키워준다는 점이다. 스티븐 스필버그 감독이 툭하면 수업을 빼먹고 카메라를 들고 다녔지만, 그의 부모는 아들의 남다른 상상력을 어렸을 때부터 인정했기 때문에 한 번도 야단치지 않았다고 한다. 중국의 리즈쥔이 쓴 『혼자병법』에 다음과 같은 이야기가 소개된다.

> 1987년 노벨상을 받은 75명이 파리에서 회의를 가졌다. 어떤 사람이 물었다. 당신은 가장 중요한 지식을 어느 대학에서 배웠다고 생각합니까. 질문을 받은 사람이 대답했다. 유치원이오. 유치원에서 뭘 배웠나요? 자신의 물건이 아닌 것은 가져가면 안 된다는 것, 물건을 가지런히 정리해야 하는 것, 밥 먹기 전에 손을 씻어야 하는 것, 잘못을 했을 때는 사과 한다는 것, 점심을 먹고 나서 쉬는 시간에 자연을 관찰하는 것 등이며 저는 놀이공원에서 제일 중요한 많은 것들을 배운 것 같습니다.

어쩌면 미국인 목사 버트 풀검의 『내가 정말 알아야 할 모든 것은 유치원에서 배웠다』(1986)란 자기계발서를 읽어 내리는 듯하다. 미국의 랍비(유대교의 영적 지도자) 조셉 텔루슈킨가 쓴 『죽기 전에한 번은 유대인을 만나라』에서 '8일째 일요일'에 나오는 이야기다.

> 나와 내 가족이 살고 있는 뉴욕시는 걸인들로 넘쳐나는데 사

람들은 흔히 그들의 존재를 완전히 무시하거나 그들 손에 무심히 동전을 쥐여 쥐고는 가던 길을 재촉한다. 당시 일곱 살이던 딸 나오미가 아내를 불러 말했다. 엄마, 엄마는 제대로 선행을 베풀지 않았어요. 그럼 엄마는 어떻게 했어야 했니? 딸은 유대 학교에서 배운 가르침을 되뇌었다. 엄마는 그 사람 얼굴을 보고 하나님의 축복이 당신과 함께 하길 바란다고 하지 않았잖아요. 자선을 베풀 땐 진심에서 우러나는 마음으로 베풀어야 해요. 아내는 곧바로 걸인에게 다시 1달러를 쥐여 주며 그의 눈을 보면서 말했다. 하나님의 축복이 당신과 함께 하길 바랍니다. 후에 아내는 말했다. 그의 눈을 보았을 땐 걸인이 아니라 한 명의 인간이 보였다고.

주말마다 집에 들른 네 살배기 손녀가 재롱을 떤다.

"배려란, 나와 상대방 그리고 환경에 대하여 사랑과 관심을 갖고 잘 관찰하여 보살펴 주는 것입니다. 경청이란, 상대방의 말과 행동을&^^^ 까먹었는디!" 정말 귀엽고 앙증맞다. 이 어린 것이 배려와 경청에 대해 앵무새처럼 얄기죽얄기죽 할지라도 요즘 어린이집의 높은 도덕교육에 놀라지 않을 수 없다.

늙수그레한 어른들은 어릴 적에 이러한 교육을 받지 못했다. 지금도 늦지 않았으니 어린이집이나 유치원에 들어가 예절, 생활습관, 위생, 실수를 인정하는 것, 놀이터에서 사계절의 체험을 통한 자연의 섭리 등을 제대로 배워야 할 것 같다. 그 우선 순위는 대통령을 비롯하여 국무위원·국회의원·대기업 총수 및 일가·법조계 순으로 우리가 양보해 주는 것이 국민적 도리라 생각된다.

아프리카 격언에 한 아이를 가르치려면 온 마을이 필요하다고 했다. 이는 '세상은 모두 학교입니다'란 2014년 MBC 캠페인과 부합된다. 지식을 쌓기 위해 아무리 수준 높은 책이나 교사에게 배운다 해도 어른들의 일그러진 행동을 통해 어린이들이 무엇을 배울 것인가. 헤브라이어로 배움은 흉내라는 뜻으로 쓰인다. 아버지가 무의식적으로 자녀에게 들려준 말과 행동이 자녀의 삶에서 그대로 재현될 수 있기 때문이다.그러기에 좋은 사회를 만들기 위해서는 교육과정과 과학실험실의 학교교육만으로는 부족하다. 공동체 전체에서 어린이들이 비디오를 보듯 어른들의 올곧은 행동을 볼 수 있어야 할 것이다.

소설가 김훈의 장편 『공무도하公無渡河』에서는 서북결창서 관내의 영세민 밀집지역에서 존속살해 사건이 터졌다. 후처가 데리고 온 열다섯 살짜리 딸을 상습적으로 성폭행한 오십대 아버지를 비대발괄할 틈도 주지 않고 십대 아들이 쇠절구로 쳐 죽인 사건이었다. 허구임에도 끔찍했다.

그런데, 실제에서도 이와 유사한 사건을 MBN의 「실제상황」 프로에서도 방영되어 충격을 더해주었다. 시아버지와 새엄마가 입맞춤하는 불륜을 잠자던 전처의 딸이 우연히 목격했다.

"엄마, 뽀뽀는 아빠하고만 하는 거야!"

새엄마는 시아버지와의 불륜이 두려워 다섯 살배기 딸을 목졸라 살해한다. 딸의 말은 공·맹孔孟도 생각지 못한 지성과 감성을 모두 갖춘 옳은 말을 했을 뿐인데….

언어야 웃고 놀자

길

'길'하면 한자로는 道와 路로 많이 쓰인다. 道는 우두머리(首)가 무리를 거느리고 횡대로 천천히 걷는 지금의 자동차 전용도로라면, 路는 제각각(各) 편한대로 종대로 걷는 발자취(足)로써 지금의 인도를 가리킨다. 김훈의 장편 『공무도하公無渡河』에서의 길과 같다. 박범신의 장편 『당신』에서도 망명자 혹은 방랑자처럼 가고 싶은 길도 있다. 최근에 발표된 미국의 코맥 매카시 장편 『로드 THE ROAD』 등은 모두 유형有形의 길이다.

한편, 부모를 잃은 소년의 눈물겨운 삶을 그린 조창인의 장편 『길』에서 인생의 길라잡이로서의 길(進路)인 무형의 길도 있다. 마치 로버트 프로스트의 시를 개사한 레리 노먼의 "내 삶의 한가운데 두 갈래 길이 있었지. 현자의 말을 듣고 사람이 적게 간 길을 택했네. 그리고 모든 것이 달라졌네."라고 노래했듯이.

그러나 나는 이처럼 여러 갈래의 길 중에서 새해마다 덕담을 주고받는 사자성어 가운데 운이 좋다거나 일이 상서롭다는 의미의 '길'吉과 '제길'이라는 내 이름자의 '길'에 대해 참따랗게 살펴 보고자 한다.

소싯적 편지 한 통으로 지구를 정복할 기세였던 그땐 그랬다. 세밑 무렵이면 지인들에게 연하장으로 덕담을 나누며 수인사를 대신했다. 그러나 드론을 이용한 택배유통업의 생활화가 눈앞에 다가오는 요즈음엔 카톡으로 퍼 날리는 별스런 문자가 이모티콘 등으로 주고받는 풍습이 터를 다져가고 있다. 그런데 전북평생교장동지회 전 회장 오근량 교장선생님은 회원들에게 시나브로 핸드폰 문자와 세밑이 되면 사자성어의 휘호 명필을 보내준다.

언젠가는 좋은 일과 복이 구름같이 몰려든다는 '길복운집吉福雲集'을, 금년에는 상 서로운 일들이 뜻대로 이루진다는 '길상여의吉祥如意'라는 명구였다. 모두 '길'吉자를 선호한 미쁨이 내 이름자와 연계되어 더욱 반가웠다. 우리 집 거실 복도에 내가 쓴 걸게 졸필, 좋은 기운이 힘차게 넘친다는 '길운신호吉雲神虎'란 말과도 이심전심으로 통하는 바가 있어 기쁨은 더했다. 역시, 재수대길財數大吉·만사대길萬事大吉이 아닐 수 없다.

초등학교 때 내 이름은 '이제상濟相'이었다. 항렬자가 '제'자이기에 사실 이름자는 '상'이란 한 음절뿐이다. 그런데 아버님께서 '상'은 윗대 할아버지의 존함과 동일하다는 것을 뒤늦게 아시고 작명가에게 의뢰 '길吉'로 개명하여 호적까지 정정, 중학교 때부터 새롭게 부르게 되었다. 지금이야 개명이 쉽지만, 채 익지도 않은 곡식 풋바심으로 굶주림을 겨우 해결해야 했던 그땐 여간

까다로웠다. '제길濟吉'이라는 내 이름은 온갖 고생을 뛰어넘어(濟) 좋은 일(吉)만 있으라는 의미가 담겼다. 호사다마가 아니라 다마호사의 뜻이 얼비추고 있다. 그래서 그랬던가. 한때는 아내의 사업관계로 금전적인 핍박과 현직에서의 직장 스트레스, 그리고 승진에 대한 중압감 등의 우울한 삽화도 잊히지 않는다. 그러나 퇴직 이후의 오늘은, 버리니 넉넉하고 비우니 독서로 다시 채워지는 신자아실현의 참맛이 온몸의 세포에까지 물결침은 역시, 내 이름의 후광이 아닌가 싶다.

다만, '제길'이라고 하면 일반적으로 '재길'이라고 쓰는 경우가 다반사이기에 은행창구나 병원 등에 가면 '이제길'이라고 이름을 밝히자마자 '제주도 제'자라는 말을 후딱 내뱉는다. 그래야만 상대편이 '재길'이 아닌 '제길'이라고 제대로 알아듣기 때문이다. 다행히 사상의학의 창시자 이제마李濟馬 선생의 경우는 '제주말'이라는 별호를 가졌기에 나처럼 '제'와 '재'가 혼동되는 경우는 흔치 않았을 것이다.

한편, 깝신대는 친구들로부터 '제기럴'이라고 놀림 받을 때도 간혹 있다. 그럴 때마다 나는 "남의 이름자 가지고 장난치는 사람, 잘되는 놈 못 봤다."라고 비사치면 오히려 옹색한 표정을 짓는다. 그런데 독자들이 많은 명작 속에서의 생목은 그야말로 속수무책이다.

·제기랄! 왜 엄마는 나한테만 뽀뽀를 안 해주는 거야!

〈쥘 르나르 장편『홍당무』1894〉

·그 순간 나는 소시지를 한입 물었다. 제기랄!

〈조지오웰, 장편『숨 쉬러 나가다』1939. 번역 이한중, 2011〉

·제기랄, 고기 놈이 저렇게 큰 줄은 미처 몰랐는걸.

〈어니스트 헤밍웨이, 단편『노인과 바다』1952〉

·제에기랄, 천당 가긴 다 틀렸당께! 〈오영수, 단편「明暗」1958〉

·제기랄, 가는 날이 장날이라. 〈이인화, 장편『영원한 제국』1993〉

·제기랄, 재수 좋은 년은 엎어져도 가지 밭에 엎어지고~ (이밖에 3회)

〈이문열 장편『변경』7권(1994), 8권(1994), 12권(1998)〉

·그때 내 휴대폰이 울렸다. "제기랄!"(이밖에 1회)

〈한강, 단편「채식주의자」〉

·제길, 그놈을 죽여야 하는데. 〈이수광, 장편『발해를 꿈꾸며』2006〉

·이런 제길, 또 빨간 불이야. 〈장쉰, 『고독육강孤獨六講』(2007)〉

·제기랄 홀랑 다 벗으란 말야. 〈코맥 매카시, 장편『로드』, 2008〉

·그런데도 제기럴, 세상에는~ 〈이외수, 『하악하악』2008〉

·제기랄, 담배는 언제 끊는 거야? 〈조정래, 장편『허수아비춤』2010〉

·이외수의 책은 돈 주고 사 보기에는 돈이 너무 아깝다고 말합니다. 제기럴. (이밖에 3회) 〈이외수, 『절대강자』2011〉

·제기랄, 내 몸에 손대지 마요.~ 제기랄, 앞으로 어떡할 거야?

〈미국의 톰 페로타, 장편『레프트 오버』2011, 전행선 옮김, 2015〉

·제기랄, 뭐 이런 미친 한 주가 다 있어. (이밖에 14회)

〈체탄 바갓, 장편『세 얼간이』, 2011〉

·제기랄, 놀고 있네! 〈모옌, 장편『열세 걸음』임홍빈 옮김, 2012〉

·이런, 제기랄! 〈쑤퉁, 장편『쌀』김택규 옮김, 2013〉

·제기랄, 빨리 뉴욕 시내에~ 〈김진명, 장편『싸드』2014〉

·제기랄, 마실 것 좀 다오. 〈김환영, 『마음 고전』2015〉

·제기랄, 벨리옹의 혐의가 더 짙어지네요.(이밖에 3회)

〈미셸 뷔시, 장편『내 손 놓지마』, 2016〉

·제길, 그럼 여태껏 뭘 봤단 말인가.(이밖에 2회)

〈조완선, 장편『코뿔소를 보여주마』, 2017〉

나도 이 기회에 한마디 해두고 싶다. 같은 말이라도 '벌레'라고 부르기보다는 '곤충'이라고 불러준다면 쬐금은 고맙겠다만. 그런데 동갑내기 이외(웬)수야! 왜 남의 이름 갖고 오리지널(랄)이야, 마음이 넉넉한 '짝수'도 살기 힘든 세상에, 마음마저 홀쭉한 '외수'로 살아가기 얼마나 힘드냐? 아프지 말고 건강하게 살기 바란다. 욕먹으면 건강하게 산단다. 난 네가 고맙구나! 쥘 르나르 등은 외국인이고 아마 번역자가 문제인일 수밖에. 그리고 다른 작가들도 좀 걸리긴 하지만, 나에게 좋은 작품 읽을 수 있도록 집필하느라 수고했기에 오히려 감사할 뿐이다.

친구들이 놀린다.

"이남근! 크으 '자지'라는 이름이잖아, 자지에 털 나면 한 급 승진해서 '좆'이 되잖아. 이 이름 가지고 정치를 해야 돼, 국회의원 출마해봐, 여성 표는 완전 몰표지, 죽을 때까지 국회의원 해먹을 수 있는 기막힌 이름 아니냐!"

이남근이 참다못해, "좆같이 놀리고 지랄이야."라는 외침과 함께 상대방의 얼굴을 내갈기니 코뼈까지 부러진다. 할 수 없이 치료비 때문에 아버지한테 편지 보내면서 자초지종을 썼다. 아버지한테 답장이 왔다. "장하다 내 아들 남근男勤아! ~ 네 이름은 '근면한 남자'라는 뜻으로 이 세상에서 제일 좋은 이름이다. ~ 네 애비가 그런 일을 당했더라면 불알을 차 버렸을지도 모른다. 치료비는 아무 걱정 말고 돈 벌어서 어디다 쓸 것이냐? 앞으로도 그런 놈들이 나타나면 절대 용서하지 마라." 이 편지를 친구들에게 돌려가면서 보여주니 그 뒤로는 이름 때문에 놀리는 일이 없어졌다.

〈조정래 장편『정글만리』② 2013〉

손님

김삿갓이 원산을 유랑하면서 칠팔 명 정도의 학동이 공부하는 서당을 찾았다. 훈장은 보이지 않고 학동들만 김삿갓의 헐거운 모양을 보고 듣기에도 민망할 정도로 아고똥하게 지껄인다. 참다못해 그는 육두문자의 소리로 살가운 의미가 담긴 시를 남기고 자리를 뜬다.

"서당은 내조지乃早知요(내 이미 알고 있는데), 방중은 개존물皆尊物인데(다 잘난 척만 하는데), 생도는 제미십諸未十이요(모두 합해도 열이 넘지 못하고), 선생은 래불알來不謁이라(와서 뵙지 않더라)." 이는 손님을 홀대 한다는 불편한 심정의 위트가 아니겠는가.

고대 그리스·로마 시대부터 이인환대異人歡待라는 풍속이 있다. 낯선 손님을 환대 한다는 것은 귀천을 불문하고 목욕부터 시키고 새 옷을 갈아입히며 식사를 대접할 때까지 그의 신분을 묻지 않는다. 낯선 곳에서 온 손님은 악령을 몰고 올수 있어 미리 환대함으로써 훼방을 막자는 원시적 사고에서 기인되었다.

이규태 선생의『한국인의 버릇 2』에 따르면, '손님'이란 우리말도 이 악령에 존칭을 붙인 말이라고 했다. '손'이란 날수에 따라 동서남북 네 방위를 돌아다니며 사람을 훼방하는 귀신이라는 뜻이 담겨 있으며 이사할 때나 먼 길 떠날 때 손이 없는 날 손이 들지 않은 방향을 택한 것은 이 때문이다.

우리 역시, 지난날에는 이인환대가 별나게 융숭했었다. 처첩이나 딸을 제공하여 잠자리를 같이 하게 하는 이부시숙以婦侍宿이라는 극진한 환대습속이 있어 고려 태조비 吳씨도 왕건의 등극 이전에 시숙한 여인이었고, 양사언의 어머니도 이와 같았다. 옛날에 노자 한 푼 없이 천 리 유람을 나설 수 있었고, 여관도 없는데 소금장수·땜장이들이 숙식 걱정 없이 이 마을 저 마을 떠돌아다닐 수 있었던 것도 손님환대의 전통이 있었기 때문이다.

이밖에도 '손'이란 우리 신체부분 중에서도 없어서는 안 될 중요한 역할을 하는 이름이기도 하다. 손재주가 세계적으로 알려진 병아리 감별의 예민함도 손재주 때문이며, 어릴 때부터 젓가락질을 잘 하는 것도 타고난 손재간이 아니던가. 사랑할 때도 한국 사람들은 불을 끈 상태에서 손의 감각에 의존하는데, 서양인들은 불을 밝혀 눈으로 사랑 나누기를 좋아한다. 헨리 밀러의 소설 속에서 속살비빔도 예외 없이 전등불을 환하게 켜놓은 장면이 이를 뒷받침해 주고 있다. 스포츠경기에서도 이를 반증하고 있다. 손가락 감각의 스포츠인 농구·배구·배드민턴·탁구·궁도·골프 등에서 우리가 두각을 나타내는 것도 농경민족으로서 손가락 문화의 영향이 크다.

신체장애의 경우도 발·다리보다는 손·팔의 장애가 더 불편하다. 전자는 목발이나 휠체어로 불편을 보완할 수 있다. 후자의 경우도 일천한 보조기구는 있겠지만 식사·세수·양치질·목욕 등 기본적인 생활에 지장이 많다. 컴퓨터나 모바일 기기 사용에도 제한적이다. 특히나, 인체의 206개 뼈 가운데 4분의 1이 손에 있고, 뇌신경 세포의 30%가 손과 연결되어 운동중추의 발달에 손 동작은 매우 중요한 역할을 한다.

그러므로, 어린아이들이 유치원 과정에서부터 갖은 손동작을 통해 두뇌발달을 진작시켜야 함에도 손글씨·공작·그리기 등이 점점 시들어가니 그저 안타깝다. 손글씨 대신 컴퓨터 자판이나 스마트폰 자모판을 찍고, 공작이나 그리기 대신 검지와 엄지를 모으고 넓힘으로써 편리함에 노작의 기쁨마저 빼앗기고 있다. 노작이 없으니 노력에 대한 성취감과 자존감마저 찾을 수 없게 되었다. 나는 육필시집을 출간한 선배님도 보았지만, 요즘 젊은 이들의 글씨는 개발새발로 그저 수선스럽다. 이를 보완하고 행복한 삶을 구안하기 위해서는 활발한 신체활동과 자연과의 친교, 그리고 사회활동과 연계된 학교교육의 정상화가 아쉽다.

손주가 할아버지·할머니의 팔다리를 주물어드리고 행복한 미소를 짓게 하는 힘은 기계가 아닌 손목의 위대한 힘에서 나온다. 예쁘다고 뺨을 어루만져 주는 것도 손이요, 오랜만에 만나 반갑다는 마음의 표현도 악수를 통해 전달된다.

그래서 그랬을까, '발님'이란 말은 없어도 '손님'이란 말이 귀히 여겨지는 까닭을 이제야 알 것 같다.

모름다움

나는 지금까지 시집 한 권과 수필집 두 권을 펴냈다. 기회가 주어진다면 글 조각모음 편편단상片片斷想 형식의 작품명『언어야 웃고 놀자』를 펴내고 싶다. 부제로는 '유머와 함께 세상 돌려보기'(逆發訕記改世)까지 생각해 두었다. 물론, 아직 발표되지 않은 여러 편의 수필도 같이 묶으려고 한다. 그러다보니 일 년도 안 되는 사이에 한 권으로 담기엔 너무 넘치는 글들이 모아져 이마저 고민스럽다.

문제는 고정된 독자나 반갑게 맞아주는 출판사도 없으려니와 지난날처럼 구걸하다시피 몇 안 되는 지인들에게 무조건 책을 우송해 버리는 낡은 방법 이외는 마땅한 묘책이 없다. 이에 따른 경비는 그렇다 치고 이 책을 받게 될 수취인 입장을 생각하면 그저 부담스럽기만 하다. 이도저도 말고 책을 아예 내지 않으면 간단하지만 그럴 수도 없다. 그 까닭은 표절시비로 곤욕을 치른 바 있는 내 고장 출신 소설가 신경숙 씨의 속심으로 대신하고자 한다.

이 기회에 아무리 생각을 해봐도 임기응변식 절필선언을 할 수는 없다. 나에게 문학은 목숨과 같은 것이어서 글쓰기를 그친다면 살아도 살아있는 게 아니다. 원고를 써서 항아리에 묻더라도 문학이란, 땅에서 넘어졌으니까 그 땅을 짚고 일어나겠다.

언어란 좁은 의미에서는 인간만이 가진 것이다. 발화자의 의지를 청취자에게 전달하는 것이 우선이겠지만 쓰다보면 언어의 이중적 상징성이 맛깔스럽다. 『언어야 웃고 놀자』의 가제에 따른 내용물 중에 몇 점 준비된 자료를 소개하면 다음과 같다.

조선 최고의 애연가 문인 이옥이 1795년 송광사 법당 안에서 담배를 피우니 스님이 부처님 앞에서는 금연이라고 막아서자 이옥의 대꾸였다. "부처님 앞의 향로 연기도 연기요, 담배연기도 연기입니다. 사물이 변해서 연기가 되고 연기가 바뀌어 無가 되는 것은 똑같지 않습니까?"

다산 정약용 선생은 생전에 6남 3녀를 두었는데 여섯 자식을 천연두·홍역 등으로 먼저 보내는 참척慘慽의 아픔을 겪어야 했다. 특히, 천주교 박해사건에 연루돼 구사일생으로 자신의 목숨은 간신히 건졌지만 유배지 강진에서 네 살짜리 아들의 죽음(1802년)에 대해 아주 실학적·철학적 향기가 흠뻑 묻어나는 표현으로 그의 부정父情을 표현했다. "나는 죽는 것이 사는 것보다 나은데 살아있고, 너는 사는 것이 죽는 것보다 나은데 죽었구나."

1976년 프로복싱 챔피언 무하마드 알리와 이종격투기를 벌린 왕 주걱턱 안토니와 대결에서 이뇨키가 누운 채 방어만 하면서 세기의 졸전을 보이자 알리는 "누워서 돈 버는 놈은 창녀와 이뇨

키밖에 없다."고 했다. 이에 이뇨키는 응수했다. "알리는 누워있는 창녀 앞에서 아무 것도 못하는 놈이다."

오동환의 『공자처럼 독서하고 소크라테스처럼 생각하라』에서는 세상에서 가장 소중한 것은 모두 한 글자로 되어 있다고 했다. 몸·뇌·뼈·살·피·넋·밥·잠·옷·집·땅·흙·일·땀·돈·꿈·복·말·글·책· 앎·길·임·벗·술·물·강·비·불·해·달·별·산·숲·풀·꽃·약·힘·때·삶 등이 그렇다.

카피라이터 정철의 『인생의 목적어』에 소개된 대학의 학과풀이도 쾌미快味스럽다. 배고파 쭈그리고 있어도 우주를 걱정하는 학과는 철학과·최소한의 친구는 모두 판검사인 법학과·學자를 붙이지 않은 유일한 학과는 기악과·곤란한 질문은 하지 않는다는 불문학과·옆집에 살고 싶은 이웃은 환경공학과·놀려 다니는 것이 공부인 관광학과·모르는 게 약인데 그것을 아는 학과는 약학과 등이다.

나는 영화 「명량」을 보고 느꼈다. 배우는 인기가 많다. 왜 그럴까? 배우는 자세로 감독님께 겸손하니까. 배우는 인기가 많다. 왜 그럴까? 영화 「명량」에서 배우 최민식이 유쾌·상쾌·통쾌한 쾌승의 함성을 울돌목에 곧추세워 일본 것들을 혼내주었으니까.

그리고 부제 '유모와 함께 세상 돌려보기'를 '역발산기개세'란 기존성어(力拔山氣蓋世)에 내 나름대로 한자(逆發訕記改世)로 고쳐보았다. 몇 가지 예를 들면 다음과 같다.

그대들은 아름다운 자연을 후손들한테 잠시 빌려 쓰고 있을 뿐, 그대들의 것이 아니다. 임대료는 내지 못할망정 곱게 쓰다가 아름다운 상태로 다시 돌려주어야 하지 않겠는가. 그런데도, 누구는 4대강을 뒤집어 놓고, 누구는 경제 활성화 한답시고 자연보호의 규제까지 풀면서 백두대간의 코앞에서 삽질까지 하려고 한다. 대기업에게 어부바하고자 자연까지 죽이는 교만이 어리석다.

–자연 지킴이 회장 천하대장군.

전국대학교총장연합회장이 망치를 치켜들었다. "대한민국을 '대학민국'으로! 대학민국의 국교는 '대학교'로 의결되었음을 선포합니다." 탕! 탕! 탕!

– 망치공장 사장의 포호.

끝으로 '아름다움'을 축약하면 '앎다움'이다. 숙지성熟知性이 그 본질이다. 한자로 미美는 '양이 크다'라는 회의글자다. 큰 양은 아름답다. 고기는 먹고, 털은 입고, 기름은 등유로 사용하고, 뼈는 화살촉으로 쓰이므로 버릴 것 없는 삶의 실체이다. 그런 양이 풀밭에서 무럭무럭 자라는 것을 보고 있을 때의 흐뭇함, 그것이 '미'의 본질인 아름다움이다. 이 '아름다움'은 곧, '앎다움'이요, 이 반대어를 고 신영복 교수는 그의 마지막 강의『담론』에서 '모름다움'이라 했다.

그래도 된 사람들이야

오늘따라 농부들이 논두렁에 넙죽이 앉아 땟거리 먹으면서 막걸리 한 사발 꿀떡꿀떡, 논배미 흐르는 물에 술잔을 씻던 그 시절이 만화경처럼 떠오른다. 비가 오면 삿갓 쓰고 개골창에서는 물고기들이 번득거리고 눈이 내리면 감발하던 그 때는 그랬다.

지상낙원으로 불리는 인도양의 섬 몰디브는 2100년이 되면 바다 속으로 가라앉게 된다는 시한부 선고가 내려졌다. 이 나라는 산호섬 1,100여 개로 이루어졌다. 가장 높은 곳이라야 해발 2.4Km정도다. 지구 온난화로 빙하가 녹으면 80년 후엔 해수면이 1.4Km 올라간다니 섬 대부분이 물에 잠기게 된다는 것이다. 유엔의 한 보고서에 의하면, 온난화가 이대로 계속된다면 15년 내에 지구촌에서 1억 명 이상이 가난의 수렁에 빠질 것이라는 경고와 함께 2030년까지 농작물 수확량이 5% 줄어들면서 아프리카의 평균 식품가격이 12% 이상 오를 것으로 전망했다.

우리의 환경도 예외는 아니다. 전남 곡성에서 재배했던 멜론은 강원양구에서, 대구사과는 경기 포천에서, 보성 녹차는 강원 고성에서, 영암 무화과는 충주에서, 청도의 복숭아는 파주에서, 제주 한라봉은 김제로 각각 북상했다. 프랑스의 고고인류학자 파스칼 피크는 이와 같은 기후변화에 적응하는 인간을 뜻하는 '호모 클리마투스'(Homo-Climatus)라는 신조어를 만들었다. 이는 태풍과 빙하기, 폭염과 가뭄을 극복해 온 인간을 가리키는 말이다. 그러나 앞으로 시·공을 초월한 지구의 온난화 현상에도 온전한 적응이 가능할까. 여북하여 염려스럽다.

삼겹살에 소주 한 잔!

이 얼마나 낭만적이고 멋스럽고 찍찍한 맛인가. 그런데 한국에서 1년에 도축되는 돼지가 1,500만 마리를 넘는다고 한다. 축산물의 대량공급을 위해 만든 '공장식 축산' 스톨시스템은 조류독감과 구제역을 낳았고, 수천만 마리 동물이 생매장을 당해야만 했다. 오늘날 식탁은 옛날 황제들도 맛보지 못한 음식의 향연을 누리고 있다. 그렇다고 전보다 건강하고 행복하지 않은 것 같다. 이제 우리나라의 밥상도 어느덧 다국적 밥상이 되어버렸다. 곡물 자급률은 24% 수준에 그치고 있다. 밥쌀까지 수입하고 있다. 우리의 국적을 취득한 임마누엘 페스트라이쉬(한국명 이만열)가 쓴 『한국인만 모르는 다른 대한민국』이란 책을 보면 우리가 자랑스럽게 여겨야 할 한류문화는 선비정신을 비롯해 사랑과 온돌문화, 그리고 옛날의 유기농법을 강조했다.

언젠가 충북 괴산군의 한 유기농식당을 한 언론에서 소개했다. 숙주나물, 오징어채무침, 파래무침, 소시지전 등 반찬 9가지와 된장국으로 꾸려진 식단을 저렴한 가격으로… 그렇다, 지구의 자원은 소비하면 할수록 고갈될 뿐이라는 엔트로피 현상에 대응하는 최선책은 유기농일 수밖에. 뿐만 아니라, 이곳의 풍광명미風光明媚는 퇴계 이황 선생마저 매료되어 신선들이 놀만한 곳이라 이름붙인 선유구곡을 비롯하여 쌍계구곡·갈은구곡·연하구곡·화양구곡 등 심산구곡의 빼어난 경관이 즐비하다. 일제가 우리의 국권을 찬탈하자 이에 통분자결하신 홍범식 선생은 이 고장 출신으로 내 고향 정읍군수를 지낸 바도 있어 더욱 가깝게 느껴진다. 그의 유혼은 아들 홍명희 선생에게 전이되어 근대역사소설『임꺽정』을 쓸 수 있게 함으로써 우리에게 친숙하게 다가왔지만, 불행히도 해방 후 월북작가란 반열에끼여 제대로 평가받지 못한 아쉬움을 남겼다.

한편, 급격한 온난화란 기후변화로 인한 농업환경 오염에 따른 청정지역의 친환경 유기농산물을 능동적으로 대처하기 위해 이곳에서는 2015년 국내 처음으로 '세계유기농산물 엑스포'를 24일 동안 개최한 바 있다. 우연찮게도 이 행사를 주관한 괴산군청의 실무담당관의 내조자는 고등학교 나의 제자였다. 그녀는 내조를 위해 시민봉사자로서 발바닥에 불이 날 정도로 행사장 곳곳을 휘돈 관련자료를 고등학교 동창만남의 '밴드'에 올림으로써 직접 참관한 이상의 감흥을 느끼게 했다. 나는 반가운 마음에 "오랜만에 밴드 타고 '유기농산물 섹스포' 구경 잘했다"고 제자에게 문자를 날렸다.

아뿔싸! 내 성마르긴 해도 곰파는 성격인지라 반드시 '미리보기'를 통해 전문을 확인하곤 하는데 이날따라 추석 전, 친지 등으로부터 밀려든 메시지와 이를 답신하는 혼란 속에서 그만 '엑스포'를 '섹스포'라고 잘못 입력한 것이 아니겠는가. 미국의 에이모 토울스의 장편 『우아한 연인』에서 "타자기로 치다가 '중요' chief라는 단어를 '도둑' thief로 잘못 쳤다. 이는 자판에서 C와 T는 서로 붙어 있는 글자도 아니다."라는 문장이 나온다. 그래도 컴퓨터 자판기의 ㅅ과 ㅇ은 먼 거리가 아닌 일촌일지라도 얼마나 당황했는지. 수신자는 어렵사리 33년 만에 소통된 여제로서 그녀의 신랑이 직접 주관한 행사였는데…

작가 이외수가 해학적으로 쓴 『아불류 시불류』라는 작품집에 다음과 같은 너스레가 소개된다. "어떤 아가씨에게 '자니'라고 보내야 할 문자를 '자지'라고 보내고 이틀이 지나서야 워쩌!"라며 놀랐다고 했다. 나와 동갑내기인 그에게 나는 다음과 같이 위로했다. "그래도 그 아가씨에게 주말 연속극 '보니'라고 보내야 할 문자 끝음절에서 실수한 것보다 훨씬 낫지 않소." 그런데 이 친구는 아직까지 나한테 허룩한 인사마저 없다.

한 번 실수는 병가지상사라 했던가. 그래도 그렇지, 이 뒤틀린 문자를 받은 제자는 얼마나 황당할까를 생각하니 되통스러운 내 자신이 얄밉다. 본의 아닌 오자였음을 밝히고 이해를 구했더니, 제자로부터 답신이 왔다. "ㅎㅎㅎ 오타 새겨 읽습니다. 더 잼있는 걸요!" 속내는 어쩔망정 겉으로나마 토라지지 않은 채 하는 것만으로도 마음이 놓였다. 나는 이 실수담을 호사다마 아닌, 전화위복의 기회로 삼고자 이 글을 쓰게 되었다. 글 수준이야 독자가 판단할 테고, 이처럼 겁난 실수를 글쓰기란 검려지기黔驢之技로 자위코자 하는 나와 이외수에게 누군가가 '그래도 된 사람들이야'라고 불러주기를 기대한다면 또 다른 착각일까.

마이크 탐방

대담 _ 294

주관 : 「전북수필」 신영규 편집위원

주제 : 원로 수필가 대담

일시 : 2016년 11월 2일

장소 : 신아출판사 사장실

발표 : 「전북수필」 제83호(2016. 11)

대담

요즘 어떻게 지내십니까? 건강관리는 어떻게 하시고, 하루의 일과는 무엇으로부터 시작합니까?

▲ 이 질문을 받을 때마다 얼굴이 환해집니다. 어쩌면 나를 자랑할 수 있는 유일한 콘텐츠가 아닌가 합니다. 현직에 있을 때보다 퇴직 이후의 생활이 바쁘다는 말들을 곧잘 합니다만, 제가 그런 것 같습니다. 아직까지는 건강이 뒷받침되다보니 월·수·금·토요일은 우전중학교와 용흥중학교에서 젊은 선생님들과 배드민턴을, 화·목·일요일은 양지복지관과 우리 아파트에서 탁구로 땀비 쏟다보면 엔도르핀과 쉽게 조우할 수 있지요. 그리고 도청도서관에서 한 달에 대여섯 권의 책을 빌려 읽고 그 중심내용을 컴퓨터 DB에 옮기다보면 시간이 나를 쫓는 것이 아니라, 내가 시간을 쫓는 기분이 들어 새살스럽습니다.

선생님의 고향은 어디시고 가족관계는 어떻게 되십니까. 소개 좀 부탁합니다.

▲ 저는 정읍시 소성면 기린리에서 출생했습니다. 제가 태어날 때만 해도 호롱불 밑에서 풋고추 꽁지에 된장 찍어 꽁보리 밥그릇을 비우던 시절이었습니다. 그 무렵 아버님 형제들이 솜틀기계를 놓아 돈을 좀 벌었던지 우리 집은 상머슴과 애머슴을 두었으니 그런대로 마을 부잣집 소리는 듣고 살았습니다. 저는 5남 3녀의 장남으로서 어머님이 두 분이었습니다. 한 분은 저를 길러주신 분이셨고 한 분은 저를 낳아 주신 분으로서 첫 수필집『동태후와 윤씨부인』이란 글 속에 녹아 있습니다.

제가 초등학교 2학년 때 정읍 읍내에 집을 한 채 마련하여 한 분의 어머님은 정읍에서 또 다른 어머님은 고향집에서 농사를 지으셨지요. 그래 저는 장남이라고 소성초등학교에 다녔고 동생들 모두는 정읍 시내에서 학교 다녔습니다. 그래서 엊그제 탈고한 '소성촌놈'이란 글을 남겼지요.

저와 셋째 동생은 중등교장으로 정년을 마쳤고 둘째는 중령으로, 넷째는 서울에서 의료인으로, 그리고 막둥이 동생부부는 전주한양내과 원장이며 전주시의사협회 부회장으로서도 열심히 일하고 있습니다. 저는 2남 1녀를 두고 자랑할 것은 없으나 봉급쟁이들로서 건강으로 효도한답니다.

선생님의 유년시절은 어땠습니까? 제가 볼 때는 좀 개구쟁이 같았을 것 같은데, 사실입니까?

▲ 절대적으로 맞는 질문입니다. 산나물밥이나 송기죽으로 세 끼만이라도 때울 수 있다면 행복했던 그때, 우리 집은 시골에서 보리와 쌀을 절반 정도는 섞어먹었으니 어린 시절에는 의기양양했나 봅니다. 고량자제膏粱子弟는 아닐지라도 이에 가까운 흉내 정도는 내면서 자랐지요. 첫 어머님의 불임으로 두 번째 어머님을 얻어 나를 낳았을 때 아버님은 불혹이셨으니 저는 6대 종갓집 8남매 장남으로서의 프리미엄이 하늘에 닿았습니다. 마을에서는 골목대장으로, 청소년 시절엔 친구들과 운동한다며 거칠게 거리를 누볐고, 대학시절엔 학사장교훈련(ROTC)을 받는답시고 공부는 내팽개쳤고, 군대에서는 소대장과 대대참모로서 젊음을 불태웠고, 교단에서는 학생들 앞에서 맘껏 설쳐대다 좋은 환경 만나 교장까지 지냈으니 말입니다.

그러나 분명한 것은 저는 재능을 가지고 태어난 사람도 아니고 남들처럼 곤궁한 고생도 겪지 않았지만 2차 산업화란 시대적 해밀에서 훌륭한 부모님과 좋은 스승님을 만나 쉽게 편안하게 이렇게 살아 온 것 같습니다.

🎙 지금의 사모님을 만나기 전에 다른 여자를 사귄 적이 있습니까? 그것이 첫사랑이라고 해도 좋습니다.

▲ 처음 문구가 좀 거시기하네요. 결혼 전에 다른 여자와 사귀지 않은 남자들도 있답니까. 첫사랑을 느낀 것은 제가 고등학교 2학년 때 펜팔로 맺어진 두 살 연상의 여인이었습니다. 10여 년 전, 온라인 및 중앙일간지에서 화제가 된 바 있는 인물이 바로

저의 첫사랑이었습니다. 내용을 이렇습니다. 중학교만 졸업하고 결혼 이후에 고등학교를 검정고시로 마치고 방통대를 거쳐 광운대 석사과정을 본인과 딸과 사위가 함께 다녔다하여 화제가 되었던 일입니다. 단테 역시 베아트리체와의 첫사랑이 실패로 끝났듯이 첫사랑은 첫사랑일 뿐, 결혼으로 맺어지는 사례는 흔치 않나 봅니다.

인생 좌우명이 무엇입니까? 거창한 인생관을 묻는 게 아닙니다. 적어도 인생을 사는데 나의 신념이나 삶의 지표를 말하는 것입니다.

▲ 좌우명에 앞서 제가 30대 초반 목포에서 '월파서예원'에 다닌 적이 있었습니다. 김은섭 선생님께 가르침을 배웠는데 한 6개월이 지나자 수강생들에게 전지 절반 크기로 아호를 지어 써 주셨습니다. 저에게는 『전등록 24』에 나오는"心外無法 滿目青山"(내 마음 밖에는 법이 없고 고개 들어 청산만 바라본다.)이란 문구의 '법산法山'이라 했습니다. 뜻으로 보면 저를 적시하셨는데 왠지 승명僧名 같아 오래 쓰지 않고 지금은 고향 서실에서 먼지와 씨름하고 있습니다만. 좀 좋게 봐주신다면 서양의 철학자 미셸 푸코가 말한 종속적 주체와 능동적 주체를 말한 것 중에 후자의 경우에 속한다고 할까요.

아마 저에게 다시 좌우명을 물으시더라도 서진西晉 때 사람 하통夏統의 고사로써 한 번 마음먹은 것은 나무나 돌처럼 움직이지 않다는 '木人石心'으로 대신하겠습니다. 또 다른 욕심은 '양식이 흥건한 삶'이라고나 할까요. 르네 데카르트의 『방법서설』을 보면, 행위의 규범이나 윤리의 원칙인 '격률格率'이란 말이 나와요. '양식이 흥건한 사회'는 '격률이 튼튼한 사회'라고 해도 좋을 듯싶습니다. 쉽게 말하면 '~답게 사는 것'이지요. 장미는 장미다울 때, 진달래는 진달래다울 때 가장 아름다운 게 자연의 섭리인 것처럼, 공자의 君君臣臣父父子子처럼 말입니다.

요즘은 지식정보화 시대입니다. 속도와의 경쟁이 생존의 무기로 여겨지고 있습니다. 그러다보니 반대급부로 '느림의 미학'이니 '여유' '귀농'과 같은 것들이 하나의 흐름으로 부상하기도 합니다. 현대를 살아가는 지혜가 무엇인지, 어떻게 살아야 인생을 아름답게 사는지 말씀해 주십시오.

▲ 심오한 철학자가 아니면 답변하기 쉽지 않은 질문이네요. 그러나 확실한 것은 속도도 경쟁도 필요하지만 느림과 여유도 필요하다는 것입니다. 인간의 삶에서 완전이란 없기 때문입니다. 그러기에 하이퍼루프와 같은 속도를 내야 할 일은 양식이 흥건한 사회를 만들기 위해 불공평하고 특정지역과 특정인이 판치는 사회를 태고의 힘까지라도 빌려서 혁신하는 일입니다.

귀촌·귀농에 대해 저희 생각을 말씀드려보겠습니다. 이번 추석 때 고향에 내려가서 느낀 점이 많았습니다. 집집마다 불혹의 젊은이들이 하나둘 붙박이 되어가는 모양을 보고 마음이 싱숭생숭 했습니다. 한결같은 것은 사십대의 이들이 모두 결혼도 못하고 있다는 공통점입니다. 그러니 귀농이란 말은 빛 좋은 개살구지, 산업화 시대처럼 도시에서 돈벌이가 쏠쏠하면 어느 미친 녀석이 귀촌하겠습니까. 웰빙 차원이라면 몰라도 아니 그렇습니까. 지금은 할머니들이 농어촌을 지키고 있다면 앞으로는 귀농이랍시고 고향 찾아 부모 곁에서 어슬렁거리는 젊은이들이 농어촌의 텃주대감 노릇할 날이 안 봐도 비디오입니다. 그리고 인생을 아름답게 사는 것이란, 정직과 진실을 가지고 양식 있는 삶을 지켜가는 사람이 아닐까요.

선생님은 종교가 있습니까? 종교를 떠나서 선생님은 신(神)과 영혼이 있다고 믿습니까?

▲ 한 때는 종교에 미치기도 했지요. 새벽기도는 물론 산상기도까지 갔으니까요. 그런데 저는 하나님을 만나지 못했을 뿐만 아니라 엄청 많은 시간이 빼앗기기에 그만 멈추고 말았습니다. 우리 집은 저만 빼고 철저한 기독교 신앙가족입니다. 아내는 저와 결혼 전부터 독실한 신앙인이었으며 지금은 권사로서 믿음이 대단합니다. 자식들 역시, 자연스럽게 배태신앙인으로서 열심히 믿음 생활을 이어가고 있지요.

신의 유무에 관한 문제가 대두될 때마다 F.니체의 《짜라투스트라는 이렇게 말했다》에서 “신은 죽었다. 인간에 대한 그의 동정 때문에도 신은 죽었다.”라는 말을 인용하지 않을 수 없습니다. 저의 생각도 이와 오십보백보입니다. 저에게 神이란, 특정종교에서 일컫는 특정대상은 아닙니다. 신이란, 평범한 인간의 양식과 진실을 갖춘 우리들의 ‘영혼’이라 믿습니다. 영혼이란 말이

애매모호하다면 '정신 혹은 마음' 정도에서 그치겠습니다. 사실, 정신을 정신正神이라 표현하면 어떨까요.

공교롭게도 저는 바뤼흐 스피노자의 《윤리학》을 읽는 중이었습니다. "사람은 신과 더불어 살아가고 있다. 신의 대리격인 신성을 지닌 사람은 곧, 신과 더불어 사는 삶이다. 이 신성한 권위는 모든 사람이 내면에 품고 다니는 영혼과 이성, 그 이상도 그 이하도 아니다. 여기에서의 신이란 정직하고 선량하고 공명정대한 영혼을 말한다." 이뿐만이 아닙니다. 코맥 매타시의 장편《로드》에서도 한 노인은 "신은 없고 우리들 자신이 곧, 신의 예언자들이다. 인간이 살 수 없는 곳에서는 신도 살 수가 없다."고 한 말이 그리 밉상스럽지 않던데요.

 선생님의 장단점이 무엇입니까?

▲ 자신을 자기가 평가한다는 '자평'이 과연 옆 사람들에게 공감을 얻을 수 있을까마는

사람마다의 정체성은 외모 아닌 밈(마음의 생각·믿음·태도)에서 비롯되기 때문에 아주 좋은 질문 같습니다. 제가 생각해도 저는 아주 까칠하고 얄망궂은 편이나 평소에는 찰찰하다가도 큰일을 당하면 당황하다 불찰하기 일쑤입니다. 그리고 말이 좀 거칠며 대인관계가 원만치 못합니다. 마치 스웨덴의 무명작가 프레드릭 배크만을 일약 스타작가로 만든 소설『오베라는 남자』에서 주인공 '오베'와 같지요.

그러나 상식과 원칙, 그리고 약속이 통하는 마인드를 아주 좋

아합니다. 남을 속이는 사술詐術은 두뇌 자체가 아둔하여 도저히 흉내조차 낼 수 없다는 것이 저의 단점이며 장점이라 하겠습니다.

선생님은 술 잘 드시지요? 주량은 어떻습니까.

▲ 이태백의 시 '월하독작月下獨酌'은 이렇게 시작되지요. "하늘이 만약 술을 사랑하지 않았다면 하늘에 주성酒星이 또한 없어야 하리라. 하늘과 땅이 이미 술을 사랑하였으니 술을 마시는 일이 부끄럽지 않아라…." 생전에 이태백은 주천(酒泉, 중국 감숙성甘肅省에 있는 지명)이란 말만 들어도 침을 흘릴 정도였다고 합니다.

이태백의 술에 대한 사랑은 지난날 저의 주심酒心과 같습니다. 그러나 퇴직 후에는 지난날의 지인들이 썰물처럼 밀려나고 보니 매일 마시던 일주日酒가 사라질 수밖에요. 그렇지만 돌발적으로 속이 뒤집어지는 상황에 부딪치면 지난날의 술 습관이 되살아나 한두 병 훌쩍 들이마시는 정도는 참 쉽죠! 지금은 평상시 술자리가 마련되면 맥주 한두 컵으로 만족하고자 노력합니다.

선생님은 교직에 계시다가 퇴직하셨습니다. 선생님의 전공은? 그리고 교육철학을 말씀해 주십시오.

▲ 저의 전공은 '국어국문학'이었고 '국어교육' 석사학위를 취득했습니다. 교육철학이야 저라고 별 것이 있겠습니까. 학생들의 엉덩이와 머리는 늘 회초리에 맡겨 놓았던 그땐 훈육중심의 교육방법이 주류를 이루었지요. 그래도 아직까지 50대 중반의

제자들과 소통하면서 사제지정의 도타운 정을 쌓아가고 있으니 크게 잘못 가르친 것은 아닌 것 같습니다.

다만, 도시학생들은 부모를 잘 만나 쉽게 살아갈 수도 있으나 환경이 미비한 농촌학생들은 오직 자신의 노력만으로 일궈내야 한다는 강박관념으로 상급학교 입시를 위한 학력만을 앞세웠던 과오가 그저 부끄럽습니다. 좀 더 가정마다의 어려웠던 고충을 보다 따뜻한 사랑으로 감싸는 만수받이 노릇을 했어야 했는데 그렇지 못했던 것이 마냥 후회스럽기만 합니다.

🎙 오늘날 우리 교육현장은 잘못되어가고 있는 것 같습니다. 특히 보통(초·중등)교육입의 문제점을 짚어주십시오.

▲ 우리 보통교육의 문제점을 쾌도난마식으로 표현한다면 "야 이놈들아! 여기가 너희들 교실인 줄 아느냐?"라는 꾸중 속에 함축되어 있습니다. 우리 아파트 안에 탁구대 두 대 있습니다. 한 번은 초등학교 저학년들이 무리로 들어와 탁구를 친답시고 어찌나 떠드는지 저는 "야 이놈들아! 여기가 너희들 교실인 줄 아느냐?"하고 나무랬지요. 그랬더니 저와 함께 치던 멤버가 "니들 교실에서 떠들다 선생님한테 야단맞으면 스마트폰 카메라 들이대지, 아니면 니 엄마들이 몰려들고…." 이 현실 속에 우리 보통교육의 민낯이 담겼습니다.

이뿐입니까. 제가 살고 있는 혁신도시 입구에 구 만성초등학교가 '학생인권교육센터'로 바뀌었습니다. 제가 지금까지 교단에 남았더라면 아마 이곳의 단골손님이 되었거나 이미 폭력교사로 구속되었을 것입니다. 아직은 미성년이므로 회초리로 야단치면서라도 가르쳐야 하는데 그런 상황이 아니니 교육이 제대로 되겠습니까. 철없는 학생들이 공부하자면 몇 명이나 좋아 하겠습니까. 놀자고 하면 신나는 판에, 여기에 뭐 진로교육 한답시고 정부에서는 '자유학기제' 운운하니 불난데 기름 붓는 꼴이지요.

민주시민이란 말을 곧잘 하는데 정작 민주시민은 태어나는 것이 아니라, 교육을 통해서 만들어질 뿐입니다. 오늘날과 같이 규제완화란 아노미적 병리정책으로는 절대로 치유될 수 없습니다. 작가 조정래 선생은, "민족적 과제는 통일이지만, 국가적 과제는 교육이다."라고 했잖습니까.

우리 교육의 문제점은 교육의 주체자인 교사의 교권보다는 학생의 인권을 강조하다 보니 선생님들의 입과 손이 묶여 있는데 반해 학생들은 고삐 풀린 망아지처럼 무소불위로 날뛰고 있습니다. 이를 제어할 장치가 자꾸 사라져가고 있으니 그저 오늘날의 교육현장은 아수라장이 되어 가고 있잖아요.

비근한 예로 선생님에게 한 학생이 면전에서 욕설을 했다면, 슬기로운 대처방안은 무엇이겠습니까. 때리면 폭력교사요, 야단치다 실수하면 오히려 피의자가가 되기 십상이니, 아예 못들은 척 뒤돌아서는 청각장애인 흉내가 최선이지요. 제가 현직에 있을 때도 많이 경험했으니까요. 그리고 학생들에게 독서란 참고서 들여다보는 수준이 전부잖아요. 특히나, 중학생들은 의무교육이랍시고 처벌도, 전학도 못시키고 유치장도 못 보내요. 그저 달래는 방법밖에는. 그러기에 중2 무서워서 정은이가 남침을 못한다는 우스갯소리도 있잖아요.

이의 개선책으로는 학생이든 교사이든 폭력은 폭력대로 엄정한 법집행을, 그러나 학생인권보다는 교권강화에 힘써야 합니다. 그리고 대중매체에 자주 나오는 고위직들은 학생교육의 사표師表가 되는 인물들도 가득 채워져야 학생들이 그들의 행동을 모방할 수 있을 텐데 그저 안타깝습니다. 그러기에 죄의식 없는 무뇌인들과 피아족과 전관예우족이 설쳐대는 혼용무도한 사회에서 우리 교육을 정상화 시킨다는 것은 백약이 무효요, 연목구어가 아닐 수 없습니다.

문학에 관한 질문입니다. 문학에 뜻을 가지게 된 동기는 무엇이며, 언제부터 문학을 하게 됐습니까.

▲ 즐겁게 편지 쓰고 일기 쓰다 보니 옆 사람들에게 자랑도 하고 싶었고, 신문이나 교육전문지에 투고하는 버릇도 생겨 자연스럽게 문학에 관심을 둔 것 같습니다. 잊히지 않은 것은 고등학교 때 담임이신 국어과 우경봉 선생님께 제가 방학 중에 편지를 보내드렸더니 답장이 온 거예요. 편지글을 아주 썼다고 칭찬하는 내용이 가득 담아서 말입니다. 그것이 계기가 되어 대학의 지원학과를 '국어국문과'로 쉽게 결정할 수 있었지요. 그 무렵 읽었던 책은 이광수의 『무정』『사랑』『흙』, 그리고 황순원의 『나무들 비탈길에 서다』 등이 기억됩니다. 그러다가 대학 때는 ROTC 받는답시고 책과는 거리가 멀었고, 전방 초급장교 시절에는 봉급 타면 서점에 가서 책 사는 재미가 쏠쏠했지요. 2년 3개월 복무하고 전역할 때는 통장은 비어있었으나 책 보따리는 무거웠습

니다. 1972년 교직에 들어와서는 학생들 가르치고 학교업무에 쫓기다보니 문학 활동에는 관심조차 없었습니다. 그렇지만 작은 학교든 큰 학교든 갔다하면 저에게 맡겨진 업무는 '교지' 편집과 문예반 지도가 기본메뉴였지요.

등단의 기회를 갖게 된 것은 50대 초반, 이리여고에서 근무할 때였습니다. 이리여고 교지가 맥이 끊겨오던 중에 다시 창간하는 수준에서 '지초인'란 교지제작과 퇴임을 앞둔 이윤선 교장선생님의 회고집 편집 때문에 신아출판사에 들락거리게 되었지요. 이를 지켜보시던 서정환 사장님께서 정주환 교수를 소개시켜주셔서 「수필과 비평」지의 추천을 받게 되었던 것입니다. 그때가 1994년이었지요.

선생님은 오래전부터 전북수필문학에 참여한 것으로 알고 있습니다. 또 전북수필 회장도 하셨고, 그렇기에 본 문학회의 운영이나 특성을 잘 알고 있을 것으로 사료됩니다. 전북수필, 더 발전하고 융성하고 번창하려면 어떻게 해야 할까요?

▲ 참, 저는 미욱한 몸으로 자의반 타의반으로 회장직을 맡았으나 임기 동안 스트레스 받지 않고 즐겁게 지냈습니다. 사실 퇴직을 앞둔 시기였기에 많은 노력을 보태지도 못했습니다. 김은실 선생님과 김재희 선생님 그리고 임원님들이 적극적으로 도우신 덕택이었지요. 한편, 한 해에 백 삼십여 만 원 이상을 제 막둥이 동생과 한솔비뇨기과 그리고 주위의 도움을 받아 경제적 어려움은 크게 느끼지 못했습니다.

제가 회장 취임사에서 젊은 작가들을 많이 영입하여 전북수필이 노인당이란 말을 듣지 않도록 하겠다고 약속했습니다만, 공약空約이 되고 말았지요. 정읍여중에 근무할 때인데, 국어과 여섯 분의 선생님께 글을 쓰도록 하여 입회시키려 했더니 한결같이 하시는 말씀이 "저는 글 쓰는 일에 취미가 없어요."라는 충격적인 말을 듣고 젊은 회원 확보계획이 여의치 않다고 판단했던 것입니다. 국어과 교사가 글쓰기를 기피한다면 어떻게 학생들을 지도할까, 놀라웠습니다.

지금도 늦지 않았습니다. 모든 문학 동우회가 그렇듯이 너무 노쇠합니다. 젊은 혈기들을 보충하는데 총력을 기울어야 할 것입니다. 그런데 노파심에서 드리는 충언입니다만, 내적 행사에 지나친 관심보다는 젊은 회원 확보에 보다 많은 관심과 배려가 아쉽습니다. 한편 전북수필의 쪽수가 많다고 훌륭한 것만도 아닙니다. 내용이 좀 더 알차야지요. 쪽수 채우는 일이야 인쇄비만 해결되면 가능한 일이 아닌가요. 변모없다 할지라도, 우리 전북수필은 명성에 걸맞게, 깊은 연륜답게 국내 최고의 문학단체로서의 웅건한 발전을 기대합니다.

흔히 수필은 형식에 구애받지 않는 장르로 알고 있습니다. 유머와 위트가 있고 그 속에는 아름다운 시가 있고, 날카로운 풍자도 있으며, 때론 정면으로 후려치는 펀치도 있습니다. 그런데 어떤 사람은 신문기사를 인용하고, 또 사회현상의 통계수치를 인용해서 글을 쓰고 있습니다. 이를 어떻게 생각하십니까.

▲ 수필은 무형식의 글이라고 흔히들 말합니다. 이는 다른 장르에 비해 구성과 형식면에서 비교적 자유스럽다는 말을 강조하다보니 '무형식의 글'이라고 해서는 안 된 말을 내뱉어버린 것이지요. 낙서도 형식논리가 적용되지 않으면 주목하지 않습니다. 문학은 무조건 재미가 있어야 합니다. 재미없는 것은 문학이 아닙니다. 이광수의 소설이 계몽주의에 젖어 교훈적 교과서라고 힐난할지라도 그 이야기 속에서는 은근한 재미가 숨겨 있지 않습니까. 그러니 독자들이 찾는 것입니다.

더군다나 수필은 짧은 글이기 때문에 기승전결 속에 날카로운 비수나 곡예의 짜릿한 촉감이 담겨야 하니 얼마나 축약과 응축이 필요합니까. 참 어렵지요. 그렇게 표현하려면 가장 독창적이고 개성 있는 형식이 철저할 수밖에 없습니다. 옛날의 가사문학처럼 말입니다. 그런데 첫 문장 몇 줄만 읽으면 결론을 아무나 쉽게 도출해 낼 수 있다면, 그것은 글도 아니요, 수필은 더군다나 아닙니다. 부모님의 잔소리를 받아쓴 것이요, 선생님의 설명을 받아 적은 노트에 불과할 뿐이지요.

특히나 요즈음엔 슬기주머니뿐만 아니라, 일반인들 누구나가 쉽게 글을 쓰는 '예술인간'(homo artist)이라고 하여 마구잡이로 책들을 펴내고 수필가 행세를 하려듭니다. 용기는 가상하나 자칫 잘못하면 기만의 음습한 늪에 빠지면 헤어 나오기 어렵습니다. 한편, 독서하지 아니하고 에디톨로지도 아닌 신문이나 남의 글 문구 몇 자 인용하여 글이랍시고 내놓는다면 독자는 오직 자기 자신일 뿐입니다. 그리고 좋은 머리 빌려 기억했던 것을 토해낸들 다른 사람들에게 얼마나 감동을 줄 수 있겠습니까. 특히나,

내적인 집필 동기와 시대적 통증에 대한 인식 없이 시시콜콜한 범상적 일만을 미주알고주알 얼기설기 엮어 수필이라고 배설해 놓는다면 역시, 독자는 자기일 뿐입니다.

그러기에 생산적이고 매서운 비판을 통한 긍정적 변화를 이끌어 내는 것이 문학인의 큰 몫이라고 생각합니다. 다시 말하여 감상주의나 온정주의에 안주만 해서는 안 된다는 것입니다. 다산 정약용 선생은 "시대를 근심하며 함께 아파하지 않는 시는 참된 시가 될 수 없다."고 했습니다.

선생님은 창작의 모티브나 영감은 어디서 얻습니까?

▲ 지난날에는 글 한 편 쓰기가 아름다운 공주 만나기보다 어렵게 느껴졌습니다만, 요즈음은 영화 한 편 봐도, 책 한 권 읽고 나도, 주위 사람들의 탄산음료와 같은 말을 들어도, 바로 글을 쓰고 싶은 생각으로 머뭇거리다 보면 쉽게 글이 써집니다. 심지어 영화관 앞을 지날 때면 글을 또 써야 한다는 부담이 들어 발길을 돌리는 경우가 있다니까요. 교병필패라더니 저의 교만은 제가 생각해도 위험 수위를 넘나드는 것 같습니다.

글의 소재를 얻었을 때 작품은 주로 어느 때 쓰십니까?

▲저의 일상은 오후가 바쁘지, 화·목요일을 제외하고는 오전에는 방콕이에요. 컴퓨터가 저의 유일한 벗이지요. 이때 글을 많이 쓰는 편이지요. 혹여 자투리 시간이 나면 책 읽고 그 핵심을

컴퓨터에 정리하고 컴퓨터 바둑놀이 하다보면 점심 챙겨먹어야지요. 아내는 제 곁을 지켜주기는커녕 밖으로 휘~잉! 항시 그래요.

선생님의 독서량은 어느 정도며, 주로 무슨 책을 선호하는지요.

▲ 참 반가운 질문이시네요. 『논어』의 〈위정〉편에 "배우기만 하고 생각지 않으면 얻은 것이 없고, 생각만 하고 배우지 않으면 위태롭다."라는 '학사망태學思罔殆'란 고사가 있어요. 저는 책읽기와 글쓰기도 이와 같다고 생각합니다. 책만 읽고 생각지 않으면 얻은 것이 없고, 생각만 하고 글을 읽지 않으면 위태롭다는 것입니다. 그렇습니다. 독서와 병행하지 아니한 글쓰기는 찬물만 떠놓고 잔치하는 불경스런 일이 아닐 수 없을 것입니다. 읽기와 쓰기는 혈연관계이니까요.

앞에서 잠깐 언급했습니다만, 현직에서의 독서는 차치하고 최근 퇴직 후 7년 동안, 약 500여 권 이상의 책을 읽으면서 밑줄 친 핵심내용을 컴퓨터 DB에 담다보니 벌써 11포인트 800여여 쪽이 넘나드네요. 이 작업 때문에 시간이 엄청 소요됩니다만 여기에서 멈출 수도 없고 그 재미도 지극하니 말입니다. 앞으로 할 수 있을 때까지 한다면 그 분량은 아휴~!

한 달에 두 번씩 도청도서관에서 책을 빌려 읽을 때마다, 철학적 사회일반 도서류와 소설류를 반드시 섞어서 대출받습니다. 편식하지 않으려고요. 그렇게 읽다보니 독서하는데도 많은 도움이 되데요. 전자의 하드와 같은 책을 먼저 읽고 소프트한 소설류는 나중에 읽으면 싫증도 면할 수 있으니 참 좋아요.

가장 감명 깊게 읽었던 책이 있다면 말씀해 주시고, 이 기회에 독자들에게 인생을 사는데 있어서 꼭 읽어야 책이 있다면 추천해주십시오.

▲ 감명 받은 책이 어찌 한두 권이겠어요. 모든 책이 다 훌륭하지요. 저희 세대는 모차르트보다는 베토벤을, 톨스토이보다는 도스토예프스키를 좋아 했지요. 말하자면 비극의 미적형상을 사랑했다고나 할까요. 한편, 왜 이 책을 펴냈지? 무슨 생각으로 이런 책을 번역했지? 하고 회의적인 생각이 든 책도 많습니다만 아마 저의 지적 수준의 한계란 점을 고백하지 않을 수 없습니다. 최근에 읽은 것 중, 한두 권 소개하겠습니다.

우리는 동족상잔의 6·25를 잊을 수도 잊혀도 안 됩니다. 요즘 학교에서 국정교과서로 시끄럽습니다만 주지시켜야 할 것은 밥 먹듯 학생들 머리에 밀어 넣어주어야죠. 이 마당에서 조정래의 대하소설『태백산맥』은 소설이라기보다는 당시의 상황을 백분의 일만큼도 다 흉내지 못한 현장 르포라고 생각합니다. 팩트는 그 이상의 핍박과 잔인한 고통의 연속이었으니 말입니다. 어쨌거나 이를 소설로 옮겨놓았으니 얼마나 재밌게 동족상잔의 잔혹사를 청소년들이 경험할 수 있습니까.

다음은 3년 전에 출판된 임마누엘 페스트라이쉬(한국명 이만열)가 쓴『한국인만 모르는 다른 대한민국』을 강하게 추천합니다. 조선의 선비정신·한국인의 정체성과 불굴의 의지·약소국의 콤플렉스란 시대착오적인 망상을 극복하는 방안, 그리고 우리 전통문화의 세계화 등등 우리가 모르는 일들을 그렇게도 꼼꼼히도 기록하였습니다.

그리고 OECD에 따르면, 2016년 한국은 청장년층 5명이 노인 1명을 부양해야 하고, 2036년이면 2명당 1명꼴이 된다고 합니다. 놀라운 일은 앞으로 10년 뒤, 한국은 일본보다 세 배 빠른 속도로 고령화가 진행될 수 있다는 것입니다. 이를 예단하고 적절한 방책을 KBS 제작팀이 금년에 『명견만리明見萬里』란 책으로 제시했습니다. KBS에서 제작했다고 하여 저도 거시기 했습니다만 읽고 보니 어두운 밤길을 밝히는 가로등과 같은 내용들이데요. 이밖에 클레어몬트대학교 미하이 칙센트미하이 교수의 『몰입의 재발견』(김우열 옮김. 2009)과 리처드 브로디 『마인드 바이러스』(윤미나 옮김. 2010), 작가 김진명의 장편 『글자 전쟁』(2015)도 정말 감명 깊었습니다.

저는 철학에 많은 관심을 가지고 있습니다. 서양철학, 동양철학 등, 철학이라는 학문을 놓고 논쟁하는 걸 좋아합니다. 혹시 철학에 관심이 있나요? 혹시 선생님의 사고력을 넓혀주었던 철학자가 있다면 말씀해 주십시오.

▲ 참 힘든 질문이네요. 철학은 우리가 지혜로운 삶을 위한 마음의 샘터 같은 학문입니다. 철학 없이 사는 사람은 없습니다. 다만 철학이 무엇인지 모르고 살 뿐이지요. 철학은 종교와 한 가족입니다. 개똥철학도 철학이라 한다면 누가 꼬집겠습니까마는 편향되고 그릇된 생각을 가진 '생각의 노예'만은 우리 사회를 혼탁케 함으로 철저하게 경계할 필요가 있습니다.

옛날에는 서양철학이라면 타로카드나 점성술일 테고, 동양철학이라면 주역이나 사주팔자 등이 후딱 생각납니다만, 우리 기성세대는 동양철학의 울안에서 성장해 왔기에 우리 몸에 잘 어울리나 젊은이들의 경우는 서양철학이 동양철학보다 더 다정스럽게 느껴지겠죠. 율곡은 데카르트 철학과 퇴계는 칸트적 발상과 유사하듯이 동서양 철학이 크게 다를 바가 있을까마는 역시나 동양철학은 공·맹의 유교사상이 주류가 아닐까요. 시대에 따라 그 효능이 다르겠지마는 저 개인적으로는 '겸애설'을 주장한 묵가의 사상을 더 좋아 합니다.

서양철학은 당시 청소년들에게 많은 감화를 주었으나 신을 믿지 않으며 청년들을 타락시켰다는 죄목으로 사형선고를 받은 비운의 철학자 소크라테스가 대표적이겠죠. 그리고 학창시절 귀가 짓무르게 들어왔던 칸트의 『순수이성비판』과 『서양철학사』를 집대성한 러셀도 잊히지 않습니다.

🎙 선생님은 지금까지 몇 권의 수필집을 내셨고, 앞으로도 몇 권의 책을 내려고 계획하고 있는지요.

▲ 공자나 소크라테스는 글에 대한 불신이 대단한 것인지 아니면 글쓰기가 두려웠던지 단 한 권의 책도 남기지 않고 제자들의 글을 통해 그들의 생각을 이어받고 있잖습니까. 그러나 저는 그런 제자를 두지 못해 늦게나마 시집 한 권과 수필집 두 권을 출간한 바 있습니다. 내년엔 10여 개의 주제를 묶어 수필집 『마음밭에서 해밀을 만나다』를 준비 중에 있습니다. 그리고 책을 읽고

핵심 내용을 컴퓨터 DB에 올린 것이 약 800쪽에 이르렀는데, 앞으로 2천여 쪽이 되면 가칭 『문장보감』을 펴내고 싶습니다.

글을 언제까지 쓰실 생각이신지요.

▲신경숙씨의 단편 「전설」이 일본의 미시마 유키오의 소설 「우국」과 유사하다는 표절의혹으로 우리 문학계가 한때 술렁거렸죠. 그 힘들었던 때에 신경숙씨는 "~ 나에게 문학은 목숨과 같은 것이어서 글쓰기를 그친다면 살아도 살아있는 게 아닙니다. 원고를 써서 항아리에 묻더라도 문학이란, 땅에서 넘어졌으니까 그 땅을 짚고 일어나겠습니다."라고 했답니다. 저의 생각도 같습니다. 끝까지 가야지요.

문학의 장단점을 말씀해 주십시오. 예컨대 많은 사람들이 문학하면 가난하고 문학은 고통이라고 말하는데, 한편으론 글 쓰는 재미로 살아가는 사람도 있지 않습니까?

▲ 이 세상엔 표현의 욕구가 없는 어떤 것도 존재하지 않습니다. 해와 달은 밝음을, 별은 반짝 빛남으로써 그 존재를 표현하기에 天文學이라 하지요. 식물은 꽃과 열매로, 동물은 몸짓과 음성으로 극히 제한적으로 표현하지만, 인간의 표현방법은 다양합니다. 대화로, 노래로, 그림으로, 율동으로, 발명품으로, 그리고 언어로 표현하는 문학은 이 가운데 가장 으뜸이라 하여 人文學이라 하지 않습니까. 그러기에, 문학은 작가 내면의 욕구를 언

어를 통해 마치 농부가 논·밭에 씨앗을 뿌리듯 원고지에 영혼을 심는 일입니다. 그럼에도 문학의 단점을 굳이 든다면, 직업으로 택하기가 현실적으로 위험하다는 것입니다. 더구나 앞으로 10년 안팎이면 하이퍼루프가 제5의 교통수단으로 자리매김한다는 시대에 인문학은 바로크 시대의 유물로 취급받는 현실이 안타깝습니다. 직업 구하기가 하늘의 별따기가 되다보니 눈앞의 먹거리에 급급해 영혼을 챙기는 일은 아예 뒷전으로 밀려난 까닭이겠지요.

그러나 젊은이들이 일할 자리만 넉넉히 제공된다면 인문학의 거대한 힘은 다시 대학 안방으로 회군할 것입니다. 단군 이래 최대의 천재라고 일컫는 인물, 아인슈타인보다 더 뛰어나다고 알려진 사람, 20세기 후반의 세계 물리학계를 지배한 학자, 노벨상을 타기 직전 42세의 젊은 나이에 의문사 당한 석학 이휘소를 아실 것입니다. 그는 초등학교 입학하기 전부터 경기중학교 2학년 때까지 마을 글방을 다녔습니다. 글방 선생은 천자문과 소학, 논어에 이어 박은식 선생이 지은 '한국통사'까지 그에게 강의했답니다. 그리고 그는 헤세의 소설과 시 좋아했습니다. 그랬기에 그는 과학이란 학문 속에 자기의 영혼을 새김으로써 세계적 석학이 되잖습니까. 이를 보증하기라도 하듯, 미국 국립인문재단 윌리엄 애덤스 이사장이 엊그제 성균관대학에서 한 말이 있어요. "과학기술로는 해결할 수 없을 때 인문학은 필수적이며, 한국의 인문학 축소에 우려된다."

한편, 문학이란 책읽기와 글쓰기인데 고통이라 생각한다면 집어치워야지요. 특히나 독서와 글쓰기는 혼자의 세계에 몰두할 수 있는 놀이 가운데 으뜸으로 이만한 특권을 지닌 것은 문학만

한 것은 없을 것입니다. 옆 사람을 불러들일 필요도 없고 돈도 들지 않아요. 저는 아내와 탁구를 함께 치고자 노력했습니다만 실패하고 말았습니다. 그러기에 저는 독서와 글쓰기는 무덤까지 짊어지고 갈 것입니다.

🎙 마지막으로 문학을 떠나서 앞으로 어떤 인생, 어떤 삶을 살고 싶은지요?

▲ 글쎄요? 마치 죽음을 어떻게 준비하느냐는 물음 같네요.

나르시시즘이라고 힐난할지라도, 좋은 미래를 추구하기보다 아름다운 과거를 축적해 가는 마음부자로, 지금 이대로의 모습만으로도 행복한 삶의 이유가 충분하다는 믿음으로 살고자 합니다. 더 고약한 시간이 찾아와 운동도 못하고 책도 못 읽고 글도 쓸 수 없게 된다면, 옛 벗인 술을 다시 찾을까합니다. 주酒님과 다시 만나면 외롭지도 않고 잠도 잘 수 있고 자다가 죽으면 지상 최고의 복락이 아니겠어요. 술과 대화마저 못 나누는 친구보다야 얼마나 실팍합니까.

그리고 이처럼 많은 지면을 할애해 주신 박귀덕 회장님과 훌륭한 질문지를 마련하여 질문해 주신 신영규 위원님께 거듭 감사드립니다. 언제나 건강벨트 잘 챙기시고 웃음 가득한 세상 속 주인공 되세요.

🎙 긴 시간 대담에 응해주셔서 감사합니다. 좋은 글 많이 쓰시고 항상 건강하시기 바랍니다.

이제길 밈디자인 제4집

인쇄_ 2018년 3월
발행_ 2018년 3월

글쓴이_ 이제길
펴낸이_ 김서종
펴낸곳_ 도서출판 Book Manager
전주시 완산구 메너머 4길 25-6
전화 063)226-4321 팩스 063)226-4330
전자우편_ 102030@daum.net
출판등록_ 전주시 제95-3

값 15,000원

ISBN) 978-89-6036-312-0 (03810)

※ 李永煥 (株·영도금속) 대표이사님이 발간비를 적극 후원함

이 도서의 국립중앙도서관 출판예정도서목록(CIP)은 서지정보유통지원시스템 홈페이지(http://seoji.nl.go.kr)와 국가자료공동목록시스템(http://www.nl.go.kr/kolisnet)에서 이용하실 수 있습니다.(CIP제어번호: CIP 2018007618)